羅癭公

晚清史料選

羅惇曧——原著・蔡登山——主編

導讀

一代名士羅癭公與清史筆記

蔡登山

現在知道羅癭公的人不多，但在清末民初的北京，順德羅癭公是無人不知的大名士。其人精書法，善詩詞，能飲酒，喜交遊，樂助人，上至達官貴人，下至平民寒士，大凡才通風雅者，都有他的好朋友。

羅癭公原名惇曧（一八七二－一九二四），字掞東，號癭庵，晚號癭公。廣東順德人，生於北京。其父羅家劭為清翰林院編修。癭公幼承家學，聰慧過人，自幼有神童之目。早年就讀於廣州萬木草堂，與陳千秋、梁啟超等人同為康有為弟子。後轉到廣雅書院，受廣東學政張百熙賞識。光緒二十五年（一八九九）二十七歲時，獲選優貢，保送上京，入國子監。光緒三十一年（一九〇五）三十三歲應考經濟特科（清末朝廷用以選拔「洞達中外事務」人才的特設科目），成績優秀，獲授郵傳部司官。宣統三年（一九一一），羅癭公與樊增祥、林紓等集為詩社。社集則必選勝地，林紓為畫，眾繫以詩。

民國成立後，歷任北京政府的總統府秘書、國務院參議、禮制館編纂等職。又嘗為袁寒雲師。一九一三年，參與梁啟超在北京發起的萬生園修禊會，應邀參加的有瞿鴻禨、嚴復、林紓、黃秋岳、易順鼎、顧印愚、楊度、夏曾佑等四十多人。大家曲水流觴，吟詠抒懷，彙詩成集。梁啟超作有七言長古詩一篇〈癸丑三日邀群賢修禊萬生園拈蘭亭序分韻得激字〉，有云：「永和以還幾癸丑，萬古相望此春色。」會中諸人，多有題詠，極一時之盛。

到了一九一三年，袁世凱恢復帝制的說法甚囂塵上，時任總統府秘書的羅癭公雖與袁氏有舊，卻不肯附逆。因此他辭官避居在廣州會館中，每日縱情詩酒，流連戲園。羅癭公的佯狂而歌，實為避禍。羅癭公也只向老朋友黃晦聞吐露過實情，「吾欲以無聊疏脫自暴於時，故借一途以自托，使世共訕笑之。」

這時候羅癭公的好友楊穆生跟他談起榮蝶仙那兒有一名極堪造就，前途不可限量的青衣，羅癭公愛才如渴，他又問過看過程劇的朋友，幾乎異口同聲地說程硯秋這雛伶不錯。而當羅癭公親眼見到程硯秋的演出，他驚為天人，認為程硯秋未來的成就至少可以步梅蘭芳的後塵，當時他就作過預言說：「邇來菊部頹靡，有乏才之嘆，方恐他日無繼梅郎者。今艷秋（按：當時名艷秋後才改名硯秋）演出，風華輝映，他時繼軌，捨艷秋其誰？」。

在「四大名旦」中，程硯秋是年齡最輕的，卻死得最早，硯秋死後，從此程腔，遂成絕響。一般人都知道程硯秋原是滿清旗人子弟，但不知道他還是旗人中的貴族。馬敘倫在《石屋餘瀋》中說：「硯秋為清宣宗相穆彰阿之曾孫行，穆相權傾一時，然至硯秋兄弟已無立錐之地，其母鬻之伶工。」而潘光旦的《中國伶人血緣之研究》則考證說道光初年另一位相國英樹琴（號熙齋，著有《恩福堂筆記》），是程硯秋的高高祖。照潘光旦所說，程硯秋的祖先是姓英而非姓穆，英樹琴與穆彰阿雖同為道光朝的相國，論氣焰之盛，名聲之大，則英不及穆多矣。不管程硯秋是英或穆相之後，總之他是滿清大臣之後，似可確定的。不過到他父母這一代，業已成為破落戶，江河日下的家道，使得他的母親終於不能不將他賣入戲班之中。程硯秋後來之所以能在劇壇發跡，那完全是出於「性好顧曲」的羅癭公之所賜了。

羅癭公對於程硯秋的提攜培植，真可說不遺餘力，他當時不過一介名士而已，家累既重，開銷又大，但他竟然籌出一筆款子來給程硯秋贖身，還將他送往京劇界有「通天教主」之稱的王瑤卿處去學藝，並鄭重地拜託王氏，予以好好地調教。王瑤卿也認為程硯秋是個可造之材，乃以平生絕藝，毫無保留地傳授給他。直到王氏臨死之前，他還不無得意地談到程硯秋說：「一個學藝的人，應該虛心學習別人的長處，但若鑽進別人的小圈子，拘而不化，充其量也不會把別人的長處全學了去，那才是一輩子沒出息。程老四（指硯秋）記得我說過這樣的話，後來他自己才創造了程腔。他要是死學我，也就不懂得變化的道理了，哪還會有什麼程腔呢？」

除此之外，羅癭公還親自教程硯秋識字、讀詩、練習書法。在羅癭公的薰陶下，程硯秋不但精通經史，一手字也寫得很漂亮，這在當時的藝人中是非常少見的。他又親自為程硯秋編寫劇本，如《紅拂傳》、《青霜劍》、《春閨夢》、《孔雀東南飛》、《碧玉簪》、《文姬歸漢》、《鴛鴦塚》、《沈雲英》、《鎖麟囊》等，多半悲鬱蒼涼，正是大作家、大詩人對於現實生活不滿的一種反映，這在軍閥時代也可以說是反映時代苦悶的歌聲，當然會風靡一時，因此程硯秋很快成為僅次於梅蘭芳的紅伶了。羅癭公曾向友人剖白其心跡說：「吾既不能囚匡天下，僅藉此一糜心力，亦當引之（指程硯秋）於正道。」卅年以還，梅派與程派分庭抗禮，各有千秋。梅蘭芳雖擁有《霸王別姬》、《生死恨》、《鳳還巢》、《太真外傳》、《宇宙鋒》、《洛神》、《廉錦楓》等得意傑作；而程硯秋亦擁有《文姬歸漢》、《聶隱娘》、《荒山淚》、《鎖麟囊》、《金鎖記》、《春閨夢》、《硃痕記》、《賀后罵殿》、《紅拂傳》等私房好戲。而在四大名旦中之尚小雲與荀慧生固不能與梅、程兩派相提並論也。

而當程硯秋在紅氍毹上大紅特紫，聲譽扶搖直上之際，羅癭公卻窮愁不堪，家庭多故，再加上失業，境遇是每下愈況了。一九二三年，他和夫人最鍾愛的一名掌珠又一病不起，使老夫妻倆傷心欲絕，肝腸寸斷。夫人竟因此神經失常，成了瘋癲。兩個兒子宗震、宗艮，又都在求學階段。全家的生計瀕於斷絕，一日三餐都煞費經營，羅癭公的豪情壯志在妻啼兒號聲中終於被消磨殆盡。一九二四年端午節後他終因心力交瘁不支而病倒，經醫院檢查證實是三期肺病。農曆八月初他自知不起，曾向經常抽暇到醫院照料他的程硯秋透露，程硯秋淚下沾襟地說：「您老放心，我受您老的大恩大德，一直圖報無門。不論有什麼事情，我都唯有竭盡所能而已。」八月四日，羅癭公一大早就勉力撐持倚枕執管，寫下他平生最後一篇文章，那就是他的遺囑。並囑長子宗震必殮以僧服，訃告中凡前清官銜皆不錄，遺詩付曾習經（剛父）選定，墓碣必請陳三立（散原）書寫云。農曆八月二十五日（九月二十三日）羅癭公歸去之時，親屬皆不在側，程硯秋當時是第一個趕到，見到恩師遺下的數頁遺囑，悲慟得幾近昏厥。回到家中，即為恩師設立靈堂，朝夕哭奠，並輓以聯曰：「當年孤子飄零，疇實生成，豈惟末藝微名，胥公所賜；從此長城失恃，自傷孺弱，每念篝燈製曲，無淚可揮！」又日夜抄寫經書，以慰恩師在天之靈。在羅癭公喪事期間，程硯秋停演數月戴孝志哀，說：「我程某人能有今日，羅師當推首功。」羅癭公後事所用的祭奠、棺木、墓地之費都是程硯秋獨力料理承擔，費金過萬元，務極完美。這種事情，一般的士大夫都難以做到，但一個藝人卻做到了，怪不得後來康有為作詩稱程硯秋為「義伶」。

在羅癭公的遺囑中希望墓碑由散原老人陳三立來書寫，於是程硯秋特地跑了一趟杭州西湖，拜見散原老人，乞書「詩人羅癭公之墓」七字，並酬以潤筆五百金，散原老人感其風誼，拒收潤金並贈詩一首云：「湖曲猶留病起身，日飄咳唾雜流塵。斯須培我凌雲氣，屋底初看絕代人。絕耳秦青暗斷腸，故人題品費思量。終存風誼全生死，為話西山涕數行。」其中「為話西山」是指程硯秋為羅癭公營墓於北平西山。羅癭公去世後，每次程硯秋出京演戲，行前必先去羅癭公墓前憑弔。逢羅忌日，也必去墓前祭奠，二十餘年，從未間斷。真是世事雖無常，但有義伶半生情！

後人常記羅癭公菊園之事，卻不知其才華橫溢，詩詞書法，歷史掌故，無所不通。癭公既歿，曾習經為選存遺詩二百餘首，題作《癭庵詩集》付梓傳世。近人張昭芹輯錄之《嶺南四家詩》，癭公詩列於梁鼎芬之後，黃節、曾習經之前。他的詩早年學李商隱，後來又參以白居易和陸游的風格，造境沖淡瀟灑，別具韻致。羅癭公精通京劇門徑，善於編劇度曲，現存的《菊部叢談》，不僅是介紹京劇變遷和藝人生活的隨筆結集，對京劇研究也有相當高的史料價值。其書法，亦負重名，字體從唐人碑帖化出，參以宋人米芾的神韻，勁氣內斂，章法、行氣雄闊不羈，一反長期流行的「館閣體」拘謹呆板的書風，深受藝界愛重。

羅癭公還留心搜集輯存當代史料。他在《庸言》雜誌上開設專欄，發表有關近世掌故的文字。《庸言》雜誌設在天津日租界，由吳貫因任編輯人，其靈魂人物是梁啟超。自一九一二年十二月一日起，至一九一四年五月五日止，共發行三十期。執筆者除梁啟超外，以吳貫因、梁啟勳、藍公武、黃遠庸、羅癭公、張東蓀、周宏業、嚴復、林志鈞、熊垓等之文字較多。羅癭公在其雜誌上發表有《賓退隨筆》、《庚子國變記》、《拳變餘聞》、《德宗承統私記》、《中俄伊犁交涉始末》、《中法兵事本末》、《中日兵事本末》、《割臺記》、《太平天國戰紀》、《藏事紀略》、《中英滇案交涉本末》、《教匪林清變記》、《京師大學堂成立記》、《威海衛潛師記》、《曲阜謁聖記》等十五種，均以文筆雅潔、材料翔實、論說清晰著稱，且受到近代史研究學者的重視。

《賓退隨筆》有四十三則，每則各自獨立，各有小標題。其中談到清末，朝廷命官員十分隨意。驟增一尚書，旋驟減一尚書，皆不見明旨。羅癭公感歎道：以一部長官之制，率意增減，此所以唯亡清之政也。另外，書吏索賄也成為晚清一奇觀。後來張百熙力裁書吏，就是痛恨這些為害日深，無惡不作的蛀蟲。羅癭公還告訴我們當年選拔翰林的荒唐事。他說，由於政府部門過分重視候選人的楷書，導致後來閱卷官只以楷書是否端正整潔而定奪翰林的棄取。羅癭公感歎道：考小楷之工拙，而投之以衡天下才之權，其可謬可笑莫此為甚。另外羅癭公的〈董妃・董小宛〉則引證歷歷，認為董小宛是董妃。因此孟森（心史）特別寫有〈董小宛考〉來論證董妃與董小宛並非同一人，但羅癭公則能堅信他自己的說法。

《庚子國變記》、《拳變餘聞》則是從不同角度真實而客觀地記錄著當時義和團發展和衰亡的歷史，還記錄了當時八國聯軍殺入北京，兵荒馬亂的慘景。作者因為久居北京，故對義和團在北京的活動，有比較逼真的描述。在羅癭公筆下，李鴻章在義和團運動中，儼然成為亂世中挽救國家的中流砥柱，他說：「鴻章與各國磋議，已歷數月，心力交瘁。……各國持之堅，久未定議，而鴻章積勞病深，卒不起，瀕危，猶口授計畫，秩然不紊。……」李鴻章在去世前帶著滿腹心事吟出「臨死方知一死難」，那憤疚交集的內心擠瀝最後一滴「秋風寶劍孤臣淚」才撒手塵寰。

《中法兵事本末》徵引張聲樹、李鴻章、唐景崧、劉永福、劉銘傳、張佩綸、左宗棠、曾國荃、張蔭桓等人的奏疏，指出主和派與主戰派的矛盾及清廷用人的失察。羅癭公則嚴厲譴責李鴻章，他在文前稱：「余編《庚子國變記》，極力推李鴻章議約之功，繼編《中日戰紀》，於李鴻章深致貶詞。茲更編《中法兵事本末》，責鴻章尤嚴。……而甲午、甲申兩役外交之巨謬，竟以弱中國而迄於亡；則邦人所言之痛心者也！大夫君子，寧忘前車之覆哉？」

《中日兵事本末》是依據姚錫光著《東方兵事紀略》。羅癭公稱：「甲午兵事，以丹徒姚君錫光所著《東方兵事紀略》為最詳盡，而筆墨頗病冗碎，餘既略有異聞，更就當時在軍中者證焉，乃取《姚略》變易簡括之，遂成斯編。」

《割臺記》敘述清廷割臺後，臺灣人民的抗日保土鬥爭。對唐景崧調度無方，統率不力，受叛軍挾制，也有所批評。其材料或許得自好友陳衍、易順鼎及俞明震等人。

《太平天國戰紀》是羅癭公有感於清朝廷對太平天國記錄的忌諱篡改，而根據北王韋昌輝嫡子韋以成所撰《天國志》稿本重撰而成。他說：「奮發自撰述，盡數其事蹟，而行以吾之文詞，削其事之煩碎，存者就十之八九焉」。但據研究太平天國的專家羅爾綱進一步考證，羅癭公《戰紀》的構成可以歸納為：一是純屬虛構的；一是根據一種或一種以上的材料而故意為增改的；一是據坊刻本《忠王李秀成自傳》。

陳雪峰在〈羅癭公的筆記文學〉一文中說對於羅癭公歷史筆記的史料價值，要辯證看待。他的歷史筆記，敘事條理清楚，可以當成文學作品來看待。其描寫歷史的筆法值得借鑒。以李鴻章為例，羅癭公對他在不同歷史活動中的評價是截然不同的，這也說明了羅癭公能基本客觀評價歷史人物。

南開大學學者馮珊珊則認為羅癭公的史料筆記，「為人們認識羅癭公提供了另一個視角，更為認識晚清民國的軍事、經濟、教育、宗教方面的事件、人物提供了寶貴的文獻資料。」這也是此次選編此書的主要用意所在，但由於篇幅所限，有幾篇較為次要者就無法選入。而選錄者皆重新打字、點校、分段，以使讀者更方便閱讀。

目次

賓退隨筆

朝鮮紀恩碑

清太宗崇德初，征服朝鮮。四年，國王李琮立紀恩碑於三田渡。其銘曰：

天降霜露，載肅載育。惟帝則之，並布威德。
皇帝東征，十萬其師。殷殷轟轟，如虎如貔。
西番窮發，暨夫北貊。執殳前驅，厥靈赫濯。
皇帝孔仁，誕降恩言。十行昭回，既嚴且溫。
始迷不知，伊戚自貽。帝有明命，如寐覺我。
我後祗服，曰率而歸。匪惟憚威，惟德是依。
皇帝嘉之，澤洽禮優。載色載笑，爰束干矛。
何以錫之，駿馬輕裘。都人士女，乃歌乃謳。
我後言旋，皇帝之賜。曰班六師，活我赤子。
哀我蕩析，勸我稼事。金甌依舊，翠壇維新。
枯骨再肉，寒荄復春。有石巍然，大江之頭。
萬載三韓，皇帝之休。

文詞雅飭可誦。有清開國，武功之盛，幾媲成吉思汗，豈意末葉孱弱，日蹙國百里，以迄於亡耶！

董內監之秘談

長沙張文達公官翰林時，與王壬秋、徐叔鴻遊圓明園。有守園董監，年六十餘，宣宗時小使也。為述遺事言：宣宗出獵，射一蒼狐，倏忽間化為女子，旋失去，當時騎從均見之，今女子已來復仇矣。問：「女子為何人？」董云：「已在宮中。他日亡清祚者必此人也。」問：「君曾見之否？」董曰：「豈特我見之，即諸公亦常禮拜之也。」皆默然，悟其所指何人矣。文達有詩云：「斷瓦黃金殿，荒垣碧玉墀。即今遊歷處，想見治平時。積雨宮花委，寒煙苑草滋。內監頭白盡，流涕說興衰。」蓋暗指此事也。

張文襄之自述

張文襄督鄂時，有《抱冰堂弟子記》，述其生平行事甚悉。託名弟子，實其自撰也。摘錄數則，間附按語，以資談助。

庚辰、辛巳間，官庶子時，有中官率小閹兩人，奉旨挑食物八盒，賜醇邸。出午門東左門，與護軍統領及門兵口角，遂毀棄食盒，回宮以毆搶告。上震怒，命褫護軍統領職，門兵交刑部，將置重典。樞臣莫能解，刑部不敢訊。乃與陳伯潛學士上疏切論之，護軍統領及門兵遂得免罪。時數日內，有兩御史言事瑣屑，不合政體，被責議處。恭邸手張、陳兩疏示同列曰：「彼等摺，真笑柄；若此，真可謂奏疏矣。」

瓊州屬崖州，有榆林港最深，可泊大兵輪，為中國第三船澳。乃擬於瓊州府城外設守，並經營榆林港，籌有定款，購有甚巨炮數十尊。後任某君到，言此臺此炮無用，盡舉以贈北洋。按：後任某君為合肥李瀚章。北洋大臣為李鴻章也。

庚子拳匪初起，甫自淶水擾定興。五月初四日，即電總署請嚴禁剿捕。嗣後於五月內疊次電奏，斥為邪教亂民，請保護使館，力剿各匪。勿召回出使大臣，單銜徑電各國外部及各國來華水師提督，與約保護東南，勿擾京城，勿驚乘輿。並聯合各省督撫十餘人，電各國外部，與劉忠誠會同，與滬上各外國領事立約，不得犯長江。聖駕西幸，與各國堅明約束，忽擾襄樊，以通東南貢賦之道。

庚子七月中旬，京師危急。聞兩宮意將西幸，合肥李相糾合各督撫力阻聖駕。並未先商，已電山東請發摺，然後電知。乃急報項城，謂此議大謬，萬不可行，鄂斷不會銜。如已發，當單銜另奏。乃撤去鄂銜。幸此摺到京之日，畿郊已大亂，疏未達而乘輿已行，不然，大局不堪問矣。合肥又有聯銜疏請駕留山西，勿赴陝，亦駁之。按：兩宮在太原時，江蘇巡撫鹿傳霖以勤王師至，力請幸西安，遂降入陝之旨。江督劉坤一，聯合督撫電奏，言陝西古稱天府，今非雄都，又與新疆甘肅為鄰，新疆近逼強俄，甘肅尤為回藪，內訌外患，在在可虞。又有「各國曾請退兵回鑾，不占土地，正可藉回鑾之說，以速其撤兵之議。倘西幸愈遠，拂各國之請，阻就款之忱，朝廷徒局偏安，為閉閫自守之計，以偏僻凋敝之秦隴，供萬乘百官之糧，久將不給」等語。當時，若仍駐太原，聯軍亦斷無逼駕之事。回鑾較速，和約亦較易成。乃入陝經年，糜費數千萬，至臣工屢次籲請，乃議回鑾，雖由於孝欽之懼逼，亦傳霖啟之也。

庚子西幸以後，和局將定，朝廷斟酌回鑾之舉。外人來言，諸禍首雖已治罪，然某要事未辦，名位如故，到京後各國必力要之，得請乃已。乃密電樞廷勸其面奏，趁兩宮未到京之先出自慈斷，發之以全國體，此議遂定。時乘輿尚在汴也。按：「某要事未辦」指大阿哥溥儁也。端王載漪遣戍後，溥儁名位如故，回鑾時外人以為言，乃撤去大阿哥名號，命即日出宮。

癸卯冬，逃職在京，日俄將開釁。政府囑往勸日本勿與俄戰。拒之，並述西國公使之言曰：「日俄開戰，此乃於中國有益之事，何為阻之？」因請政府據以上聞。以後遂不復有勸阻日俄用兵之說。

平生學術最惡公羊之學，每與人言，必力詆之。四十年前已然，謂為亂臣賊子之資。至光緒中年，果有奸人演公羊之說以煽亂，至今為梗。按：近世言公羊之學者，湘潭王闓運最為之魁，至廖平、康有為而大昌其說。文襄之言實指康也。

最惡六朝文字，謂南北朝乃兵戈分裂、道喪文敝之世，效之何為？凡文章無根柢，詞華而號稱六朝駢體，以纖仄拗澀、字句強湊成篇者必黜之。書法不諳筆勢，結字而隸楷雜糅，假託包派者亦然。謂此輩詭異險怪，欺世亂俗，習為愁慘之象，舉世無寧宇矣。果不數年，而大亂疊起，士大夫始悟此論之識微見遠也。

按：包世臣著《藝舟雙楫》，康有為續為《廣藝舟雙楫》，極推崇六朝。文襄此語亦有所指也。

己丑、庚寅間，大樞某、大司農某立意為難，事事詰責，不問事理，大抵粵省政事，無不翻駁者；奏咨字句，無不吹求者。醇賢親王大為不平，乃於文襄所奏各事，皆奏請特旨準行。並作手書與樞廷諸公曰：「公等勿藉樞廷勢恐嚇張某。」又與大司農言曰：「如張某在粵省有虧空，可設法為之彌補，不必駁斥。」賢王之意，蓋可感矣。按：大司農為翁同龢。時同龢以戶部尚書在樞府，與文襄最不協。恭親王奕訢被逐出樞廷。醇親王奕譞以皇帝父不便入直，乃詔樞臣遇事與醇親王妥議。醇王實隱執政權，故能調護文襄也。文襄有〈送翁同書遣戍詩〉，自注言「與翁氏交情極洽，而叔平必欲置我於死地為不可解」之語。文襄編詩集時，翁已得罪錮於家，文襄方以大學士在樞府，猶不能忘同龢也。

某中丞素與齟齬，及罷官歸，語人曰：「為我致謝張公，吾父子惟有感激而已。」蓋力勸其勿附康黨，言之四次也。按：某中丞指義寧陳寶箴，其子陳三立也。

某中丞自負而偏執，論事多不愜，及去官里居，始悟在鄂之多誤。按：此某中丞指瀏陽譚洵，譚嗣同之父也。

陳國瑞與人箋

陳國瑞梟勇為咸同間之冠，而秀美若處子，後與李世忠互驅，落職錮於家。大興袁珏生勵準藏其手書一通，文詞鬱勃可誦。書云：「部民有髮僧天元道人頓首再拜，謹奉書於竹巖督帥大公祖閣下：杜老云：『炎風朔雪天王地，只在忠良翊聖朝。』其君之來督吾楚以救民水火之謂歟。武侯曰：『鞠躬盡瘁，死而後已。』其僕昔日之愚忠，可以質諸天地鬼神，而不能剖以示人之苦心歟。五祖曰：『心心相印。』非僕與君未謀面之神交歟？語曰：『飛鳥盡，良弓藏。』其千古將帥之諭定歟。『嗟嗟棧石星，飯結荷水宿』。是僕罷兵後間道取歸景況。『近鄉情更怯，不敢問來人。』是僕初入里門景況。『世亂遭飄蕩，生還偶然遂。』是僕與家人老弱終夜共話，刺刺不休景況。『傷心不忍問耆舊，復恐初從亂離說。』是與鄰人酬酢景況。『在山泉水清，出山泉水濁。』是僕思渴多飲以清肺肝景況。『磨刀嗚咽水，水赤刃傷手。』是回思辛苦賊中來景況。『積屍草木腥，流血川原丹。』是今日之〈無家別〉、〈垂老別〉景況。嗚呼！手無斧柯，奈龜山何？惟有日夜焚香默禱，以祝吾帥指揮能事回天地，訓練強兵動鬼神。使死者盡雪恥，生者皆銜恩而已。僕買山以來，舊部士卒生還者惟千總段得勝一人。昨來相見，僕久居深山，聞足音，則欣然以喜。僕憐其轉徙無成，今幸得歸隸麾下，伏惟鞭策，使盡其犬馬之勞，不勝大幸。」書法渾勁騰踔，大似顏魯公〈祭侄文〉，洵異才矣。竹巖，蓋鄂帥譚廷襄也。

郭嵩燾與劉坤一書

玨生尚藏有〈郭筠仙致江督劉峴莊書〉，蓋自粵撫落職後，內召授閩臬時作，詞意固極侘傺也。書云：「去臘入都，敬聞榮督兩江之命，以手加額，頌朝廷之明，賢者得位乘時，名業之傳流方盛也。江南吏民相謂以穩實精練，度越前型，嵩燾聞而欣快飛揚，不自知其身之淪賤也。自分家居養疾，讀書自娛，無進取仕宦之心。去歲蒙恩內召，躊躇數月，乃始成行。實以濫承疆寄，未一叩謁天顏，臣子之心有不能自已者。意謂京師小住月餘，尚可告歸，甫及一月，而有閩臬之命。欲遂決然以去，慮有不安貧賤之嫌，勉強扶病一行。三數月後，病體或不能支，仍即乞歸耳。月之十三日，由天津航海抵滬，守候福建輪船。船價昂貴，數倍他處，以閩地窮瘠，僅一船來往，運載貨物，用以居奇，耽延多日，耗費滋甚。閩官之不可為，隨事皆然，足為一慨。都司熊天保向在李伯相處充當護衛，嵩燾曾識之，為言於梅小巖方伯，求一小差使，頃至滬相候，求隨赴閩，豈非怪誕。幸隸麾下，恩施旁薄，尚能蔭及，因以一書代其懇求。敬叩鈞安不盡，福建屬吏郭嵩燾□上。」

記張蔭桓

張蔭桓之入總署，為曾忠襄所保薦。以山東登萊青道入為太僕寺卿兼直總署，駸駸大用，都下以其非出身科目，大忿謗詆，彈劾紛起。乃復出為道員，旋復召薦侍郎，仍直總署，權勢炙手可熱，幸進者紛集其門。李文忠罷鎮入總署，與蔭桓論不合，蔭桓乃排去之。戊戌政變本不及蔭桓，某言官曾與其子爭妓挾恨，乘機劾之。遂逮詔獄，旋減罪戍新疆。新撫饒應祺，蔭桓門下士也。館之撫署，供給周備。庚子端王載漪竊政，矯詔戮之，孝欽后不知也。回鑾時，惠潮嘉道吳永召見，后詢及蔭桓，吳永以庚子某月電旨正法對，后為之憮然。蔭桓警敏剛決，有冠世之才，詞章華贍，駢儷文尤佚麗，當時名流並相嘆服，而隸胥傭販以其非由科名進，至今尚稱其不識字也。

記廢科舉

王文韶在樞府，恆以聾自晦，為人透亮圓到，有「琉璃球」之目，遇事不持己見，獨於廢科舉一事極堅持。張文襄自鄂督展覲，留京師，力謀廢科舉，結袁項城以助力。其時榮祿當國，文襄與榮祿言，榮祿亦頗贊之。惟自以非出身科目，不敢力主廢。文韶謂：「老夫一日在朝，必以死爭之。」文襄浩嘆而已。及文韶出樞垣，端方以江督入覲，過天津，項城與商廢科舉。乃約文襄聯請諸朝，遂得請。朝士方頌文韶，乃集矢項城。丙午，項城入都，議官制，朝士攻之尤力，項城乃幾敗矣。請廢科舉之奏，為北洋主稿，電商鄂督連銜，文襄來電乃加入考優拔與舉貢、考職兩段，科舉依然未絕也。文襄方力倡廢科舉，而甲辰會試，其侄婿林世燾以候補道員中進士，欲請歸原班，文襄乃一日五電責其必取館選留學生。殿試授官亦文襄在樞府時力主行之。時人皆引為談助焉。

記各部丞參

前清各部之有左右丞、左右參議自外務部始也。當總理衙門時，大臣之下有總辦，顧肇新以郎中充總辦，自揣必不能得侍郎，乃建增設丞參之議，長官納之。時王文韶在樞府，極不謂然，謂京官與外官不同，本無隔閡，以丞參橫梗其間，徒生障礙，若仍重司官，則何必多此贅疣？其後卒從肇新議，設丞參，肇新乃得左丞矣。商部繼之，學部又繼之。學部初立，喬樹楠本為學務處總辦，如肇新之在譯署也，樹楠倡一丞兩參之說，以當一尚書兩侍郎。張仁黼為右侍郎，告樹楠曰：「他部皆兩丞兩參，吾部乃擬一丞，一丞必屬足下，人將謂足下以升轉侍郎為一丞所獨專，毋乃不可乎？」樹楠大恚。後卒用兩丞兩參之制。

丙午改新官制，各部並設丞參。初皆由各部指名請簡，以郵傳部競爭愈烈，御史趙炳麟奏謂：「以二品之侍郎指名請補三四品卿，褻朝廷之爵，請先准列保，臨時開單請簡。」從之。此後乃先由長官列保，及簡任時，又須奔走樞要矣。各部丞參情態各殊，外務部丞參初由司員轉授，故事堂官頗謹。商部以貝子載振不習公事，有藉於丞參。唐文治為載振師，手創商部者也。載振乃延丞參列坐大堂，若小堂官焉。法部皆選自秋審處，度支部皆選自北檔房，皆熟習部務，視他部較勝者也。堂官如傳舍耳，故事權集於丞參。陸軍部丞參皆自外入，對司長極恭，司員皆直接堂官，已行之公事，命錄事送丞參補押而已，故陸軍部丞參權力最弱。郵傳部當陳璧為尚書時，視丞參若無物，無過而問者。徐世昌至，以部務屬丞參，皆驟驕倨。盛宣懷來，又仍陳璧之舊，極閒廢矣。丞參之為物，誠為部務之障礙，徒供猥賤者之競爭，據為窟穴。晚清屢議裁之，為若輩死力所抗卒存焉，隨清祚以俱亡。

記外務部

庚子行在詔旨，改總理衙門為外務部，從外人之請也。瞿鴻禨遂為外務部尚書。外部沿總署之舊，故有督辦大臣、會辦大臣，尚書仍兼會辦大臣，駢枝已可笑矣。歲壬寅，那桐忽以戶部侍郎授外務部尚書，列鴻禨上。那桐旋授大學士，仍為會辦大臣。當時驟增一尚書，旋驟減一尚書，皆不見明旨，以一部長官之制，率意增減，此所以為亡清之政也。

外務部督辦大臣為慶親王奕劻，瞿鴻禨雖為尚書，而遇事須請命於慶王。那桐雖以大學士為會辦，而權力下於鴻禨，則以鴻禨在樞府也。唐紹儀為侍郎，為慶王所倚任，權力遠在那桐上。鴻禨罷去，袁項城以樞臣兼尚書，那桐但畫諾而已。項城罷去，梁敦彥繼為尚書，而那桐入樞府，仍兼會辦。敦彥以資望最淺之員，部事必須請命於慶王。又不在樞府，不得常見，權力乃集於那桐。鄒嘉來、曹汝霖日趨走於慶、那之間請所向，敦彥僅備員而已，恆自稱為「一品翻譯」也。比與日本訂《會寧鐵路條約》，極喪利權，那桐納汝霖等之言，遽允其議。敦彥極弗善也，那桐已面允之，使敦彥以尚書名義簽押。吉撫陳昭常屢電力爭，那桐深恨之，約終不可改。輿論集矢敦彥。嘉來又亟欲得尚書，敦彥乃乞休，而嘉來代為尚書，汝霖為侍郎。汝霖厚自結於那桐，而嘉來俯仰其間，一如敦彥之當日也。

清德宗之密詔

宣統元年，楊銳之子詣都察院上書，敬繳德宗朱諭。既奏上，監國詢慶親王奕劻云何，奕劻言不當宣布，以傷孝欽后地下之心，乃僅付史館敬藏而已，亦不敢恤楊銳也。是詔當時多錄存者，榮縣趙堯生熙、汾陽王書衡式通先後錄以見示，足見德宗絕無廢太后之心，特當時造謠以重變法諸臣之罪耳。詔蓋戊戌七月二十八日所賜也。

詔曰：「近來朕仰窺皇太后聖意，不願將法盡變，並不欲將此輩老謬昏庸之大臣罷黜，而登用英勇通達之人令其議政，以為恐失人心。雖經朕屢次降旨整飭，而並且有隨時幾諫之事，但聖意堅定，終恐無濟於事。即如十九日之朱諭，皇太后已以為過重，故不得不徐圖之。此近來實在為難之情形也。朕亦豈不知中國積弱不振，至於阽危，皆由此輩所誤，但必欲朕一早痛切降旨，將舊法盡變，而盡黜此輩昏庸之人，則朕之權力實有未足。果使如此，則朕位且不能保，何況其他？今朕問汝，可有何良策，俾舊法可以全變，將老謬昏庸之大臣盡行罷黜，而登進英勇通達之人令其議政，使中國轉危為安，化弱為強，而又不致有拂聖意？爾等與林旭、譚嗣同、劉光第及諸同志等妥速籌商，密繕封奏，由軍機大臣代遞，候朕熟思審處，再行辦理。朕實不勝十分焦急翹盼之至，特諭。」

同日賜康有為詔云：「朕惟時局艱難，非變法不足以救中國，非去守舊衰謬之大臣而用通達英勇之士不能變法。而皇太后不以為然，朕屢次幾諫，太后更怒。今朕位幾不保，汝康有為、楊銳、林旭、譚嗣同、劉光第等可妥速密籌，設法相救。朕十分焦灼，不勝企望之至，特諭。」此詔由楊銳帶出。又八月初二日賜康有為詔云：「朕今命汝督辦官報，實有不得已之苦衷，非楮墨所能罄也。汝可迅速出外，不可延遲。汝一片忠愛熱腸朕所深悉，其愛惜身體，善自調攝，將來更效馳驅，共建大業，朕有厚望焉。特諭。」此詔由林旭帶出，即康有為之所謂衣帶詔也。

清宮詞

吳絅齋士鑒久值禁近，熟聞掌故，曾賦宮詞二十四首，頗及秘史，惟注簡略不詳。然因注以求言外之意，多可默悟者，蓋詩人之旨也。詩云：「七載金縢奉至尊，宮闈秘史那堪論。名姝來自句驪道，素旐淒涼喀喇屯（睿宗親王娶高麗女二人，以出獵喀喇和屯病卒）。雙成明靚影徘徊，玉作屏風塵作臺。薤露雕殘千里草，清涼山下六龍來（吳梅村〈清涼山贊佛詩〉相傳詠世祖時皇后董鄂氏事）。吳娃中歲譜離鸞，朱邸金尊進合歡。盛鬋丰容矜絕世，過虛一志採叢殘（《過虛志》一書記豫通親王娶崑山婦劉氏事）。思子無豪異漢皇，皇孫終老鄭家莊。從今正大光明殿，御管親書禁扁藏（廢太子理密親王允礽，後人遷居鄭家莊。自康熙後不立儲貳，默定繼體者之名，親書嚴鐍於正大光明扁中）。阿其那與塞思黑，煎豆燃萁苦不容。元武門前雙折翼，泰陵畢竟勝唐宗（阿其那、塞思黑，世宗改其允䄉、允禩之名）。黃教由來國俗崇，雍和潛邸辟離宮。須知我佛名歡喜，丈六金身色即空（雍和宮有塑像名歡喜佛）。巨族鹽官高渤海，牛金小吏事傳疑。冕旒漢制終難復，曾向安瀾駐翠蕤（海寧陳氏有安南園，高宗南巡時，流連最久。又乾隆時嘗議用古衣冠制，不果行）。家人燕見重椒房，龍種無端降下方。丹闈幾曾封貝子，千秋疑案福文襄（福康安，孝賢皇后之侄也，封貝子，贈郡王，二百餘年所僅見。滿洲語謂後族曰「丹闈」）。雛鬟生長婼羌西，鈿合無情寶劍攜。帝子不來花已落，紅顏黃土玉鉤迷（回部某王之女，事見王壬父《湘綺樓文集》）。秦簫仙管倚雲霞，玉水縈紆賜主家。獨有沁園今寂寞，馬神廟外馬塍花（仁宗之女下嫁蒙藩，賜第在德勝門內，與成哲親王第均賜用玉泉山水引入邸中，今其後人為貝子棍布紮布。馬神為高宗之額駙，福長安故第，今為大學堂）。如意多因少小憐，蟻杯鴆毒兆當筵。溫成寵貴傷盤水，天語親褒有孝全（孝全皇后暴崩，事多隱秘，宣宗特謚之曰全。其時皇太后尚在，家法森嚴，宣宗亦不敢違命也）。捧硯調朱玉漏遲，御前裂帛太憨癡。才人一別披香殿，明月羊車繫夢思（宣宗披覽章奏，嘗至夜分，某日有寵姬取而裂之，翌日遣出，亦不加以他罪）。中使傳宣急召蝦，乾清宮畔月籠紗。龍顏一怒蛾眉死，御劍封還帶血花（道光中，某夜，宣宗在乾清宮盛怒，厲聲呵斥，立召值班侍衛王某入宮門，授以寶刀，令隨宮監至某宮第幾室於床上取一宮眷首覆命，不知其為何事也。王某，黃巖人，曾為其從孫弢夫太常言之。滿洲語侍衛曰蝦）。纖步金蓮上釦墀，四春顏色鬥芳時。圓明劫後宮奴在，頭白誰吟湘綺詞（咸豐間圓明園有牡丹春、海棠春諸名，謂之「四春」，皆以居嬪御者。見王壬父〈圓明園詞〉）。大雅齋中寫折枝，丹青鉤勒仿箋熙。江南供奉雖承旨，不及滇南女畫師（內廷畫工皆吳人，光緒間昆明女史繆素筠承直垂二十年。大雅齋，孝欽自署齋名）。開國科名幾狀頭，璇閨女誡近無儔。昭陽從古誰身殉，彤史應居第一流（國初滿漢分榜取士，有狀元麻勒吉。其後滿漢同榜，惟崇文忠以一甲一人及第）。寢園新築妙高峰，鋸斧摧殘馬鬣封。銀杏半枯松柏老，宵深風雨泣潛龍（醇賢親王園寢在妙高峰）。女伴三旗結隊偕，繡襦錦襆映宮槐。禡牙未命南征將，選秀惟聞撂綠牌（文宗時某秀女事，亦見《湘綺樓文集》。滿洲語謂引見不入選者曰「撂牌子」）。北狩經年蹕路長，鼎湖弓劍望灤陽。兩宮夜半披封事，玉璽親鈐同道堂（垂簾以後，在熱河時頒發諭旨，皆鈐「同道堂」一印，蓋文宗末命親付孝貞、孝欽者也）。納蘭一部首殲誅，婚媾仇仇筮脫弧。二百年來成倚伏，兩朝妃后侄從姑（入關以前，與葉赫納蘭部以爭婚姻事，滅其部落。納蘭即那拉也）。千步廊前竦碧岑，佛香閣上恣登臨。長衣窣地盤旋上，親挽篗輿有福金（孝欽在頤和園，每日必登佛香閣遊覽。閣在萬壽山之巔，廢端王之福晉，日侍左右親為扶輿。大阿哥之入嗣，福晉之力也。福金即福晉）。翔鸞飛艦棹湖波，天上嬉娛樂事多。不愛內家裝束貴，居然雨笠與煙蓑（孝欽率后妃於園照像用漁家服）。懶夢山人冰雪姿，婕妤寵幸冠當時。焚香繡佛應多暇，自繪林巒綴小詩（穆宗之瑜貴妃自號懶夢山人，能詩畫）。趙家姊妹共承恩，嬌小偏歸永巷門。宮井不波風露冷，哀蟬落葉夜招魂（庚子之變，珍貴妃死於宮內井中）。

徐桐不與廢立之異聞

徐桐以附和拳匪，聯軍入都，自經死。當時皆謂立大阿哥溥儁事，桐預其謀。何翩高藻翔以詩二章見寄，云：「詩成十餘年，不以示人，今表而出之，以告天下之詈徐桐者。」詩云：「十年不召老尚書，秘殿傷心論建儲。先帝舊臣幾人在，慈寧賜食撤銀魚。菊兒衕口車班班，夜半宮燈照往還。只說老臣不奉詔，朝珠撕斷詈文山。」（徐相本壬午座主，自充宏德殿行走，余即脫門生籍，節壽並不登門矣。庚子殉難後，樸壽言徐家人述軼事云：徐相不召見者近十年，己亥十月入直，太后賜食，特撤御筵銀魚火鍋賞之。食訖，入謝，太后慰勞備至。語及穆宗時事，因垂泣曰：「皇帝不能生育，穆宗不可無後。」徐曰：「皇上能否生育，宮壼事臣不能知。」太后復曰：「穆宗終不可無後。」徐亂以他語，太后默然。遂退。某日將夕，內監傳語，太后有旨，令中堂到菊兒胡同榮相宅，有大事會議。徐至，則崇綺已在座，述太后意，語及廢立，徐曰：「老臣不敢與聞。」榮曰：「老世叔如是，我亦如是。」榮蓋素稱徐為老世叔也。徐立呼輿歸。入門，氣憤憤頓足撕朝珠立斷，曰：「崇文山真荒謬極！真荒謬極！」家人莫測，不敢問也。越數日薄暮，門生御史楊崇伊請見，辭以將睡。楊告以有大事，堅請見。坐甫定，從靴裏呈摺稿，蓋請廢立也。徐閱甫半，曰：「我勸你不可如此荒唐。」舉茶呼送客。楊出門，車後載氈被，徐家人尾之，驅馬向定王府大街去矣。乃知宏德殿行走，亦非徐意也。因詳注之，以誌吾過，時庚子十二月也。）

王文恪公遺事

蕭山湯紀尚書〈蒲城王文恪遺事〉云：「道光二十二年秋，河決開封，蒲城王公持節視河事。時議者以河漲勢盛，請改行省以避其沖，公持不可。疏言河水灌歸德、陳州，旁溢潁、亳，挾淮東注，洪澤湖日受淤，萬一宣洩不及，則高堰危，淮揚成巨浸，民其魚矣。無論捨舊址，築新堤，自豫達海數千里，工費不可支，且無任黃水橫流南趨之理，請飭部具帑，期以冬春集事，不效願治罪。公躬禱於神，督河兵日夕巡護，波光際城，飛走路絕，星宿露飯，披校案牘，倦則監寐肩輿中，先後六閱月而工蕆。時樞相穆彰阿秉政，張威福，尤深嫉兩廣總督林公勳名出己上，乃巧構機牙，媒蘖其短，以觸上怒。由是林公罪廢，虎門防撤，海氛益熾。逮公還朝，奏對畢，痛陳御座前，力諍不可得。退草疏請罪，大帥責樞臣，懷疏趨朝，待漏直廬中，燈火青熒，遽自磬暴薨，疏卒遏不上。朝野駭愕，事隱秘，莫測其端。夫樞臣之百計沮傷，必欲置公死地，而公果罹其厄。歸命君父，精白一心，恣摩盪而無回互，惜乎！公子孫下材無以成公志，使公之曲艱隱愍卒幽抑而不彰也。公之筦兩部也，綜核巨細，多所平反。十九布政司有大獄，輒命公往治之，先後歷行省九，讞獄無瞻徇。浙江德清民婦甲與乙私，為乙婦丙覺，殺丙，賄官吏以免。而女母家訟冤三年不決。值公典試浙江，陛辭，上以獄付公。入境偵知某故豪於貲，以訟耗大半，曰賄據也，獄具，官吏皆狃法。兩淮鹽務積弊久，虧正雜課以巨萬計，歲盡而前歲綱未集，命公往勘。疏請節浮費，革根窩，定桶稱，編船號，疏運道，散輪規，弱滯銷。大旨謂商本輕則鹽價自賤，私販不緝而自消；舊欠輸則新綱可清，積壓無因而藉口。且疏銷巡緝，責成州縣汛弁，而鹽政非所屬，令沮不行。請裁鹽政，由總督兼轄，上皆允之。公起家寒畯，登相位，歷事兩朝，入贊樞密，垂二十載。其立朝之概，敷政之跡，眾著人耳目者，掌於史事，詳於傳志碑表，惟公孤沈不白之大節及一二逸事，實有繫於陰陽消息之幾，國家治亂之故，不可使終不傳也。嗚呼！公以孤忠結主知，而卒困於僉壬，使之憂憤危苦，以效史鰌之節，此聖賢所由深疾。夫媢嫉而古今來貞隱之士，寧槁伏繩牖而不仕也。」

長沙鄭業斅與湯伯碩書云：「讀大集書〈王文恪公遺事〉，與蒙所聞微有異同，敢悉陳而請教之。林文忠督粵，以禁鴉片絕英夷互市，其時不獨夷人忌之，即粵中洋商所謂十三家行者，亦以失利怨之，陰與夷目謀聚巨賄，納諸穆相，求去林公。穆之構林由此，文中不書，自是《春秋》內諱之義。然似須參用活筆，以示微旨。著云嫉其『勳名』，則非實也。林公譴戍伊犁，適文恪奉命治河，奏留林公襄治河事。及蕆役，文恪即工次騰章，頌林公功，以冀已其伊犁之行，並復起用。乃章下，奉批旨，飭林公仍赴戍所，蓋皆穆相所為。文恪大扼腕，入朝遂草遺疏數千言，而從史鰌之遺則矣。林公哭文恪詩有云：『休休豈屑爭他技。』言其推功於己也。又云：『衛史遺言成永憾，晉卿祈死豈初心。』言前奏若行，文恪元不辦一死也。文未及林公治河事，似應補敘。文恪薨後，其子得〈遺疏〉於懷中，惶惑不知所出。穆相狙知，亟遣某官，至其家，以危言怵之，遂易疏進。某官，憶曾聞左文襄舉其名，今竟忘之。吾鄉魏默深司馬輓文恪詩云：『甘毀楹書已莫論，黨奏誣岳又誰昆。盛唐李嶠真無子，南宋韓琦漫有孫。』玩詩二、四兩語，其人亦名公卿裔也（有謂張芾者，有謂陳孚恩者，據司馬此詩後四語云：「地下相逢堂構痛，當年並相鬥山尊。自關氣數系黃事，休問瑯琊與太原。」則似韓城相國後人也）。此節文亦未及，而在所可略，以舊聞如此，聊復書之。茲事本秘隱，世莫能知，其知者又多不詳其本末。故近人《郎潛紀聞》所記，率多懸度推測之語。今吾丈奮筆特書，使文恪鯁直孤忠，皦習然得大白於天下，而後之秉史筆者，亦可有所依據。紀述之心，固甚盛也，特以耳食所及，或有可裨海嶽之高深，因貢其芻蕘以備採擇焉。」

漁洋〈秋柳詩〉注

漁洋〈秋柳詩〉，讀者每詫其用典不倫，有謂其弔明亡而作。曲阜鄭鴻曾為〈秋柳詩〉注，自言生於新城，從漁洋後人號超峰者遊，告以〈秋柳詩〉弔明亡作也。超峰親承家學，所傳有自，因述所聞，而為斯注。清遠朱聘三汝珍嘗手錄一冊，出以相示。其詞煩冗，乃刪削採錄，與世之讀〈秋柳詩〉者共覽焉。

秋來何處最銷魂，殘照西風白下門。
他日差池春燕影，只今憔悴晚煙痕。
愁生陌上〈黃驄曲〉，夢遠江南烏夜村。

莫聽臨風三弄笛，玉關哀怨總難論。

漁洋詠秋柳，在濟南明湖北渚亭，此云「白下」，蓋傷南都也。建文時，有道士歌云：「莫逐燕，逐燕日高飛，高飛入帝畿。」言燕王靖難也。傷福王而追慼燕王，有興亡之慨〈黃驄曲〉，唐太宗平竇建德時所製，以唐宗方明祖，而慨嘆於子孫之昏庸，以至亡國也。「烏夜村」，在海鹽南三里，晉穆帝何后所居。明既無賢君，且無賢后矣。「玉關哀怨」，指寧武失守，周遇吉陣亡，城中無一降者。李自成語其眾曰：「此去尚有大同、宣化、居庸等關隘，皆有重兵，若皆如此處，可奈何？不如退去，圖再舉。」而大同總兵姜瓖、宣府總兵王承允降表象繼，至自成遂長驅大進。「臨風三弄」，哀守關之無人也。

娟娟涼露欲為霜，萬縷千條拂玉塘。
浦里青荷中婦鏡，江干黃竹女兒箱。
空憐板渚隨堤水，不見瑯琊大道王。
若過洛陽風景地，含情重問永豐坊。

此章端指宏光君臣也。自建位南都，嬉娛顧影，已不勝衰象矣。馬、阮諸人豈勝棟樑，所謂持荷作鏡也。宏光詔選民間美女入內廷，校尉入民家大恣搜索，遠近驚惶。朝議婚而暮嫁，或自溺焉，民間少女一空。「江干黃竹」滋可憐矣。宏光自河南府失守，奔懷慶，轉徙淮上，馬士英、徐宏基等迎立南都，未及一年而喪滅。板渚之水依然，而滄桑已變矣。古詩云：「瑯琊復瑯琊，大道王。」晉元帝以瑯琊王陟位，與宏光同都建業，而興亡殊轍，今豈復聞大道之歌耶？洛陽為福恭王分封地，李自成陷洛陽，獲福恭王常洵，臠割之。勺其血，雜鹿肉以食，曰「福祿酒」。宏光不思討賊復仇，而日事荒淫，無人心，宜其失國也。

東風作絮糝春衣，太息蕭條景物非。
扶荔宮中花事盡，靈和殿裏昔人稀。
相逢南雁皆愁侶，好語西烏莫夜飛。
往日風流問枚叔，梁園回首素心違。

明末諸臣，柔媚闒茸，國危無足恃者，大好家居，纖兒撞壞，殘山剩水只益喟然耳。宮闕園亭，一時灰燼，花木寧有幸耶。南都君臣，國亡共盡，遺老亦不可復尋矣。南都失守，而唐王改元隆武於福州，魯王監國於紹興，永明王改元永歷於肇慶，皆不久淪滅，故言「南雁皆愁侶」也。「西烏莫浪飛」言鄭成功、李定國輩，奮其螳臂，皆不能久持也。結語指侯朝宗。侯生從史公可法軍中，有所建議，惜其不用也。

桃根桃葉鎮相憐，眺盡平蕪欲化煙。
秋色向人猶旖旎，春閨曾與致纏綿。
新愁帝子悲今日，舊事公孫憶往年。
記否青門珠絡鼓，松枝相映夕陽邊。

此指童妃、太子兩案也。妃本周府宮人，福王再繼妃。洛陽破，妃與鄒太妃逃至尉氏縣，將依族人童尚宣不得，遂展轉逆旅間。未幾，福王亦至，就旅邸中相依。久之，生一子。及王南下，妃與太妃散失不相顧，已而南中遣官賚詔恭迎太妃，不及童氏。妃沿泣於途，自為狀投河南巡撫趙其傑所。其傑與巡按御史陳潛夫議，奏報童妃故在，王置勿召。乙酉三月，妃以其傑議送至都，王怒，命付錦衣衛監候。尋命馮可宗鞫之。妃就階下細書入宮奉御年月，及相離情事，甚晰。可宗奏聞，王抵之地，呼為妖婦，可宗遂辭勿與審。已改命屈尚忠竟其獄，以嚴刑拷掠，妃乃婉轉呼號，閱兩月死焉。前四句皆哀童妃也。當時太子至金陵，百姓人人色喜，皆言上無子，必以為子，不意竟命群臣會審，指為故駙馬王昺之侄孫王之明冒充者，遂繫獄。城破死獄中。蓋滿朝讒佞，無人誦言其真者，念丙吉護漢宣帝之故事，而惜太子之不幸也。昔時秦淮佳麗地，今成蔓草，惟有孝陵松栝相映夕陽而已。

越南遺民淚談

越入於法，法人治越，苛虐無人理。有越南河內遺民阮尚賢號鼎南者，以癸丑夏六月來遊京師，所著《桑海淚談》，設為與韓人問答，共道國亡之慘。其詞至苦。傷哉，亡國之民也。詞云：

余交人也，去國六周星矣，所謀之事，百無一成，骨瘦形枯，心悲夢慘，仰呼天而問之，天不吾答；俯吁地而哀之，地不吾語。蒼茫獨立，四顧無聊。於是，縱遊瀛寰之中，求其身世之類我者，與之締恨交，論恨事。久之，於三韓得一人焉，曰閔氏。以某年月日會於某埠之小山上。閔君謂余曰：「吾輩國土別，言服異，而皆亡人也。嗟呼！阮君亡國之慘，爾我共之，然吾三韓於彼倭人者，地近而勢逼，譬病叟與大盜為鄰，無寒暑晝夜，皆可烙我刃我，而畢其命。若君之宗國，聞見苦於法人，彼法人者，地遠而國富，其毒人當稍緩矣。」余曰：「吁！君尚以吾國為幸乎？恨未一履吾境也。天地間有猛虎而不甘人肉乎？有雛鳥不見攫於蒼鷹者乎？吾香山之石，巉巉然若吾民之骨立也；吾珥河之水，滔滔然若吾民之血迸也，君獨未之聞耶。」閔君曰：「彼之兇虐，向未有告我者，君請為我道之。」

余方心血沸湧，遂不覺瀉為長談，以誌吾恨。後之覽者，哀我歟，賤我歟，抑笑我歟，皆不暇計也。吾國土地肥饒，兼山海之利，數百年以前，外患疊至，而上下一心，卒能以血戰存其國。五十年來，歐浪東奔，情勢一變，當時秉政愚愎，專持鎖國主義，故法人得乘其隙。始以傳教窺虛實，繼以通商入庭戶，終之以戰事，以和約。而吾國三十六省之輿圖，遂為法人有矣。彼既得志，與之反抗者皆鋤而去之。奴隸我官吏，牲畜我人民，繫我手足，吮我膏血，蓋二十有六年於茲矣。其虐政之大端有四：一、酷其刑罰。二、重其賦役。三、絕其生路。四、錮其知識。外此罄竹難書，一言以蔽之，曰：「欲滅吾種而已。」

乙酉五月二十三日，乃吾國國破君亡之大紀念日也，先是屢戰不利，總督軍務大臣阮知方、總督黃耀相繼殉節，南北兩圻既陷，彼乃以重兵壓京城，逼我政府立新約。殿前上將軍衛正侯阮說，素主戰，至是益怒，乘夜進兵，顧彼先有備，縱兵大戰。平明都城陷，將軍遂扶駕如甘露，彼追之不及，乃執將軍之老父，流之荒島。左翼將軍陳春撰，起兵清化，屯三亭，彼攻之久不下，乃發其祖父遺骨，暴之中衢，使人告曰：「不降，將沉若先骸。」將軍不答，彼乃投之江中。協督軍務大臣潘廷逢，保守乂安上遊，十有餘年，攻之不克，亦投協督先父骸骨於江。協督卒於山寨，義兵散，彼乃掘其遺屍焚之，揚其灰。彼之待人悖逆公理，此為最甚。其他飽無辜以鋒刃，驅良民於溝壑，寃慘之氣，昏天障日者，非吾所能詳舉也。雖然，余亦略舉一二，以誌余痛。

丁亥春，清化義兵既潰，彼日縱兵四出，見奔走道路及伏藏山谷者，悉擒以歸。其義兵則殺之於城北壽鶴之原，鄉民及老弱則反縛其手驅之於城南數里外之布衛橋。橋之兩端以兵守之，每晚兵官至，下令投之江中。每溺一人，則拍手喧笑以為樂。有驤首於波間及泅泳者，則以槍擊之。如是者凡三四月，布江之水，色如血盆，行者絕跡。北圻協統大臣阮述，會義師於海陽，嘗於某縣據險，與彼相持，彼募其縣人為間諜，卒無應者，乃以重兵驅其一縣之民，盡屠之。又嘗至協統鄉貫，集其老稚於亭，呼里正前，問協統先代葬處，里正辭以不知，即斬之。又縛一十六歲童子，脅以兵而詰之，童不肯答，即突刺其面，血流被踵。童忽厲聲曰：「賊徒無良，阮協統盡心於國，吾恨不能執鞭從之，反助若輩為虐耶？」賊大怒，以布纏其身而火之，童至死罵不絕口。

丙申，彼會其諸道兵攻河靜、乂安二轄，榜於軍門曰：「降者免罪。」既而所至焚殺，降與不降皆死，其主帥營外數畝地血流常沒踵。彼既凱旋，而鴻山、藍水間數百里地寥寥無人煙矣。吾國取民之法，田分三等，而賦入極薄，每遇凶歉，則減或免有差。自入法人之手，苛政百出，始升三等為二等，二等為一等而稅之。繼則無論肥瘠，皆為一等。終則加其畝數，昔之千畝者，今為二千，萬畝者，今為二萬。民不能堪，乞其實行勘度，彼則不顧，遇凶歉之歲，必取盈焉。有不能完納者，則以悍卒一隊，挾槍劍至其鄉，名曰「坐收」，盡一鄉之牲畜供其飽飫。縲絏其父老，鉗烙其子弟，呼號之聲，慘不忍聞。賣妻鬻子，轉於溝壑，而彼曾不一動心。丁則十八以上，歲納傜銀三元，給以一票，名曰「身稅紙」。無此紙者謂之漏丁，其罰最酷。歧路中必設警兵，往來之人必搜稅紙，無者囚之獄，充苦工，限滿收其罰銀，視身稅加倍。顧所謂警兵者，旬日之內若無犯，令人必有重譴。彼輩為弦上之箭，亦不得不入人於罪以自脫。此身稅者行於庶民，若有品秩則免；有品秩者，每三年中，必呈其告身於彼行政官，並納銀十五元，謂之「助國」。助之為名貴於納，而所失則幾倍之矣。

居城市者，身稅之外，必歲納二元，曰「遊行稅」。納銀之後，人給一票並照片，警兵藉以辨真偽。鄉居之人以事至城市，逾三日，亦必納銀領票，無者其罰尤酷。至於城居，人則一身之內，服食器用無物不稅，城居者畜一狗，歲出一元，則得一紙牌，繫於狗頸，狗縱出門，亦無他患，不爾，罰及主人矣。至於牛稅，則不屬於官府，而屬於保畜公司，家有牛一頭，歲納保險金二元，牛以病死，則公司償其值。然牛疫一起，死者相踵，卒無至病牛之柵一寓目者。計一國之大，所產牛何止萬億頭，保畜公司之所得亦云巨矣。然自有公司以來，未聞一人得其賠償金者。鄉村則市稅極重，物雖至微，入市有稅，嘗有貧人挑菜至市，計所輸錢比菜價更倍，無以完納，大為稅司所苦，貧人乃拋其菜於穢地而去。然稅司猶大怒，欲執而懲之，疾走乃免。又有貧家畜一豕，鬻於市而不得善價，牽之返。明日，復往，凡三次，而一豕之價皆以納稅，彼貧家所得者往返及爭論之勞耳。酒稅尤奇而酷，吾國地居熱帶，人不嗜酒，價極廉。西商乃請於彼政府，設酒稅公司，禁民間釀酒，而自出其酒以售，價甚昂。相戒勿飲，西商則請於彼政府，按籍給酒，每人月三大瓶，醉醒任其自由，而酒錢之納則不容緩。公司既得彼政府之助虐，則愈無忌憚，日遣巡丁遍往鄉邑，或入人房闥，搜其所藏，若捕劇賊。有私釀者，獲酒一壺，罰銀三四百元，貧不能納，則責其親屬，親屬不足，則責其鄰里，催捉囚繫，波及無辜，至有盡室而逃者。罰銀未納之前，日充苦工，夜閉幽獄，半年或一載，備極諸苦，比歸，則身瘁而家破，因之自戕者多矣。

濱海多鹽田，從前聽民自煮，互相賣買，故質淨味佳，而價極廉。自鹽稅公司設立以來，禁民私煮私賣，以專其利。而彼所出售之鹽，則雜以沙土，價又極昂，貧家得鹽往往珍於得米。彼之人民，近以吾國為利藪，接踵而來，故鹽酒稅司之外，又有所謂屯田者於山野之間，僱人牧畜以耕墾為事。然無論何地，皆恃勢蔑理，奪人熟田為己有，民畏之不敢與爭，故彼之田從攘奪來者十之三四。又招納莠民，誣陷良懦，一雞一犬，偶有所失，皆向所在守令責賠。居民惴惴，愈不敢觸其毒螫矣。廣南一省民苦於重斂，相率造彼公使署，請免加稅。公使不之允，且使軍隊驅之，溺死者三人。於是眾忿甚，載其屍置之公使署前，數千人皆縞素環而哭之，聲震天地。既而經旬不散，相與枕藉街衢。公使乃電告彼欽使。欽使至，問何故作亂？曰：「吾儕手無寸鐵，何能為亂？但賦煩役重，實不堪命，故相率哀吁耳！」欽使曰：「汝輩窮乏，不能完國課，不如死之為愈。」乃令西兵攢射之，凡殺數百人，流血成渠，而民始散。

近數年來，彼築鐵路於吾北圻之邊界，以通雲南。顧土著人不能當此大役，乃廣募各省貧民為工，以其地嵐瘴太重，餌以重利，使人趨之，卒乃自食其言。有終日作苦不獲一飽者，屍骸相枕於山谷間，不可勝計。此開山之役，億萬人中鮮生還者。其為饑寒、瘴毒所困，形神瘘敗，至家一二月亦死；即不死，亦終身為廢人。故此蜿蜒萬山，首三宣而尾六詔者，在白人呼之為「鐵路」，吾國則名之為「血路」也。

彼并吾國未三十年，而君主之位凡四易，幽廢者二，投毒者一，蓋或以英明之資為彼所忌，或不堪其淩壓，思與反抗，彼故怒而去之。今之嗣統者，僅七、八齡沖主耳，彼則挾之以號令於國中，戮忠良曰「遵朝旨」也，增賦役曰「奉上諭」也，擁此虛器，徒供彼之玩弄，亦何樂乎？為君十年以後，沖主之智識日開，亦必及於難矣。彼之待吾國官吏，不但視若奴隸，且鞭撻若馬牛，使其惻隱羞惡之心無復萌蘖。雖然，彼輩亦烏足責。今日之乘軒駟而佩勳章者，皆吾國昔日皂隸輿臺耳，其有人性者，非賤則窮；有義心者，非死則竄，彼固不能以利誘而勢迫也。從前南北往來相通，故人民尚得以貿易有無，濟其窮乏。近數年來，彼忽嚴其禁令，南圻之人不得至中圻，中圻之人不得至北圻，以故物貨停滯，生計艱窘。設遇兇年，遠方之穀米不至，必束手待斃矣。吾國之出洋遊學者日多，國中民智亦漸啟，學堂、商會處處設立，彼則思所以摧折之。下令捕諸新黨，或斬，或竄，或監，或籍，惟意所為。出洋之人，限以六月回國，否則罪其父兄及其妻孥。族黨設為禁令，宣布國中讀新書者有罪，談外事者有罪，立商會者有罪。偵探之徒，以千百計，隱見不常，坐於車者忽而繫以鐵環，步於衢者忽而閉諸獄室，悲哀痛楚，往往不自知其罪。

全國人士，如在荊棘之上、湯火之中，飲毒茹荼，吞哀咽恨，而彼心猶未快也。聞又增諸稅矣，起重役矣，加廣獄室矣。嗚呼！吾因今日之悲慘固與君等也，彼之虐政愈日益甚，將來其又使我為墨洲之紅人乎？雖然，物極必反，怨毒愈酷，則復仇之念愈堅；危難愈迫，則自衛之心愈摯，美之獨立，德之奮興，豈非從摧折窘辱中來哉？古今諸國，豈強大者永無一蹶，而衰亡者永無再造耶？吾身未死，吾志猶存，誓與吾伯叔兄弟明復仇雪恥之義。

文極沈痛，不忘奮發，其情可哀，其誌尤可敬也。阮君有《南枝集》，錄其二首。

旅晉感懷

序云：辛亥九月八日，晉軍起事，余在晉城，幾為軍人槍擊者再，以外人對，獲免。出投旅館，行李蕩然，惟存舊書數卷而已。

萬里孤臣九死餘，江山有恨涕沾裾。
椎秦已破千金產，佐宋難憑半部書。
漸喜中天開日月，還悲故國付丘墟。
十年未遂殲仇志，猶自吹簫學子胥。

感成

使節當年銜玉音，關河雙鬢雪華侵。

豈知秦檜和金計，難遂包胥復楚心[1]。
石馬園陵秋草冷，銅仙宮闕夕陽沉[2]。
劍南家祭知何日？漢臘低迴愴不禁。

賜御書

清時翰林以入直南齋為最榮。每帝至南書房，則供奉者出立於門外，帝呼某入則入，不呼則候帝去乃入也。每賜御書，如福壽、嘉祉、松鶴、松壽字，多南齋代筆；其皇帝御殿親書者，則呼某入跪案前，御書起一筆則三叩首，至末一筆亦三叩首，宮監二人捧御書從其人頭上過，然後起立，當時受賜者則以為殊榮矣。宣統帝每日所習書，恆以賜宮監，亦命叩頭謝恩也。

太廟玉冊

《太廟玉冊》六十餘份，份各百餘塊，塊高五六寸，寬七八寸，厚半寸許，南書房翰林撰文

1 嗣德末年，先君子與范尚志書，奉旨如清求援。清執政某謀國不誠，力主和議，時赴援之師十餘萬死傷略盡，竟置不問，真東亞史之奇辱也。按：執政某指李鴻章。
2 先君子歸朝日，翼廟已崩。又二年，京師不守，乘輿蒙塵，全國丘墟矣。

後，恭楷書玉上，鐫成，傅以漆金。庚子聯軍來，美國兵護守太廟，英兵欲取《玉冊》，美兵舉槍向之，乃止。美兵退後，英兵恣所取。及交還太廟，檢其數，失去二百餘塊。天壇之蒼璧，地壇之黃琮，日壇之赤璋，月壇之白琥，皆歷朝法物，亂後並失矣。

榮祿貂褂

榮祿美風儀，容止秀整，衣裳雜佩皆極精好。每歲自十一月朔，迄次年之元夕，所服貂褂日易一襲，無重複者。其衣衩內標第幾號，可知多矣。趨朝遇風雨，恆服四不露褂。四不露，即不出風毛者也。滿人最重衣飾，恆自相誇耀，居顯要者，四方進獻，恆量其厚薄以為報酬，不獨榮祿也。

花衣期

清舊制，有慶日則百官服蟒，謂之花衣期。凡大臣遞遺疏及請恤事，皆不得於期內遞進，違者嚴責。光緒中，鄭承脩有聲諫垣，以總兵陳國瑞功多，獲罪遣戍，歿於戍所，奏請念勞復官。宣付史館，中旨報可，仍以花衣期內違犯體制，下吏議奪官，詔原之。專制帝國，有觸犯忌諱者恆罹刑辟，不獨有清一代然也。

劉銘傳別傳

侯官陳衍石遺曾在劉武壯公銘傳幕府，知銘傳事甚悉，成〈劉銘傳別傳〉見示，因錄之：

劉銘傳，字省三，安徽合肥人。面黃黑，疏麻，隆準。粵撚匪屢被創，群呼劉麻子相驚。軀不逾中人，雜立稠眾中，一望輒見，若高出人表然。十餘歲隨安徽按察使某為材官，某年方二十六，私嘖嘖謂其官可及，年不可及。旋捨去，隸李鴻章部下。積功至直隸提督，年亦二十有六。三十有二封一等男爵矣。大凌河之役，期鮑超合圍。其夜某時，超失期，銘傳軍遂大崩。一夕數年精銳燼焉。捻返追，銘傳與書記劉宗海騎駿騾狂奔數百里，刃從腦後下，劈及騎，負痛益奔，乃免。髮際尚有一線瘢痕也。由是切齒超。鴻章數日不得銘傳消息，以為已死。劉宗海云素惡左宗棠，督辦陝西軍務，即奏劾之。退居常在金陵，築水榭冠於秦淮，喜學詩，為白樂天、邵康節語。

甲申朝，命督辦臺灣軍務。銘傳時已不屑為欽差大臣，欲為督撫，廷寄下，故挾數姬遊杭州西湖。鴻章急遞促之，不顧，寄語曰：「非封疆勿相混也。」鴻章為婉陳，加巡撫銜，乃受命至臺北。基隆不可守，法人陷之。退淡水，布署防滬尾，募士勇一戰克焉，斃法人數十。初，福建巡撫未移臺，全臺專政於兵備道，道受督撫節度。時臺道湖南人劉璈，號稱有才幹，何璟為總督兼巡撫事，懦。璈專橫，事皆先行後白，璟偶指駁，則惡聲相向。素輕銘傳武人無所知，非真巡撫，臺北又挫衄，臺南天險，法人不至，自謂有設備，視銘傳如無物，事事與忤。和議定，銘傳實授巡撫，使湘人提督李定明查□敖贓巨萬，及姦淫諸不法事，列款嚴劾；且關說軍機處，必置死地。朝旨逮問下獄。年餘，將定讞繯首。璈有賢，傾家營救，乃效力軍臺，死戍所。皖人劉秉璋為四川總督，鮑超，川人，方死而獄興，秉璋鍛鍊之，抄沒家產，超妻死焉。

臺灣向受內地協餉，歲數十萬金，不能自立。田賦悉入豪強，海關稅安平、滬尾二口，隸鎮閩將軍，銘傳為巡撫乃收回，不受協餉。撫墾清丈，益以茶葉、樟腦、煤鐵、林木、百貨之稅，歲入且三四百萬金。胸有城府，恩怨分明，奏議公牘，不掉文詞，能自為。最輕武人，畜視之；既為疆吏，則又輕疆吏，獨重京曹。禮知名士，喜談命相。在臺時，一日有相士極訣當相國，銘傳嚄唶曰：「余，武人也，為督撫已破格，那有為相理。」相士力言法當爾。銘傳曰：「果爾，天下事亦殆矣。」麾之去，命賞五十銀圓，顧曰：「他日果驗，再賞五百圓也。」自言五十六歲又當革職，六十歲當死，已而果然。

論曰：劉宗海又云：西捻張總愚逼畿輔，李鴻章、銘傳皆奪官。銘傳怒將變有不屑奴性之屈服焉。撫臺則鐵路、電線、郵政、炮臺、學堂、船商、火器、水雷、諸機械製造，於舉國未為之日獨先為之，令居政府，若南北洋大臣、革命元功，殆無有出其右者。膺疆寄，僻處海外，地小不肆厥設施，鬱鬱以沒。偉大事業豈不以其時乎？然下中之材，雖事業幸成，終就窳敗，時勢又可盡恃哉。

毛遂脛骨

毛遂墓在山東兗州府薛城鎮，即春秋薛之故都。宣統三年春，津浦鐵路築至墓前，掘一碑，審為遂墓，唐時改葬者，並得一足脛，長大倍於常脛，督工者命仍掩之，仍樹碑墓前。防風之骨專車，定非誣矣。

小邾子故城

嶧山之間，為春秋邾故地。邾入於魯，其後乃遷於鄒。宣統三年春，津浦鐵路工掘地見故城址。據《兗州誌》考之，知為小邾子故城。

蛙異

癸丑三月，京師齊化門外六里屯一土窯，群蛙列隊出，數不可計，迤邐向東行，越陌度阡，歷數車道，至一小溝，赴水而沒。自十四日至十七日止，綿延四晝夜。密如群蟻，頭足銜接，遙望若長橋之臥波，惟蠕蠕動。蛙大者如瓶、如盎，小者如常蛙。時有數小蛙伏大蛙之背，路人掇之，堅不可拔。蛙皮作深青色，腹淡紅，凡蛙必怒目。每躍恆尺許，或數尺許。此蛙並閉目，行紆徐，舉足前作作獸行。第一日車行所壓，斃無數，為警廳所聞，乃令車皆繞道行，都人驚傳其異。時南方謀變方急，爭言主兵象，或言主大水。姚元之《竹葉亭雜記》：「嘉慶己卯春，鄭州城壕遍城皆蛙，大小層累連衙無隙地，斃於履與車，不可勝計。及秋，遂有河決之患。」與此至相類矣。都人喧言蝦蟆搬家，奔走聚觀，車馬絡繹於道，亦可異矣。

光緒甲午，京師盛傳南下窪水怪，吼聲如巨鼓，聞數里外。時公車皆集都下，爭往覘其異。男女老幼，日數千人，陶然亭、錦秋墩之間，茶棚至十數，僻地忽成鬧市。士論謂主兵，宮中命齋醮以禳之。步軍統領且嚴兵備非常。綿竹楊銳叔嶠與榮縣趙熙堯生往觀歸，窮搜《五行志》證其異。趙堯生有詩所謂「楊舍人歸，舌不下，取《五行志》，終夜翻」者也。無何，中日戰起，京師大震，時論謂咎徵已驗。今則災異之說信者絕稀，聊備記之，亦京師一異聞也。

易順鼎實甫今歲方在京師，作〈蛙異詩〉，殊奇譎，因錄之。詩云：

方諸可取水，鼓造解避兵。五月之望死，八月之望生。
入月為蟾蜍，玉溪寄幽情。食月為蝦蟆，玉川加惡聲。
嗟汝雖微物，亦是太陰精。壽夭不自知，美惡不自名。
莊周笑坎井，子陽蒙厥稱。勾踐式汝怒，汝怒何重輕。

王莽又紫色，閏位詎足榮。給廩逢晉惠，肉糜食豈曾。
鼓吹作兩部，壺籌支六更。黃梅時節至，青草池塘盈。
始聞爾閣閣，催種湖田粳。奈何尚非時，怪像倏已呈。
癸丑春二月，上浣哉生明。國門廿里外，積水多空坑。
士人走相告，群蛙若連營。千頭復萬頭，至於億兆京。
厥色黑者多，間以縹碧赭。小者或如錢，大者或如鉦；
大者如翁媼，小者如孩嬰。若扶老攜幼，若引類呼朋。
蛩蛩依駏虛，踝嬴逐螟蛉。亦有相負戴，絕無相鬥爭。
越陌復度阡，逾畝又過塍。直至大河側，躍入淵清冷。
中歷軌道三，車馬來縱橫。壓死不知數，螳臂安能撐？
其旁駐禁旅，見之動憐矜。車過趣改道，勿使成犧牲。
前後凡四日，觀者目盡瞪。夜行可想見，必不休宵征。
皆云蛙徙宅，休咎知何徵。昔在德宗年，地近陶然亭。
積潦蘆葦中，有聲若牛鳴。都人爭往觀，不得見其形。
我時官郎署，車驅亦嘗經。西蜀趙進士，作詩告群卿。
今復睹此異，天地方晦暝。依然客京國，雙鬢嗟星星。
或言今年暖，眾蟄已先驚；或言地氣變，南北失其恆；

見蠍嘆南竄，聞鵑傷北盟；或言新改歷，微物知逢迎；
或言置水管，使彼窟穴傾。見怪不謂怪，罅隙自莫乘。
愚儒道黑白，流俗成丹青。此豈關災祥，而欲志五行。
我意不謂然，感事魂忪惺。驪山產此妖，天寶招堅冰。
出見蓋有由，詩史杜少陵。虛無化黃蚪，其語必足憑。
又聞韓昌黎，痛愛天眼睛。詈此百醜物，竟解緣青冥。
借刃思刳腸，天梯限難升。寄箋東南風，西北通丁寧。
誇蛾挾以出，赤烏啄不停。拘送主府官，宣布其死刑。
溯唐元和代，至今千餘齡。當時寸磔死，於法似已平。
前罪豈未蔽，再使陪梟羹。且休太史卜，更付大理評。
嗟天有兩目，兩目今已盲。盲非由彼食，罪彼理豈□。
嗟天有十日，堯水浸不靈。若能食八九，非罪乃其能。
彼果食天眼，成此腹彭亨。當燒錐鉆灼，醢彭越且烹。
下腹而嘗皤，不惜帝箸腥。洩此萬古憤，庶使饕餮懲。

記書吏

清世曹司不習吏事，案牘書吏主之，每檢一案，必以屬書吏。朝以習常為治，事必援例，必檢成案，自開國以來二百餘年，各部例案，高與屋齊，非窟其中者末從得一紙。書吏皆世其業，一額出，爭以重金謀得之，蟠踞窟穴，牢不可拔。書吏執例以制司官，司官末如之何。吏遂藉例以售其奸欺，故以吏起家者恆富。都中有「東富西貴」之諺，蓋吏多居正陽門東與崇文門外，恆多華宅；京曹則多居宣武門外也。時謂有清之弊在吏、利、例三者恆相因，馮林一桂芬《校邠廬抗議》言之有餘痛焉。

戶部書吏達千餘人，為至盛。次則吏部、兵部。文武官補缺必待部准，吏因缺之肥瘠以求賄，賄不至，則多方駁之，或延閣焉。故外吏得缺有「到部打點」之說。打點云者，即賄吏之謂。若銓缺，則後先之序，有年資限之，吏則按籍以求金，若由他途以易之，則必費巨金；有時為例所縛，巨金亦無力焉。循年資而得者亦鮮。吏、兵二部之書吏，索賄及於補官而止，視戶部則大遠矣。戶部之權，在各省之核銷。軍興時，軍費之報銷，相出入恆百數十萬，故核銷一案，往返駁辯恆至逾年，或數年，督撫將帥，深知其意，故報銷時恆預計打點之費。一案恆費數十萬，少或數萬，司官之掌印、主稿與書吏朋比分之，貪黯之堂官亦恆所染指；而書吏實為樞介，此為其最大者。他凡發餉撥款，罔不由吏手，吏皆有所沾濡，故稱闊書辦必首戶部。

工部公事最閒，然朝廷有大興作，則部員、部吏乃大獲利。刑部、禮部向稱窮署，所獲不豐，獨遇會試或大婚喪，則禮部乃驟忙。

光緒二十九年，長沙張尚書百熙長吏部，首倡裁書吏之舉，時論皆謂至難，張毅然為之。選新入署司官，行書吏之事，兩月餘，乃大定。他部乃漸效之。戶部既改稱度支部，乃獨遲，然卒至各部裁書吏盡絕，皆自張創之。

庚子拳變，百官奔亡，獨書吏不散。亂漸定，有建言例案太繁，宜毀之。有旨命御史陳璧往戶署擇毀焉。至日，戶部書吏悉列諸案塞大堂，高與簷齊，告陳璧請編閱。陳既窮於術，語吏擇其要存之。吏言無非要者，仍請擇焉，倘誤毀要者，公任其責。陳不得已，一以付吏，使擇毀其殘缺者，用以復命焉。

自順康以至同光二百餘年，書吏之運乃止於丙午之改官制。前此則雖以曾國藩、左宗棠之勳業束於部制，不能不為書吏屈，及丙午廢吏制，乃無復孑遺，則時會為之也。

書吏見司官稱老爺，旁立白事；然司官不敢開罪於吏，懼掣其肘也。軍機處稱供事，實即吏也，無俸金，三年一列保，異常勞績，歷三次，凡九年，恆至道員，或出任官。而司官外轉，為之屬，則上官具舊屬，刺投焉，屬下不敢受也。如光緒間，陸嘉穀以供事至長蘆鹽運司，而軍機章京凌福彭方守天津府，須堂參，陸乃先以舊屬禮謁凌，凌仍尊以上官，是其例也。

記部曹

清制官缺，皆一滿一漢，吏、戶、禮、兵、刑、工六部蓋沿明制，置滿尚書一、侍郎二，漢尚書一、侍郎二。其下設司，皆滿漢分缺，年資深者以次遞補，有終歲不入署而得補者。其辦事之名曰「烏布」，清語也。司中滿人掌印，漢人主稿，不相紊。滿人恆以語言、衣飾相耀炫；掌印恆不諳文理，解書押而已。然事必決於掌印，主稿承旨而已。漢人出身科目，積資至主稿而止。當未設丞參以前，各司而上則侍郎矣。尚書、侍郎皆為翰林坐致之地，部曹無與焉。故資深者惟盼京察，京察三年一舉，獲記名道府，則冀外轉得美缺而已；自外官復入為尚、侍者百不一二焉。而翰林自登第，居京師，幸不夭折，則必至侍郎，故翰林恆卑視部曹，即同年同鄉，其間亦各為涇渭，故新進士視失詞館為大戚，庶常散館改部曹，有墜溷之嘆。至光緒末葉立外務部，繼立農、工、商、學、郵傳等部，設丞參，取部曹之資深或外官之道府擢之，於是，部堂始易人。科舉既廢，翰林無典試之榮，乃爭求調部。部曹乃嗤翰林為冷官，反睥睨之，蓋物極則反之理也。

當六部時，吏部為最尊，吏、禮兩部曹皆進士無他途。軍興鬻爵至濫，獨吏、禮兩部無資郎之跡焉。工部、刑部資郎至多，部員皆至千餘人。

凡分部者，先日由本司書吏具牒請上任期，至日，司堂設公案，兩吏夾案立，捧朱筆請標某日高揭上任大吉，群吏賀焉，諸役齊聲叩喜，資郎則以為至榮矣。吏導拜各司，至門不入，對門一揖而去，至丙午改官制後，此習漸廢。

掌印、主稿，列坐堂皇，書吏撰稿至，印、稿取其數目字，或按名筆點之，書吏肅退，則公事畢矣。新入署之司官，至則隅坐，無過問者，故鮮入署。如必欲習部務，則每日至隅坐，久而久之，印、稿見其人面熟，偶一垂盼，漸試以小事，無誤，則漸引而上之，捨此末由自進。

舊制，冠帶入署。終年趨公者，自晨迄暮，無不冠帶也。自唐紹儀為外務部侍郎，便衣入署，始戒司官用便衣，學部、郵傳部效之。張之洞管學部，命仍冠官帽，逮之洞歿，乃始不冠。

丙午新官制，一尚書、兩侍郎，不分滿漢。前此則滿漢六堂，亦常有以大學士管部為七堂者，一堂獨主部政，號為當家。滿人權力恆出漢人上，故皆滿尚書主之，漢尚書伴食而已。四侍郎則更不事事，有半月不入署者。若管部為滿中堂或漢尚書而兼軍機大臣，則實權在管部或漢中堂；管部滿尚書兼軍機，則滿管部不能過問，蓋視地位與權力而生異同也。非當家之堂官，司官來請畫稿，不敢細閱，謂之畫黑稿，有作堂官數年不知部事為何物者。

往例，堂官至，則衙役呵殿而入，惟工部則司官均趨門外站班，若外官之於上司焉。他部皆否，但有呵殿耳。丙午後，新部無之。

堂官至，則掌印、主稿率全司司官魚貫而出，至堂檐下，書吏捧稿，每人而授之，使呈堂焉。受之者莫知內容，亦勿庸知也。至堂上，則堂官整冠迎之，立而畫行，司官雁行立。畫畢，敬還司官，不敢久閱以煩司官也。有問，則印、稿肅以對。對畢，率其曹出，有隨班上堂數年不得與堂官交一語者。

掌印佩印鑰為至榮，恆以繡荷包佩垂腰間，以自表異。掌印未至，印不得啟，漢人終身無佩印鑰者；有之，則在丙午後矣。

進士以主事分部，恆至十餘年或二十年始補缺；若捐班者，白首不得補。光緒變法後，限閾始破。

滿漢不分缺，自外務部始。及丙午改官制，滿漢之界乃破，獨都察院仍存此制，迄於清亡，時漢滿額缺仍不相紊。

部曹有俸給，極微，自外務部始定津貼，其他新部效之。丙午後，各部亦踵起，然厚薄不一，迄於清亡未畫一也。

翰林院為儲才地，大學士、尚書、侍郎出焉，督撫、藩臬出焉；大臣非翰林不得謚文，蓋至重視矣。嘉道以前，名臣多出於翰林；咸同後，手定大難者，胡林翼、駱秉章、曾國藩、李鴻章皆翰林也。然以大位可坐致翰林，習㦛惡而安固陋，求通博宏重之選又極罕覯，故光緒末葉翰林院遂廢矣。

國家既重視翰林，而求之不以其道，其取之也以楷法，文之工拙弗計也。既而考試差，又憑小楷之工拙以衡去取，學政、主考之得失，實考校此數小時小楷之工拙，而授之以衡天下才之權，其奇謬可笑莫此為甚。然行之二百餘年，雖有神智不能越也。

新進士殿試用大卷，朝考用白摺，其立法初意未嘗不計文之工拙也，其後閱卷者偏重楷法，乃置文字不問，專重楷法。此鈔胥之事，錄事、供事、書手所優為者也。一字之破體或一點之汙損，皆足以失翰林，為終身之恨。此之流毒，實道光間大學士曹振鏞種之。振鏞在樞府，宣宗以閱疏太煩為苦，振鏞教以挑剔小過、誤字，加之嚴譴，則臣庶震懾，可不勞而治，宣宗納之。其後，廷試亦專剔誤字，無復衡文，桎梏天下之人才，納諸無用之地，振鏞之罪也。

閱卷大臣以奉旨派充時名次先後為序，謂之「憲綱」。如位在甲，則手取第一卷為第一；位在乙，手取第一卷為第二；如大臣八人，則位庚、辛者所取第一為七、八也。而甲所取之第二，按憲綱宜為第九，不可紊也。間有破例者，如翁同龢與徐樹銘同充閱卷，翁甲而徐乙，徐為翁之師，翁乃以元卷讓徐是也。潘祖蔭以門第才學凌駕同列，亦間有占前者。光緒己丑，閱卷大臣為李鴻藻、翁同龢，翁得費念慈卷，欲以狀元畀之。商諸李，李已得張教謙卷，堅持不可易。翁爭不已，乃兩置之，而改為張建勳、李盛鐸是也。進呈後，多照原擬，亦間有更動者，如光緒乙未，蕭榮爵擬狀元，駱成驤擬傳臚，進呈後，德宗見駱卷起語「臣聞殷憂所以啟聖，多難所以興邦」。時方新敗於日本，德宗大感動，乃以駱魁天下，而蕭改第四是也。

乾嘉以來，朝、殿卷無齊腳之說，自道光後，文不齊腳者概擯不錄，於是齊腳成為慣例。咸豐庚申，張之洞廷對，發揮時事，歷引先朝聖訓，皆三擡寫，得一甲第三。其後有效之者，或誤引聖訓，或擡寫錯誤，致失館選，故不敢輕效也。

凡朝殿試及考試差時，預揣某官可充閱卷，則先呈字體以便其別認，出場後，將前四句寫出，飛馬走遞朝房中所曾託情之人，謂之「送詩片」。洎科舉既廢，留學生殿試亦公然仿效，不為怪也。

光緒間，有尚書裕德者，每充主試或閱卷，見文中有犯其家諱者，則肅衣冠深禮畢，將卷擱置不復閱矣。故遇裕德主試時，有知其家諱者，恆戒所親勿誤觸之。

翰林散館考試，留館者不必在名次之高下也，名單進呈時，候皇上朱筆圈出，有高列而不留館者，有以樞臣之力以二等獲留者。

三鼎甲先授職，不俟三年散館，即可得試差為學政、主考，故科名以鼎甲為最榮。光緒末葉，設進士館，使鼎甲以下皆肄業其中，進士皆大怫。諸翰林以不得即散館考試差為大戚，怨張尚書百熙甚深，是時張方為管學大臣也。

董妃　董小宛

吳梅村〈清涼山贊佛詩〉蓋暗指董妃逝世，清世祖傷感甚，遁五臺為僧，語甚明顯，論者向無異詞；獨董妃即冒辟疆姬人董小宛一事，則冒鶴亭（廣生）辨之甚力，蓋小宛為水繪園生色，不願為他人奪也。

〈贊佛詩〉：「王母攜雙成，綠蓋雲中來。」又「可憐千里草，萎落無顏色。」屢點「董」字。「南望倉舒墳，掩面增淒惻。」蓋董妃生一子，先妃死，故云。（《三國志・魏鄧艾王沖傳》，字倉舒，年十三，建安十三年疾病，及亡，哀甚）。「名山初望幸，銜命釋道安。預從最高頂，灑埽七佛壇。靈境乃杳絕，捫葛勞跡攀。路盡逢一峰，傑閣圍朱闌。中坐一天人，吐氣如旃檀。寄語漢皇帝，何苦留人間。煙嵐倏滅沒，流水空潺湲。回首長安城，緇素慘不歡。房星竟未動，天降白玉棺。惜哉善財洞，未得誇迎鑾。」蓋世祖幸五臺不返，祝髮為僧，朝中以大喪告。所謂「房星竟未動」言帝實未崩也。又：「淡泊心無為，怡神在玉几。長以兢業心，民彼清淨理。」又：「縱灑蒼梧淚，莫賣西陵履。」皆言帝出家未嘗崩御也。

陳迦陵〈讀史雜感〉第二首亦專指此事，曰：「董承嬌女」明言董姓也。曰：「玉匣珠襦連歲事，茂陵應長並頭花。」蓋董妃卒後半月，而世祖遂以大喪告天下也。

聖祖四幸五臺，前三次皆省覲世祖，每至必屏侍從，獨造高峰叩謁；末次則世祖已殂，有霜露之感。故第四次幸清涼山詩云：「又到清涼境，巉巖捲復垂。勞心愧自省，瘦骨久鳴悲。豪雨隨芳節，寒霜惜大時。文殊色相在，惟願鬼神知。」所感固甚深矣。

冒辟疆〈亡妾董小宛哀辭序〉云：「小宛自壬午歸副室，與余形影交儷者九年，今辛卯獻歲二日長逝。」張公亮明弼〈董小宛傳〉云：「年僅二十七歲，以勞瘁卒。」其致疾之由與久病之狀並隱微難悉，蓋當時被掠於北兵，輾轉入宮，大被寵眷，用滿州姓稱董鄂氏。辟疆即以其被掠之日為其亡日也，非甚不得已，何至其致疾之由與久病之狀隱微難悉哉。

辟疆《影梅庵憶語》追述小宛言動，凡一飲食之細，一器物之微，皆極意縷述，獨至小宛病時作何狀，永訣作何語，絕不一及。死後若何營葬亦不詳書。僅於〈哀辭〉中有云：「今幽房告成，素旐將引，謹卜閏二月之望日，安香魂於南阡。」數語而已，未足信據也。

《憶語》云：「余每歲元旦，必以一歲事卜一籤於關聖帝君前，壬午籤得『憶』字，云：『憶昔蘭房分半釵，如今忽把信音乖。癡心指望成連理，到底誰知事不諧？』比遇姬，清和晦日，金山別去，姬卜於虎邱關帝廟前，願以終身事余，正得此籤。秋過秦淮，述以相告，恐有不諧之嘆，余聞而訝之。時友人在坐曰：『吾當為爾二人合卜於西華門。』則仍此籤也。姬愈疑懼，乃後卒滿其願。到底不諧，則今日驗矣。」按：小宛若以病歿，則當作悼亡語，不當云云「到底不諧，今日驗之」語也。

最後一則云：「三月之杪，余復移寓友沂友雲軒，久客臥雨，懷家正劇，晚霽，龔奉常偕於皇、園次過慰，留飲，限韻作詩四首，不知何故，詩中咸有商音。三鼓別去，余甫著枕，便夢還家，舉室皆見，獨不見姬。急詢荊人，背余下淚。余夢中大呼曰：『豈死耶？』一慟而醒。」又云：「姬前亦於是夜夢數人強之去，匿之，幸脫，其人尚狺狺不休也。詎知夢真而詩讖，咸來先告哉？」（按：此當是實事，諱以為夢耳。〈憶語〉止於此，以後蓋不敢見諸文字也。梅村〈題董白小像詩〉第七首云：「亂梳雲髻下妝樓，盡室倉黃過渡頭。鈿合金釵渾棄卻，高家兵馬在揚州。」蓋指高傑之禍也。第八首云：「江城細雨碧桃村，寒食東風杜宇魂。欲弔薛濤憐夢斷，墓門深更阻侯門。」若小宛真病歿，則「侯門」作何解耶？豈有人家姬人之墓謂其「深阻侯門」者乎？）

又〈題董君畫扇詩〉，列〈題像詩〉後，即接以古意六首，亦暗指小宛，詞意甚明，編詩時具有深意。第二首云：「可憐同望西陵哭，不在分香賣履中。」第四首云：「手把定情金合子，九原相見尚低頭。」蓋謂姬自傷改節，愧對辟疆也。第六首云：「珍珠十斛買琵琶，金谷堂深護絳紗。掌上珊瑚憐不得，卻教移作上陽花。」則意更明顯矣。向讀梅村此詩，多謂為梅村自傷之作，詞意多不可通，無寧謂指小宛之為近也。

龔芝麓〈題《影梅庵憶語》〉〈賀新郎詞〉下闋云：「碧海青天何恨事，難倩附書黃犬。藉棋日酒年寬免，搔首涼宵風露下。羨煙霄破鏡猶堪展，雙鳳帶，再生翦。」所云「碧海青天」、「附書黃犬」、「破鏡堪展」皆生別語，非慰悼亡語也。董妃之為董小宛，證佐甚繁，自故老相傳已如此。鶴亭為水繪園舊主，必欲訟辨，未必能勝耳。

太后下嫁

清孝莊皇后，世祖之皇太后也。世祖既陟尊位，皇叔父睿親王攝政，太后下嫁睿親王。以國母之尊，竟以嫂嫁叔，不以為嫌，蓋中國有史以來所未有也。順治間，禮部舊案有「國母下嫁禮儀請旨」奏章。順治三年後，群臣上奏，皆稱皇父攝政王與皇上字樣並列。宣統間，內閣清理舊牘，贛縣陳任中仲騫，得順治間進士殿試策一本，頌聖處，先頌皇父攝政王，在皇上之前，並雙擡寫，余曾見之。攝政王歸政後，以罪被廢，太后出居睿親王府，至康熙二十三年殂。雍正五年葬昭西陵，不合葬太宗，微示絕於太宗之意。仍稱陵者，以世祖所生也。碑文有云：「念太宗之山陵已久，卑不動尊；惟世祖之兆域非遙，母宜從子。」可謂善於著筆矣。

孝賢皇后逼水死

高宗孝賢皇后，傅文忠公恆之妹也，相傳傅恆夫人與高宗通，后屢反目，高宗積不能平。南巡還至直隸境，同宿御舟中，偶論及舊事，后誚讓備至，高宗大怒，逼之墜水。還京後以病殂告，終覺疚心，謚后號孝賢。一夜坐便殿，召學士汪由敦，繼述孝賢皇后遺事，使撰入碑文。由敦奉敕撰成，文甚美，中有云：「憶昔宮庭相對之日，適當慧賢，定謚之初，后忽哽咽以陳詞，朕為欷歔而聳聽。謂兩言之徵，信傳奕禩以流芳。念百行以孝為先，而四德惟賢兼備。倘易名於他日，期紀實於平生。詎知疇昔所云，果作後來之讖。在皇后貽芳圖史，洵乎克踐前言。乃朕躬稽古右文，竟亦如酬夙諾。興懷及此，悲慟如何！」若徒誦文詞，可謂情愛諄摯者矣。

納蘭后為尼

高宗第二后為納蘭氏，後廢為尼，居杭州某寺。廢時無明詔。後卒，滿人御史某，疏請仍以后禮葬，不許。詔曰：「無髮之人豈可母儀天下哉！」嘉慶五年，始改從后禮，惟儀節稍貶損。

甲寅三月，湘潭王壬秋先生至京師，相從遊宴，必叩以掌故，先生告必詳盡，左載十則，皆聞諸先生者也。惇融誌。

同治初元誅三奸案

咸豐間，鄭王端華、怡王載垣、鎮國將軍肅順同直內廷，肅順獨被親任。肅順剛果任事，端華、載垣聽命而已。端華，肅順兄也。英法聯軍逼京師，文宗狩熱河，宮中故事，御食一筵外，恆多具一筵，號「看桌」。孝貞皇后啟帝曰：「顛沛之中，安用此，曷不節糜費？」帝曰：「善。旦與肅老六商之。」一比沓肅順，肅言不當裁。帝問云何？肅曰：「今人心方皇皇，宜示鎮定，驟改常度，滋驚疑，不可。」帝曰：「爾言是也。」乃告后曰：「汝所言，肅老六謂不可。」后心銜之。帝大漸，肅順與端華、載垣、陳孚恩、杜翰等八人受顧命，贊襄政務。帝崩，穆宗立，大政決於肅順。久之，后不能堪，陰令御史高延祜疏請垂簾。樞臣入，后示之疏。肅順對曰：「祖制，太后不得垂簾，臣下有擅請者，殺無赦。」后失色，徐曰：「勿聽可也，殺之太過。」既退，疏獨留。中樞垣竟三日不奏事。后異之，王大臣詢焉。肅順言：「前疏未下，當俟之。」后無奈，乃出高疏。樞擬高延祜斬立決，后命寬之，乃改發黑龍江披甲人為奴。后益鬱鬱。

一日，醇親王福晉入宮，孝欽后妹也，后亦妹之，對之泣曰：「吾寡婦被制外臣，外政不得聞，吾家寧無一人在此耶？」則對曰：「醇王在。」后亟命召之。翌晨，醇王待召樞垣，肅順問何來？王答以奉召。肅順曰：「何人傳召？」王語塞。肅順曰：「此地無汝坐處。」王逡巡出，小留他舍。旋有內監揭簾，去復至，肅順厲聲詰之。則對曰：「覓七爺。」肅順曰：「孰為七爺、八爺？此間那得有。」內監凡三至，蹙額言七爺何往，上傳已久矣。王在他舍微聞之，急出，言久已伺候，內監急導之入。后泣下，告所苦，王曰：「奴才無力辦此，請召恭王奕訢謀之。」后亟命往召。時恭王留守京師，醇王疾馳一日半，歸挾恭王行，往還僅三日半耳。既至，請安宮門。恭王曾值樞垣，習故事，肅順不得阻。既入見問策，恭王言欲辦此必當還京。后曰：「洋人奈何？」恭王曰：「奴才任其責，洋人必無慮。」乃下詔還京，命肅順護梓宮先行。恭王先馳至京師，三宮間道旋蹕，既至，手詔逮三兇。恭王賚詔出，侍衛數十從，端華、載垣問何來。出手詔示之。王問：「遵旨乎？」端華無言。載垣沈吟久之，曰：「有旨安得不遵？」王即呼侍衛縛之，送宗人府獄。醇王受密詔逮肅順於途，至驛館，夜漏二下，肅就寢矣。王求見，肅曰：「彼又來何為？可告之寢。」王排闥入，捕之榻上，示以手詔。肅大詈兩東西無用，蓋指端華、載垣不能抗詔命遽致此變也。至京棄市，皆罵不絕口。端華、戴垣並賜帛。群臣合請垂簾，遂成有清創局，迄孝欽后三次垂簾清亡。詔書暴肅順罪狀，言擅坐御位。蓋宮中觀劇，文宗去，肅順輒登御坐，無所避。孝欽后方為妃，過其前，肅順恆不起立，至是與孝貞后密圖肅順，肅蓋以驕倨敗也。

薛福成《庸庵筆記》一則敘述頗冗沓，事亦略異，附錄以資互證。

怡親王載垣、鄭親王端華皆於咸豐初年襲爵，俱官宗人府宗正，領侍衛內大臣；而端華同母弟肅順方為戶部郎中，好為狹邪遊，惟酒食鷹犬是務，無所知名。五年夏，官軍既克馮官屯，剿滅粵賊之北犯者，載垣、端華漸以聲色惑聖聰，薦肅順入內廷供奉，尤善迎合上旨，上稍與論天下事，三奸盤結，同干大政，而軍機處之權漸移。軍機大臣皆拱手聽命，伴食而已。惟軍機大臣、大學士柏葰資望既深，性頗鯁直，不甚遷就，三奸畏而惡之。戊午科場之獄，竟置柏相大辟，蓋三奸以全力羅織之，欲以樹威。於是朝臣震悚，權勢益張矣。肅順又借鑄錢局一事，興大獄，戶部司員皆褫職逮問。京師自搢紳以至商店，被其株累破家者甚多，皆怨肅順刺骨。

肅順恃寵而驕，陵轢同列，是時周文勤公祖培以戶部尚書協辦大學士，而肅順亦為戶部尚書，同坐堂判牘。一日，周相已畫諾矣，肅順佯問曰：「是誰之諾也？」司員答曰：「周中堂之諾也。」肅順罵曰：「唉，若輩憒憒者流，但能多食長安米耳！焉知公事。」因將司員擬稿盡加紅勒帛焉，並加紅勒帛於周相畫諾之上。累次如此，周相默然忍受，弗敢校也。諸大臣亦往往受其侵侮，無不飲恨於心而唯諾維謹。惟大學士翁文端公心存引疾乞退以避之。

十年七月，英吉利、法蘭西兵船犯大沽，陷東西炮臺，入天津，逼通州，焚圓明園，肅順方以協辦大學士兼步軍統領，與載垣、端華同勸上舉木蘭秋獮之典，巡幸熱河。熱河行宮本湫隘，內外禁防不甚嚴，三奸易得出入自便，導上娛情聲色，實為希寵攬權之計。迨和議成，英法兵退至天津，留京王大臣疏請回蹕。上將從之，為三奸所尼，屢下詔改行期。十一年秋七月，上不豫。十六日，上疾大漸，召載垣等及軍機大臣至御榻前，受遺詔，立皇太子。是日辰刻，文宗顯皇帝崩。三奸輒矯遺詔與御前，大臣額駙景壽，軍機大臣、兵部尚書穆蔭，吏部左侍郎匡源，署禮部右侍郎杜翰，太僕寺少卿焦佑瀛等共八人自署贊襄政務王大臣，又擅遏禁留京王大臣恭親王等不得奔喪。自是詔旨皆出三奸之意，口授軍機處行之，多未進呈御覽，中外惶惶。

八月十日，御史董元醇疏言皇上沖齡，未能親政，天步方艱，軍國事重，暫請皇太后垂簾聽決，並派近支親王一二人輔政，以繫人心，三奸不悅。明日，欽上奉皇太后召見贊襄王大臣，命即照董元醇所奏行。三奸勃然抗論，以為不可。退復以本朝無太后垂簾故事，令軍機處調旨駁還。然恭親王遂得於此時奔赴熱河，叩謁梓宮。端華等頗不以近支視之，以為贊襄政務之權在我，彼雖近支，何足重輕？蓋三奸中，肅順尤專橫狂躁，端華之所為皆肅順使之，而載垣又為端華所使。二王實皆庸憒無能，其攬權竊柄，一以肅順為主謀云。恭親王先見三奸，卑遜特甚，肅順頗蔑視之，以為彼何能為，不足畏也。兩宮皇太后欲召見恭親王，三奸力阻之。侍郎杜翰昌言於眾，謂叔嫂當避嫌疑，且稱帝賓天，皇太后居喪，尤不宜召見親王。肅順拊掌稱善，曰：「是真不愧杜文正公之子矣。」然究迫於公論，而太后召見恭親王之意亦甚決，太監數輩傳旨出宮，恭親王乃請端華同進見。端華目視肅順，肅順笑曰：「老六，汝與兩宮叔嫂耳，何必我輩陪哉。」王乃得一人獨進見，兩宮皆涕泣而道三奸之侵侮，因密商誅三奸之策，並召鴻臚寺少卿曹毓瑛密擬拿問各旨，以備到京即發，而三奸不知也。

次日，王即請訓回京，以釋三奸之忌。兼程而行，州縣備尖宿處皆不敢輕居，懼三奸之行刺也。及抵京，密甚，無一人知者。先是載垣等自陳職事般煩，實難兼顧，意在彰其勞勳，詔即罷其所管火器健銳營，外示優禮，實奪其兵柄也。兩宮俟恭親王行後，即下回鑾京師之旨。三奸力阻之，謂皇上一孺子耳，京師何等空虛，如必欲回鑾，臣等不敢贊一辭。兩宮曰：「回京後設有意外，不與汝等相干。」命備車駕。三奸又力阻，兩宮不允，乃議以九月二十三日派肅順護送梓宮回京。上恭送登輿後，先奉兩宮間道旋蹕，載垣、端華皆扈從。於是大學士賈楨、周祖培，戶部尚書沈兆霖、刑部尚書趙光合疏稱：「我朝聖聖相承，從無太后垂簾聽政之典，前因御史董元醇條奏，特降諭旨甚晰，臣等復有何議？惟是權不可下移，移則日替；禮不可稍逾，逾則弊生。我皇上沖齡踐祚，奉先帝遺命，派怡親王載垣等八人贊襄政務，兩月以來，用人行政皆經該王大臣等議定諭旨，每有明發，均用御賞同道堂圖章，共見共聞，內外皆相欽奉，臣等尋繹『贊襄』二字之義，乃佐助而非主持也，若事無巨細皆憑該王大臣之意先行議定，然後進呈皇上，一覽而行，是名為佐助而實則主持，日久相因，能無後患？今日之贊襄大臣，即昔日之軍機大臣，向來軍機大臣事事先面奉諭旨，辯駁可否，悉經欽定始行擬旨進呈，其有不合聖意者，朱筆改正，此『太阿之柄不可假人』之義也。為今之計，正宜皇太后敷宮中之德化，操出治之威權，使臣工有所稟承，不居垂簾之虛名，而收聽政之實效。昔漢之和熹鄧皇后、晉之康獻褚皇后、遼之睿智蕭皇后，以太后臨朝，史冊稱美；宋朝之宣仁高太后有女中堯舜之譽；明代穆宗皇后，神宗嫡母，上尊號曰『仁聖皇太后』，穆宗貴妃，神宗生母，上尊號曰『慈聖皇太后』，維時神宗十歲，政事皆由兩宮裁決施行，未嘗居垂簾之名也。我皇上聰明天亶，正宜涵泳詩書，不數年即可親政，而此數年間，外而賊匪未平，內而奸人逼處，何以拯時艱，何以飭法度，固結人心最為緊要。倘大權無所專屬，以致人心驚疑，是則目前大可憂者。至皇太后召見臣工禮節及一切辦事章程，仍循向來軍機大臣承旨舊制，或應量為變通，擬求飭下群臣會議，具奏請旨酌定，以示遵守，庶行政可免流弊，而中外人心益深悅服矣。」會欽差大臣、侍郎勝保亦奏請簡近支親王輔政，以防權奸之專擅。

十月朔，車駕至京師。將至之日，諸大臣皆循例郊迎，兩宮對大臣涕泣，縷述三奸欺藐之狀，周祖培奏曰：「何不重治其罪？」皇太后曰：「彼為贊襄王大臣，可徑予治罪乎？」祖培對曰：「皇太后可降旨，先令解任，再予拿問。」太后曰：「善。」乃詔解贊襄王大臣八人之任，以恭親王奕訢為議政王，從民望也。垂簾典禮令在廷大小臣工集議以聞。先召見議政王大臣，上南面稍東席地坐，兩宮亦南面坐，稍北。皇太后面諭三奸跋扈諸不法狀，且泣下，上顧曰：「阿孃，奴輩如此負恩，即斫頭可也，請勿悲。」遂與王大臣密定計，即另派大學士桂良、戶部尚書沈兆霖、戶部左侍郎文祥、右侍郎寶鋆、鴻臚寺少卿曹毓瑛為軍機大臣。

初二日，恭親王率周祖培、文祥等入朝待命。載垣等已先至，尚未知解任之信，蓋三奸解任之旨及召見王大臣等已在初一日之申酉間，特命辦事處勿知會怡、鄭二王，故二王皆不知。然已微有所聞，見恭親王等，則大言曰：「外廷臣子，何得擅入？」王答以有詔。復以不應召見呵止王。王遜謝，隙立宮門外。俄詔下，命恭親王將載垣、端華、肅順革去爵職，拿交宗人府，會同大學士、六部、九卿、翰林詹科道嚴行議罪。王捧詔宣示，載垣、端華二人厲聲曰：「我輩未入，詔從何來？」王命擒出。復呵曰：「誰敢者？」已有侍衛數人來前，褫二人冠帶，擁出隆宗門。尚顧索肩輿及從人，或告已驅散矣，遂踉蹌擁至宗人府，幽之。肅順方護送梓宮，次於密雲。逮者至，門已閉，乃毀外戶而入，聞肅順在臥室咆哮罵詈，又毀其寢門，見肅順方擁二妾臥於床，遂械至，亦縶宗人府。肅順瞋目叱端華、載垣曰：「若早從吾言，何至有今日？」二人曰：「事已至此，復何言？」載垣亦咎端華曰：「吾之罪名，皆聽汝言成之。」故論者謂三兇之罪，肅順尤甚，端華次之，載垣又次之。

蓋肅順之鷙悍過於二人，自忖護送梓宮，僅遲數日，至京不至有變，然使俟肅順至而圖之，彼耳目既廣，布置漸密，則措手較難矣，惟車駕至京，而即日下詔，辦理神速，為中外人情所不料，尤有疾雷不及掩耳之勢云。延議既上，請均照大逆例凌遲處死。初六日詔曰：「載垣、端華、肅順朋比為奸，專權跋扈，種種情形均經明降諭旨，宣示中外。至載垣、端華、肅順於七月十七日皇考升遐，即以贊襄王大臣自居，實則我皇考彌留之際，但面諭載垣等立朕為皇太子，並無令其贊襄政務之諭，載垣等乃造作贊襄名目，諸事並不請旨，擅自主持；兩宮皇太后面諭之事，亦敢違阻不行；御史董元醇條奏皇太后垂簾事宜，載垣等非獨擅改諭旨，並於召對時，有『伊等係贊襄，朕躬不能聽命於皇太后；伊等請皇太后看摺亦屬多餘』之語。當面咆哮，目無君上，情形不一而足。且屢言親王等不可召見，意在離間，此載垣、端華、肅順之罪狀也。肅順擅坐御位，於進內廷當差時，出入自由，目無法紀，擅用行宮內御用器物；於傳取應用物件，抗違不遵，並自請分見兩宮皇太后；於召對時，辭氣之間，互相抑揚，意在構釁，此又肅順之罪狀也。一切罪狀均經母后皇太后、聖母皇太后面諭，議政王軍機大臣逐條開列，傳知會議王大臣等知悉。茲據該王大臣等按律擬罪，將載垣等凌遲處死。當即召見議政王奕訢、軍機大臣戶部左侍郎文祥、右侍郎寶鋆、鴻臚寺少卿曹毓瑛、惠親王奕誴、醇郡王奕譞、鍾郡王奕詥、孚郡王奕譓、睿親王仁壽、大學士賈楨、周祖培、刑部尚書綿森面詢以載垣等罪名有無一線可原，茲據該大臣等僉稱載垣、端華、肅順跋扈不臣，均屬罪大惡極，國法無可寬宥，並無異辭。朕念載垣等均屬宗支，以身罹重罪，應悉棄市，能無淚下。惟載垣等前後一切專權跋扈情形，謀危社稷，是皆列祖列宗之罪人，非獨欺陵朕躬為有罪也。在載垣等未嘗不自恃為顧命大臣，縱使作惡多端，定邀寬典，豈知贊襄政務，皇考實無此諭，若不重治其罪，何以仰副皇考付託之重？亦何以飭法紀而示萬世？即照該王大臣等所擬，均即凌遲處死，實屬情罪相當。惟國家本有『議親、議貴』之條，尚可量從末減，姑於萬無可寬貸之中，免其肆市，載垣、端華均著加恩賜，令自盡，即派肅親王華封、刑部尚書綿森迅即前往宗人府空室，傳旨令其自盡。此為國體起見，非朕之有私於載垣、端華也。至肅順之悖逆狂謬，較載垣等尤甚，亟應凌遲處死以伸國法而快人心，惟朕心究有所未忍，著加恩改為斬立決，即派睿親王仁壽、刑部右侍郎載齡前往監視行刑，以為大逆不道者戒。至景壽身為國戚，緘默不言，穆蔭、匡源、杜翰、焦佑瀛於載垣等竊奪政柄，不能力爭，均屬辜恩溺職，穆蔭、匡源、杜翰、焦佑瀛革職發往新疆效力，均屬罪有應得。惟以載垣等凶焰方張，受其箝制，實有難與爭衡之勢，其不能振作尚有可原。御前大臣景壽，即革職，仍留公爵，並額駙品級，免其發遣。兵部尚書穆蔭，即革職，改為發往軍臺效力贖罪。吏部左侍郎匡源、署禮部右侍郎杜翰、太僕寺少卿焦佑瀛均著即行革職，加恩免其發遣。欽此。」

是日，載垣、端華自縊。肅順以科場、鈔票兩案無辜受害者尤多，都人士聞其將殺肅順，交口稱快，其怨家皆駕車載酒馳赴西市觀之。肅順身肥面白，以大喪故白袍、布靴，反接置牛車上。過騾馬市大街，兒童歡呼曰：「肅順亦有今日乎？」或拾瓦礫泥土擲之，頃之，面目遂模糊不可辨云。將行刑，肅順肆口大罵，其悖逆之聲皆為人臣子者所不忍聞。又不肯跪，劊子手以大鐵柄敲之，乃跪下，蓋兩脛已折矣，遂斬之。少詹事許彭壽疏請治奸黨，詔曰：「前因許彭壽於拿問載垣、端華、肅順時，請查辦黨援，當令指出黨援諸人實跡。嗣據明白回奏形跡最著者，莫如吏部尚書陳孚恩，最密者莫如侍郎劉琨、黃宗漢等，平日保舉之人，如侍郎成琦、德克津太、候補京堂富績，外間嘖有煩言。陳孚恩於上年七月大行皇帝發下朱諭：『巡幸熱河是否可行？』陳孚恩即有『竊負而逃，遵海濱而處』之語，意在迎合載垣等。當時會議諸臣無不共見共聞，大行皇帝龍馭上賓，滿漢大臣中，惟令陳孚恩一人免赴行在，是該尚書為載垣等之心腹，即此可見。黃宗漢於本年春間前赴熱河，皇考召見時，即以危辭力阻回鑾，迨聞皇考梓宮有回京之信，該侍郎又以京城情形可慮遍告於人，希冀阻止，其為迎合載垣等眾所共知。以上二人均屬一二品大員，聲名如此狼藉，品行如此卑污，若任其濫廁卿貳，何以表率僚屬？陳孚恩、黃宗漢均著革職，永不敘用，以為大僚諂媚者戒。至侍郎劉琨、成琦、太僕寺少卿德克津太、候補京堂富績，與載垣等雖無交通實據，而或與往來較密，或由伊等保舉，或拜認師生，眾人耳目，共見共聞，何能置之不議？劉琨、成琦、德克津太、富績均著即行革職。許彭壽糾參各節，朕早有所聞，用特懲一儆百，期於力振頹靡。載垣、端華、肅順三人事權所屬，諸臣等何能與之絕無干涉，此後惟有以寬大為念，不咎既往，爾諸臣亦毋須再以查辦奸黨等事紛紛陳請，致啟奸告誣陷之風。惟當各勤厥職，爭自濯磨，守正不阿，毋蹈陳孚恩等惡習，朕實有厚望焉。」

未幾，查抄肅順家，得陳孚恩手書，有不臣語，乃復逮戍伊犁。先是載垣等擬進年號曰「祺祥」，已頒憲矣，有言其意義重複者，遂置不用。初九日甲子昧爽，穆宗毅皇帝御正殿，即位，禮成，大赦，以明年為同治元年，上母后皇太后尊號曰「慈安皇太后」，聖母皇太后尊號曰「慈禧皇太后」，垂簾聽政。先是欽天監奏，八月朔旦，日月合壁，五星聯珠。登極之日，久陰忽霽，八表鏡清，於是權奸既去，新政如旭日初升，群賢並進，內外協力，宏濟艱難，遂啟中興之治。

同道堂印

孝貞皇后垂簾詔書，暨孝欽皇后垂簾，迄於末命，皆鈐同道堂印，人皆知為文宗所賜，不知何以賜也。清祖制，皇帝昧爽視朝，文宗荒於色，恆不朝，或日高始出，孝貞患之。一日帝出，后至寢殿，召侍寢某妃至。后登帝座，妃跪，后責之曰：「使皇帝怠荒，悉汝之過。」將予杖。帝方朝，念妃急還宮，內侍將入報後，帝亟止之。躡足入，見妃將受杖，遽詢何為。后即下座立，帝登座，顧后問之。后跪而對曰：「祖宗家法，昧爽視朝，今皇上屢晏起，或竟不朝，外臣將謂奴才束妃嬪不嚴，累皇上大德，破祖宗家法，是以責之。」帝有慚色，曰：「朕昨被酒，偶致晏起，非妃之過，望宥之。」后起立，諭妃曰：「皇上命汝起，可起去。此後不謹事皇上，致皇上傷酒晏起者，責在汝身。」妃悚息叩頭退。妃忘其名，當時有麗妃者有殊色，極被寵眷，殆即是也。帝內慚，思有以慰后，探懷得一漢玉印，鐫「同道堂」者，遂以授之。及誅三凶手詔，稱先帝付託，遂鈐為信。孝貞后薨，孝欽后獨垂簾，屢鈐此印。迄景皇帝崩，懿旨立宣統帝，猶用之。

穆宗親政時，孝欽后詢樞臣，同道堂印宜何處置。恭親王奕訢領樞垣，對曰：「當繳藏壽皇殿。」后極不樂，遂惡之。其後恭王罷政，亦緣於此。（右一則為秀山李稷勳姚琴聞諸張文達公百熙者，述諸王先生之前）

風丫頭

清高宗母孝聖皇后，承德府貧家女，少不檢束，每晨遊市中，恆取食於小販，不給值，屢被叱逐，攫食如故，里中呼為風丫頭。有恕之者，是日售獨多；拒者，恆寥落。皆忞之食，則皆獲利，爭異焉。所親挈之京師，適宮中選秀女，伴送其戚至宮門，守者偶不檢，遂混入。及帝將出，排班獨多一人，有司惶急無如何，強納班中。是班多幼女，身短，惟后獨長，誤被選，分給世宗邸中。世宗好佛，恆不居內，偶不豫，福晉命侍帝疾，后則竭誠四十餘晝夜不輟。帝疾癒，愍其勞，遂幸焉。有身，遂誕高宗。既嗣位，尊為太后。世宗在潛邸，以斲弛失愛於聖祖，常挈高宗居京師法源寺。及高宗即位，乃閉寺前門。寺僧相傳高宗方幼，世宗常命購小食於寺外，門者屢窘之，高宗憤言：「吾為帝，必封禁爾寺。」及嗣位，遂封閉焉。蓋齊東語也。

世宗殺允禔

世宗既嗣位，弟兄多假以罪名殺之。皇兄允禔為大將軍，未有罪名，世宗使人刺殺之車中。

孫爾準為年羹堯子

世宗奪位，年羹堯有力焉，大被親任。及羹堯權傾中外，乃摭其罪黜辱之，罰守杭州城門。羹堯日坐城門外，見一老儒，出入恆不逾時，呼而問之，蓋家貧授讀城外，歸而養母，故晨出暮歸也。羹堯心識之。一日，約儒宵待於家，至期，攜一僕來，登堂請拜母，並請其婦出見。命僕去外衣，一旗裝婦人也。羹堯命以姑禮見儒母，以大婦禮見儒妻，告儒曰：「此吾妾也，吾得罪，必不能全其家，吾死慮絕嗣，此妾已孕，今以託君。」以一匣饋之，皆奇珍也。儒受而諾焉。羹堯旋被戮。妾生子冒儒姓孫氏，以功致公爵。又聞諸祥符顧瑗亞蘧，言侍郎嚴修本浙江籍，自言為年大將軍之後，未知信否。

崔媽媽

文宗乳母曰崔媽媽，居宮中有大權。宮中有四宮嬪：曰牡丹春、海棠春、杏花春、芍藥春者，皆以所居名之。四宮嬪皆漢人，蘇產小足，為崔媽媽所進者也。僧王格林沁方為御前大臣，一日，於乾清門外見數小轎直入門內，喝問之，輿夫不答，王厲聲止之。一太監出，崔媽問叫於後者誰也，太監以僧王對。崔作色曰：「叫他聽信。」次日，而僧王斥退。光緒間內廷太監有崔總管者，權亞於李連英，或曰即崔媽媽子也。

翁同龢、榮祿交惡

光緒初，李文正鴻藻、沈文定桂芬同在樞府，文定以熟諳掌故稱上旨，權頗重，漢人在樞府類當國者，自文定始也。榮祿方為步軍統領，年甚少，不慊於文定。值晉撫出缺，是日文定方乞假，榮祿入見，乃力保文定授晉撫。命下，舉朝皆詫，樞臣既未進言，則言者必為外臣，是日除榮祿入見外，皆疏遠小臣，則言者必為榮祿。翁同龢方為詹事，與榮祿盟兄弟也，同輩使偵榮祿，時方有試差，同龢不預，與榮祿語甚憾文定，非揭其陰私，榮祿信之。翁問沈外任何意也？榮言吾言諸太后，遂有是命。翁歸，告李文正，謀有以報之。數日而西安將軍出缺，文正力保榮祿，遂外任西安。迄翁繼秉政，而榮祿十年不遷，怨翁極深。戊戌四月，翁以導景皇帝行新政得罪，廢於家，諭言「以為居心險詐者戒」，蓋指前事也。（右一則為長沙章華曼仙述諸王先生之前者）

孝全皇后賜死　康慈太后尊號

宣宗孝全皇后生文宗，恭王奕訢、醇王奕譞皆孝靜后出，咸豐初晉康慈太妃者也。宣宗愛恭王，欲立之，孝全后欲鴆殺諸子。一日，置饌召諸子食，置毒魚中，預戒文宗勿食。文宗殊友愛，陰告諸弟毋食此魚，諸弟得不死。既而謀洩，宣宗母太后怒甚，立命賜死。后徘徊不能引決，太后命懸白宮門，集宮人晝夜哭之，后乃投繯死。

宣宗命文宗母事康慈，康慈撫如己出。宣宗以文宗友愛，決立之。康慈疾亟，文宗入侍，康慈面向壁，迷瞀中誤以為恭王也，曰：「汝來何為？吾所遺留皆以與汝也。汝兄性烈，汝勿忤之。」文宗詢母作何謂？康慈張目審知其誤，遂不語。文宗自是始惡恭王。恭王屢為母請尊號，文宗靳之。及康慈彌留，恭王出，遇文宗於夾道，泣告之，謂母願及彌留得尊號以瞑目，文宗點首趨入。恭王出，遽傳詔上康慈太后尊號，文宗滋不悅也。故有司所擬康慈喪禮，文宗極力裁削。未幾，命恭王退出樞垣。

同治間恭王出樞垣

恭王奕訢於同治初在樞府，孝欽后垂簾聽政，每恭王入，必命坐賜茶。及孝欽后不快於恭王，適某御史疏劾之，恭王入見，后未命賜茶，恭王適渴，舉杯飲，旋悟此為太后設也，急置之。后謂有人劾汝，汝知之乎？取疏示之。恭王言此某御史聲名不好，言豈足憑。后怒曰：「劾汝者即非良善乎？」恭王悚然退。旋命退出樞垣，改命醇王入掌樞要。諭旨責恭王「有許多曖昧不明之處，難以盡述」之語，醇王手筆也。朝野皆詫，實則專指誤飲太后茶一事也。茶陵譚鍾麟方官御史，同輩勸上疏詰焉，鍾麟謝之。旋全臺連名上公疏，鍾麟方掌京畿道，歷領銜，遂署名。疏上，恭王極德之。逮三入樞垣，力援鍾麟至制府，凡鍾麟所陳請無拒駁者。

庚子國變記

義和拳起嘉慶時，民間私相傳習，其時禁令嚴切，犯者凌遲死。燕齊之間，猶有秘傳其術者。光緒庚子，毓賢為山東巡撫，民間傳習義和拳，以扶清滅洋為幟。時各省多鬧教案，外人逼我甚，民情益憤，聞滅洋說，爭鼓吹之。義和拳自山東蔓延及於直隸，聚眾稱義和團，遂圍淶水。縣令祝芾請兵，直隸總督裕祿遣楊福同剿之。福同敗死。義和團進攻涿州，知州龔蔭培告急。順天府何乃瑩格不行，以蔭培召變，免其官。

慈禧太后以戊戌政變，康有為遁，英人庇之，大恨。己亥冬，端王載漪謀廢立，先立載漪之子溥儁為大阿哥，天下震動，東南士氣激昂，經元善連名上書，至千數人。太后大怒，逮元善。元善先入澳門，屢索不與。載漪使人諷各國公使入賀，各公使不聽，有違言。載漪憤甚，日夜謀報復。會義和團起，以滅洋為幟，載漪大喜，乃言諸太后，力言義民起，國家之福。遂命刑部尚書趙舒翹、大學士剛毅及乃瑩先後往，導之入京師，至者數萬人。

義和團謂鐵路電線，皆洋人所藉以禍中國，遂焚鐵路，毀電線。凡家藏洋書、洋圖皆號二毛子，捕得必殺之。城中為壇場殆遍，大寺觀皆設大壇。其神曰洪鈞老祖、梨山聖母。謂神來皆以夜，每薄暮，什百成群，呼嘯周衢。令居民皆燒香，無敢違者。香煙蔽城，結為黑霧，入夜則通城慘慘，有鬼氣。神降時，距躍類巫覡，自謂能祝槍炮不燃，又能入空中指畫，則火起，刀槊不能傷。出則命市人向東南拜，都人崇拜極虔。有非笑者，則僇辱及之。僕隸廝圉，皆入義和團，主人不敢慢，或更藉其保護。稍有識者，皆結舌自全，無有敢訟言其謬者矣。

義和團既遍京師，朝貴崇奉者十之七八。大學士徐桐、尚書崇綺等，信仰尤篤。義和團既藉仇教為名，指光緒帝為教主。蓋指戊戌變法，效法外洋，為帝之大罪也。太后與端王載漪，挾以為重，欲實行廢立，匪黨日往來宮中。匪黨揚言欲得一龍二虎頭。一龍指帝，二虎指慶親王奕劻及李鴻章也。奕劻時充總理衙門大臣，鴻章則時論所稱通番賣國者也。時各國公使均自危。俄使上書言，他國將藉亂事，圖不利於中國。俄與中國親睦二百餘年，義當告。總署得書不敢上。俄使欲請入見，不許。

五月，以啟秀、溥興、那桐入總理衙門，以載漪為總理。日本書記杉山彬，出永定門，董福祥遣兵殺之，裂其屍於道。拳匪於右安門焚教民居，無論老幼男女皆殺之。繼焚順治門內教堂。城門晝閉，京師大亂。有旨義和團作亂當剿，而匪勢愈熾。正陽門外商場，為京師最繁盛處，拳匪縱火焚四千餘家。數百年精華盡矣。火延城闕，三日不滅。時方稱拳匪為義民，莫敢捕治之。

載漪等昌言以兵圍攻使館，盡殲之。太后召大學士六部九卿議，諸臣相顧逡巡，莫敢先發。吏部侍郎許景澄首言：「中國與外國結約數十年，民教相仇之事，無歲無之，然不過賠償而止。惟攻殺外國使臣，必召各國之兵，合而謀我，何以禦之？主攻使館者，將置宗社生靈於何地？」太常寺卿袁昶力言：「拳匪不可恃，外釁必不可開，殺使臣，悖公法。」聲振殿瓦。太后怒目視之。太常寺少卿張亨嘉，力言拳匪宜剿。亨嘉語雜閩音，太后未盡晰，姑置之。倉場侍郎長萃在亨嘉後，大言曰：「此義民也，臣自通州來，通州無義民，不保矣。」載漪、載濂均言長萃言善，人心不可失。帝曰：「人心何足恃，徒滋亂耳。士夫喜談兵，朝鮮一役，朝議爭主戰，卒至大挫。今諸國之強，十倍日本，若遍啟釁，必無幸全。」載漪言：「董福祥善戰，剿回大著勞績，夷虜不足戮也。」帝曰：「福祥驕而難馭，各國器利而兵精，非回部之比。」帝自戊戌幽閉後，每見臣工，恆循例三兩言而止，絕不言政事，是日獨峻切言之，蓋知啟釁必足以亡國也。侍講朱祖謀班在後，力言福祥無賴，萬不可用。太后厲聲言：「汝云董福祥不可用，請其可者。」祖謀言：「若必命將，則袁世凱可。拳匪亂民，必不可用。」載漪叱之。載漪語狂恣，帝默然而止。廷臣皆出，載漪、剛毅合疏言義民可恃，其術甚神，雪恥強中國，在此一舉。聞者太息，然畏禍莫敢言也。

是日，遣那桐、許景澄往楊村，說敵兵，令無入。遇拳匪劫之，景澄幾死。洋兵援使館者，以兵少不敢進，至落岱而還。

太后復召見大學士六部九卿議。太后曰：「皇上意在和，不欲與夷戰，爾等可分別為上言。」帝曰：「我國積弱至此，兵不足戰。用亂民以僥幸求勝，庸足恃乎？」載漪曰：「義民攄忠憤以衛國家，不因而用之，以雪國恥，乃目為亂民而誅之，人心失，將不可以為國。」帝曰：「亂民皆烏合耳，各國兵利，亂民豈足當之？奈何以民命為戲？」太后慮載漪辯窮，戶部尚書立山為內務府大臣，最得太后歡，思得立山以助載漪，乃問立山：「汝言如何？」立山曰：「拳民雖無他，然其術多不效。」載漪憤然曰：「用其心耳，奚問術乎？立山必與夷通，乃敢廷辯，請以立山退夷兵，夷必聽。」立山曰：「首言戰者載漪也，漪當行。臣主和，又素不習夷事，不足任。」載漪詆立山漢奸，太后兩解之。乃命兵部尚書徐用儀、內閣學士聯元及立山至使館，告勿調外兵來，兵來則決裂矣。

次日復開御前會議，載漪請圍攻使館，殺使臣。太后許之。聯元力言不可，倘使臣不保，他日洋兵入城，雞犬皆盡矣。載漪怒，斥聯元方自使館還，懷貳心，罪當誅。太后大怒，立命斬聯元，左右力救之而止。大學士王文韶：「言中國自甲午以後，財盡兵單，今遍與各國啟釁，眾寡強弱，顯然不侔，將何以善其後？願太后三思。」太后大怒而起，以手擊案罵之曰：「爾所言，吾皆熟聞之。爾為夷人進言耶？」帝持許景澄手而泣曰：「朕一人死不足惜，如天下何？」太后佯慰解之。景澄牽帝衣而哭，太后怒，叱之曰：「許景澄無禮！」

既罷朝，太后已決意主戰。載漪、載濂、剛毅、徐桐、崇綺、啟秀、趙舒翹、徐承煜、王培佑又力贊之，遂下詔褒拳匪為義民，給內帑十萬兩。載漪於邸中設壇，晨夕虔拜，太后亦祠之禁中。

城中焚劫，火光蔽天，日夜不息，車夫小工，棄業從之。近邑無賴，紛趨都下，數十萬人，橫行都市。夙所不快，指為教民，全家皆盡，死者十數萬人。殺人刀矛並下，肢體分裂。被害之家，嬰兒未匝月亦斃之，慘無人理。京官紛紛挈眷逃，道梗則走匿僻鄉，往往遇劫，屢瀕於險。或遇壇而拜求保護，則亦脫險也。

太后召見其大師兄，慰勞有加。士大夫之諂諛干進者，爭以拳匪為奇貨。知府曾廉、編修王龍文，獻三策，乞載漪代奏：「攻交民巷，盡殺使臣，上策也。廢舊約，令夷人就我範圍，中策也。若始戰終和，與銜璧輿櫬何異？」載漪得書，大喜曰：「此公論也。」御史徐道焜奏言，洪鈞老祖已命五龍守大沽，夷船當盡沒。御史陳嘉言，自云得關壯繆帛書，言夷當自滅。編修蕭榮爵，言夷狄無君父二千餘年，天將假手義民盡滅之，時不可失。曾廉、王龍文、彭清藜、御史劉家模，先後上書，義民所至，秋毫無犯，宜詔令按戶搜殺，以絕亂源。郎中左紹佐，請戮郭嵩燾、丁日昌之屍以謝天下。主事萬秉鑒，謂曾國藩辦天津教案，所殺十六人，請議恤。主義民者，恆十九湘人也。

侍郎長麟，前以附於帝為太后罷斥，久廢於家。至是請率義民當前敵，太后棄前憾而用之。當時上書言神怪者以百數。王公邸第，百司廨署，拳匪皆設壇，謂之保護。士夫思避禍，或思媚載漪者，亦恆設壇於家，晨夕禮拜焉。

當偽詔命各省焚教堂殺教民，諸疆臣皆失措。李鴻章久廢，居京師，方起為粵督。乃各電商鴻章，請所向。鴻章毅然覆電曰：「此亂命也，粵不奉詔。」各省乃決劃保東南之策。鴻章領銜，偕江督劉坤一、鄂督張之洞、川督奎俊、閩督許應騤、福州將軍善聯、巡視長江李秉衡、蘇撫鹿傳霖、皖撫王之春、鄂撫于蔭霖、湘撫俞廉三、粵撫德壽，合奏言亂民不可用，邪術不可信，兵釁不可開。言至痛切。東撫袁世凱，亦極言朝廷縱亂民，至舉國以聽之，譬如奉驕子，禍不忍言矣。皆不省。

義和拳既縱橫都下，因派載勛、剛毅為總統，比於官軍。然拳匪專殺自如，載勛、剛毅不敢問。都統慶恆一家十三口，皆死。載漪素昵慶恆，不能庇也。尚書立山不附載漪，侍郎胡燏棻，學士黃思永，通永道沈能虎，皆以談洋務著稱，拳匪皆欲殺之。燏棻逃，沈能虎以賄免。立山、思永并下獄，指為通夷。編修杜本崇，檢討洪汝源，主事楊芾，皆指為教民，被傷幾死。

太后諭各國使臣入總理衙門議。德使克林德先行，載漪令所部虎神營伺於道，殺之，後至者皆折回。徐桐、崇綺聞之大喜，謂夷酋誅，中國強矣。太后旋命董福祥及武衛中軍攻交民巷，炮聲日夜不絕。拳匪助之，披髮禹步，升屋而號者數萬人，聲動天地。洋兵僅四百，董福祥所部萬人，攻月餘不能下，武衛軍死者千人。

董軍、武衛軍與拳匪混合，恣意劫掠。貝子溥倫，大學士孫家鼐、徐桐，尚書陳學棻，閣學貽穀，副都御史曾廣鑾，太常張邦瑞，皆被掠，僅以身免。徐桐、貽穀，皆附和拳匪，亦不免也。溥倫等爭告榮祿，榮祿不能制。民居市廛，數里焚掠一空。獨東交民巷使館，以塞門德土為垣，嚴拒守，不能破也。

尚書啟秀奏言：「使臣不除，必為後患，五臺僧普濟，有神兵十萬，請召之會殲逆夷。」曾廉、王龍文，請用決水灌城之法，引玉泉山水灌使館，必盡淹斃之。御史彭述，謂義和拳咒炮不燃，其術至神，無畏夷兵。太后亦欲用山東僧普法、余蠻子、周漢；三人者，王龍文上書所謂三賢也。普法本妖僧，余蠻子以攻剽為盜魁，至盡發蜀中兵，乃捕得之。周漢則狂夫也。

朱祖謀請勿攻使館，言甚痛切，不報。曾廉聞之曰：「祖謀可斬也。」載漪亦欲殺祖謀，未發，及城破而免。御史蔣式芬，請戮李鴻章、張之洞、劉坤一，以其貳於夷，不奉朝命也。載漪為匪黨論功，封武功爵者數十人，賞賚無虛日。載漪每出，扈從數百騎，擬於乘輿，出入大清門，呵斥公卿，無敢較者。

五月二十五日，下詔宣戰，軍機章京連文衝筆也。詔曰：

我朝二百數十年，深仁厚澤，凡遠人來中國者，列祖列宗，罔不待以懷柔。迨道光咸豐年間，俯准彼等互市。並乞在我國傳教，朝廷以其勸人為善，勉允所請。初亦就我範圍，詎三十年來，恃我國仁厚，一意拊循，乃益肆梟張，欺凌我國家，侵犯我土地，蹂躪我人民，勒索我財物。朝廷稍加遷就，彼等負其凶橫，日甚一日，無所不至，小則欺壓平民，大則侮慢神聖。我國赤子，仇怒鬱結，人人欲得而甘心。此義勇焚燒教堂，屠殺教民所由來也。朝廷仍不開釁，如前保護者，恐傷我人民耳。故再降旨申禁，保衛使館，加恤教民。故前日有拳民教民皆我赤子之諭，原為民教解釋宿嫌，朝廷柔服遠人，至矣盡矣。乃彼等不知感激，反肆要挾，昨日復公然有杜士立照會，令我退出大沽口炮臺，歸彼看管，否則以力襲取。危詞恫喝，意在肆其猖獗，震動畿輔。平日交鄰之道，我未嘗失禮於彼，彼自稱教化之國，乃無禮橫行，專恃兵堅器利，自取決裂如此乎？朕臨御將三十年，待百姓如子孫，百姓亦戴朕如天帝。況慈聖中興宇宙，恩德所被，浹髓淪肌，祖宗憑依，神祇感格，人人忠憤，曠代所無。朕今涕淚以告先廟，慷慨以誓師徒，與其苟且圖存，貽羞萬口，孰若大張撻伐，一決雌雄。連日召見大小臣工，詢謀僉同。近畿及山東等省，義兵同日不期而集者，不下數十萬人。至於五尺童子，亦能執干戈以衛社稷。彼尚詐謀，我恃天理，彼憑悍力，我恃人心。無論我國忠信甲冑，禮義干櫓，人人敢死，即土地廣有二十餘省，人民多至四百餘兆，何難剪彼凶焰，張國之威！其有同仇敵愾，陷陣衝鋒，抑或仗義捐資，助益餉項，朝廷不惜破格懋賞，獎勵忠勳。苟其自外生成，臨陣退縮，甘心從逆，竟作漢奸，即刻嚴誅，決無寬貸。爾普天臣庶，其各懷忠義之心，共洩神人之憤，朕有厚望焉。

詔書以外人索大沽口為詞，而大沽已先於二十一日失守矣。敵兵之攻大沽也，提督羅榮光守炮臺，炮傷英兵艦一。俄而兵大至，榮光走，臺遂陷，榮光至天津仰藥死。而直隸總督裕祿，謬報大捷，太后及載漪皆喜，發帑金十萬兩，犒將卒。京朝士大夫附拳黨者皆喜，謂洋人不足平也。時有詔徵兵，羽書絡繹，海內騷然。以載漪、徐桐、崇綺、奕劻主兵事。軍府專恣，所請無不從。奕劻心知其誤，支吾其間，不敢發一言。徐桐以道學自任，每朝奏事，太后輒改容禮之，自戊戌以後，大事皆決於桐。然康有為盛時，桐亦不敢言也。

詔遣倉場侍郎劉恩溥至天津，招集拳匪。直督裕祿亦極言拳民敢戰，夷甚畏焉。拳匪驅童稚為前敵，直犯敵軍，排槍起，恆斃數百人。

初直隸提督聶士成，奉命剿拳匪，有所誅鋤。既而朝議大變，直督又袒拳匪，深恚士成。朝旨嚴責士成剿夷，時論又多所責讓。士成憤懣無所洩，乃連戰八里臺，陷陣而死。任李鴻章為直隸總督，鴻章自粵行，留於滬。以廷雍為直隸布政使，廷傑罷，以廷傑不主義民故也。

聶士成既死，馬玉崑代統其眾。攻紫竹林，死者三千人。天津陷，裕祿走北倉，從者皆失。欲草奏，無所得紙而罷。久之，乃上聞，京師大震，彭述曰：「此漢奸張夷勢以相恫喝也。姜桂題殺夷兵萬餘，夷力窮蹙，行乞和矣。」一時桂題方在山東，未至天津也。

崇綺授戶部尚書，崇綺以穆后父貴，封公爵。穆后既殉穆宗，崇綺即乞病免。及光緒己亥，為穆宗立嗣，將圖廢帝，而代以大阿哥溥儁，乃起崇綺於家，使傅溥儁，若太子太傅也。崇綺再出，與徐桐比而言廢立，得太后歡，恩眷與桐等。

六月二十二日，有旨：保護教士及各國商民，殺杉山彬、克林德者議抵罪。大學士榮祿意也，王文韶附之。載漪大怒，不肯視事，太后強起之。

董福祥之攻使館也，太后問幾日可克。福祥曰：「五日必殲之。」既而言不驗。提督余虎恩，與福祥論事榮祿前，語侵之，福祥怒，欲殺虎恩，榮祿以身翼蔽之，乃免。

李秉衡至自江南，太后大喜，召見寧壽宮，語移日。秉衡力主戰，且言義民可用，當以兵法部勒之。太后詰與李鴻章等公奏，何以主和。秉衡言：「此張之洞入臣名耳，臣不與知也。」太后聞天津敗，方徬徨，得秉衡言，乃決戰，遂命總統張春發、陳澤霖、萬本華、夏辛酉四軍。七月初四日，殺許景澄、袁昶，秉衡有力焉，天下冤之。刑部侍郎徐承煜監斬，色甚喜。徐桐曰：「是死且有餘罪。」王龍文曰：「可以懲漢奸，令後無妄言者。」

拳匪攻交民巷西什庫教堂，既屢有死傷，教民亦結群自衛，拳匪不得逞，乃日於城外掠村民，謂之教民，以送載勛，載勛請旨交刑部斬於市。前後死者，男女百餘人，號呼就戮，皆不知何以至此也。

既而北倉失，裕祿自戕死。聯軍方占天津，畫地而守，兵久不出。一夕大至，攻北倉，玉崑力戰三晝夜，大敗，至楊村，不能復軍。榮祿以聞，太后泣問計於左右，以新誅袁、許，無敢言者。

洋兵既將逼京師，乃變計欲議和，以李鴻章為全權大臣，停攻使館，使總理衙門章京文瑞賫西瓜問饋之。以桂春、陳夔龍送使臣至天津，使臣不肯行，覆書詞甚慢。彭述請俟其出，張旗為疑兵，數百里皆滿，可以怵夷，聞者笑之。

是日李秉衡出視師，請義和拳三千人以從。秉衡新拜其大師兄，各持引魂幡、混天大旗、雷火扇、陰陽瓶、九連環、如意鈎、火牌、飛劍，擁秉衡而行，謂之八寶。北人思想，多源於戲劇，北劇最重神權，每日必演一神劇，《封神傳》、《西遊記》，其最有力者也。故拳匪神壇，所奉梨山聖母、孫悟空等，皆劇中常現者。愚民迷信神權，演此劫運，蓋醞釀百年以來矣。

及戰，張春發、萬本華敗於河西鄔，死者十之五六，潞水為之不流。御史王廷相走，渡河，溺死。廷相故與曾廉、王龍文、張季煜從秉衡軍，廷相諂附拳匪，載濂、剛毅聯名之疏，廷相屬草焉。陳澤霖自武清移營，聞炮聲，全軍皆潰，秉衡走通州。

載濂請斬榮祿、王文韶，太后未許。載濂復命董福祥、余虎恩，急攻使館，武衛軍、虎神營、神機營諸軍皆會，誓必破之以洩憤。

無何，通州陷，李秉衡死之。是日殺徐用儀、立山、聯元，仍以徐承煜監斬。用儀屍橫道二日，無收之者。旬日之內，連殺五大臣，詔書皆曰通夷。又欲殺奕劻、榮祿、王文韶、廖壽恆、那桐，會城破而免。載漪謀弒帝，御醫姚寶生洩之，乃下寶生獄，欲殺之以滅口。城破，與龔照瑗、徐致靖、何隆簡、黃思永、席慶雲，皆逸出。

是日太后聞秉衡軍敗而哭，顧廷臣曰：「余母子無所賴，寧不能相救耶？」廷臣相顧皆莫對。議遣王文韶、趙舒翹至使館，文韶以老辭。舒翹曰：「臣資望淺，不如文韶，且拙於口，不能力爭。」榮祿曰：「不如與書觀其意。」乃遣總理章京舒文持書往。書達使館，約明日遣大臣來，以午相見，及期皆不敢出。時方攻使館，舒文至，董福祥欲殺之，稱有詔乃免。

敵兵自通州至，董福祥戰於廣渠門，大敗。時日暮，北風急，炮聲震天，風雨暴至，乃休戰。七月二十日黎明，北京城破，敵兵自廣渠、朝陽、東便三門入，禁軍皆潰。董福祥走出彰儀門，縱兵大掠而西，輜重相屬於道。彭述方遍諭五城，謂我軍大捷，夷兵已退天津矣。及城破，印度兵屯於道，都人尚謂回部救兵來也。

是日，百官無入朝者。徐會澧以授工部尚書謝恩，至神武門，聞哭聲，宮中人紛紛竄出，知城破，乃走遠。

二十一日，天未明，太后青衣徒步泣而出，帝及后皆單袷從，至西華門外，乘騾車，從者載漪、溥儁、載勛、載瀾、剛毅等。妃主宮人，皆委之以去。珍妃帝所最寵，而太后惡之，既不及從駕，乃投井死。

宮人自裁者無數。或走出安定門，道遇潰兵，被劫多散。王公士民，四出逃竄，城中火起，一夕數驚。滿洲婦女懼夷兵見辱，自裁者相藉也。京師盛時，居民殆三百萬，自拳匪暴軍之亂，劫盜乘之，所過一空，無免者。坊市蕭條，狐狸晝出，向之摩肩擊轂者，如行墟墓間矣。

是日駕出西直門，馬玉崑以兵從。暮至貫市，帝及太后不食已一日矣。民或獻麥豆，至以手掬食之，須臾而盡。時天漸寒，求臥具不得，村婦以布被進，濯猶未乾也。

岑春煊為甘肅布政使，率兵來勤王，奉命往察哈爾防俄，至於昌平，入謁，太后對之泣。貫市李氏者，富商也。以保鏢為業，北道行旅，均藉之。從取千金，帝及太后乃易騾轎而行。

太后倉皇出走，驚悸殊甚，得春煊，心稍安。春煊勤扈從，一夕宿破廟，春煊繯刀立廟門外徹夜。太后夢中忽驚呼，春煊則朗應曰：「臣春煊在此保駕。」春煊於危難之中，竭誠扈從以達西安，太后深感之，泣謂春煊：「若得復國，必無敢忘德也。」

次日行至岔道，延慶州知州秦奎良進食，從者不能遍，奎良懼，太后慰遣之。太后易秦奎良轎行，暮至懷來，縣令吳永供張甚備，左右皆有饋遺。塞外已嚴寒，而太后方御葛衣，永進衣袭，太后大喜，立擢永通永道。王文韶與其子追駕出西直門，及於懷來，乃入見。太后垂涕勞之。趙舒翹亦至。帝及后至沙城，乃易轎行。車駕至太原，總兵何金鼇率兵迎駕，駐於太原。

時聯軍入都，各國劃界，分屯軍隊，美、日兩國兵，均嚴守紀律，不擾居民。德軍憤使臣之被害，其出師時，德皇誓於軍，謂破都城時，當以入野蠻國之法待之，故德軍淫掠殊甚。其他國軍隊，亦略同焉。

聯軍既占北京，分兵追駕，至保定而還。

太后聞洋兵將追至，甚皇懼。江蘇巡撫鹿傳霖以勤王兵至，及於太原。入謁，言太原不可居，西安險固，僻在西陲，洋兵不易至，乃定入陝之策。至於西安，陝西布政司端方署巡撫，迎駕。設行在政府於撫署，授岑春煊陝西巡撫。榮祿至於行在，命長樞垣。載漪、剛毅輩，不敢言國事矣。

聯軍舉德大將瓦德西為統帥，入居儀鑾殿，整隊入宮。見穆宗瑜妃，猶致敬禮。殿宇器物，戒勿毀掠。逮回鑾時，尚無恙也。城內外民居，則恣意搜括。廟觀曾設拳匪壇者，則焚之。拳匪亂時，積屍於道，聯軍則驅華人負屍出城。有達官貴族，被驅遣負屍，不順則鞭之。其掠人筐篋，則奪大車載之行。牲口不足，則執華人於道，以代騾馬。陳璧方官御史，亦被執，使負牽焉。侍郎李昭煒所居，有小童擲石傷洋兵。則入執昭煒至營，痛撻之，復驅出，暈墮於玉河橋下。于式枚方居賢良寺，趨救始獲蘇。

聯軍以非李鴻章來不能言和，乃命鴻章與奕劻同為議和全權大臣，至於京師。奕劻一以讓鴻章，不敢置一詞。聯軍索罪魁，載漪、載勛、載瀾、剛毅、趙舒翹等數十人。鴻章屢與辯護。瓦德西曰：「吾等所列罪魁，皆其從者，為全中國體面，其首罪名，尚未提出也。此而不允，則吾將索其為首者。」其意蓋指太后也。鴻章亟以電告，乃允以載勛等賜死，而特原載漪，配新疆，並黜溥儁大阿哥，使出宮焉。

鴻章與各國磋議，已歷數月，心力交瘁。行在政府屢傳電諭，授意辯駁。鴻章謂樞臣不明敵情，徒亂意，閱竟旋毀之，幕僚不及見也。鄂督張之洞亦迭電干議，鴻章笑曰：「張某作官數十年，猶書生也。」之洞深恨之。各國持之堅，久未定議。而鴻章積勞病深，卒不起，瀕危，猶口授計畫，秩然不紊。各國聞鴻章逝，皆感愴，乃悉如鴻章議，卒簽約，而鴻章不及見矣。先逝一日，口授于式枚草遺疏，保今總統袁公繼直督任。謂：「環顧宇內，人才無出袁世凱右者。」並力請回鑾，保外人無他。

電達行在，太后及帝哭失聲，輟朝，立授袁公直督。既定約，交還北京，太后尚未敢還都。王公大臣既漸趨行在，其留京者合詞請回鑾，疆臣復連名力請，乃下詔還都。命都御史張百熙為蹕路大臣，先馳還。逮蹕路成，車駕發於西安。改岑春煊山西巡撫，而以端方為陝西巡撫。至於保定，謁西陵，乃還京師。

初太后藏金宮中，聞達三千餘萬，聯軍護存之。及還宮，金無恙，太后則大喜。

自經巨變後，群臣爭言新政，乃開經濟特科，詔天下辦學。命張百熙為學務大臣，改總理各國事務衙門為外務部，以瞿鴻機為尚書，新政漸繁興焉。

當在行在時，下罪己詔，榮祿幕客樊增祥筆也。太后每見臣工，恆泣涕引咎。臣下請行新政，多所採納。及還都，中外漸安輯，漸益奢恣，大修頤和園，窮極奢麗，日費四萬金，歌舞無休日，已忘喪亂矣。惟惕於外人之威，凡所要求，曲意徇之。各國公使夫人，得不時入宮歡會，間與內政。日本內田公使夫人解華語，尤濃洽。內監李蓮英最用事，與白雲觀高道士拜盟。而華俄銀行理事璞科第交高道士厚，因緣結於蓮英，多所密議，外交尤有力焉。

帝既久失愛於太后，當逃亂及在西安時，尚時詢帝意。回鑾後，乃漸惡如前。公使夫人入宮，有欲見帝者，召帝至，但侍立不得發一言。帝不得問朝政，例摺則自批之，蓋借庸闇以圖自全也。

拳變餘聞

余既為《庚子國變記》，復搜集記載，及連年旅京津所聞較確者，錄為《拳變餘聞》，與至即書，不復次其先後，視《國變記》尤詳盡矣。惇曧誌。

甲午中日之戰，津郡驚擾，官民遷徙。時適北鄉挖支河獲殘碑一，字漶漫，惟二十字可讀。文曰：「這苦不算苦，二四加一五。紅燈照滿街，那時才算苦。」類讖語，奧莫能明也。及曹州匪起，今總統袁公方撫山東，獲匪首朱紅燈戮之，時謂應紅燈之讖。然津郡尚無擾也。

庚子四五月間，忽傳有紅燈照者，皆十餘齡幼女，紅衣褲，挽雙丫髻，稍長者盤高髻，左手持紅燈，右手持紅巾，及朱色折疊扇，扇股皆朱髹。始老孀設壇授法，集閨女數十輩，環侍受法。四十九日術成，稱太師姐。轉教他女，術成，持扇自扇，漸起漸高。上躡雲際，擲燈下，其從嫗拾繳壇內。女身直立空際，漸化為明星，較星差大，其光晶晶，或上或下，或近或遠，或攢聚如聯珠，或迤邐如貫魚。津民狂走聚觀，僉云目睹。有終夜升屋而瞭者。女子自言，能於空中擲火焚西人之居，呼風助火，焚無餘。津民深信之。入夜，家家懸紅燈，迎紅燈照仙姑也。城內外列炬高懸，若萬星之齊耀，爭傳拳隊所至，紅燈隨之。每焚洋樓，皆言仙姑擲火也。

又有沙鍋照者，以饗神團，人挾一鍋，遇拳民戰時，析薪淅米，炊飯饗之。沙鍋僅如巨鉢，自言飯百人不盡。此團皆乞丐也，沿門索米濟軍，無敢拒者。

五月中有黃蓮聖母，乘舟泊北門外，船四周皆裹紅縐。有三仙姑，九仙姑，同居舟中，自言能瘵疾。拳匪傷者舁舟旁，敷以香灰，數日而蛆出焉。直督裕祿迎入署，朝服九拜，弗為動。乃製黃旗兩桿，大書「黃蓮聖母」，鼓吹一部，送侯家堠某神堂居焉。聖母坐神櫥中，垂黃幔，香燭清供，萬眾禮拜，城陷逃去。拳匪散為盜，劫聖母於舟中，審為聖母也，縛而獻諸都統衙門，獲重賞。一仙姑投水死，一仙姑與聖母同被執，皆戮之。或曰，西人載之遊歐洲，而紅燈照皆復其居，大半為娼焉。

義和拳稱神拳，以降神召眾，號令皆神語。傳習時，令伏地焚符誦咒，令堅合上下齒，從鼻呼吸，俄而口吐白沫，呼曰神降矣，則躍起操刃而舞，力竭乃止。

其神則唐僧、悟空、八戒、沙僧、黃飛虎、黃三太。庚子四五月間，津民傳習殆遍，有關帝降壇文，觀音托夢詞，濟顛醉後示，皆言滅洋人。忽傳玉帝敕命關帝為先鋒，灌口二郎神為合後，增財神督糧，趙子龍、馬孟起、黃漢升、尉遲敬德、秦叔寶、楊繼業，李存勖、常遇春、胡大海，皆來會師。其所依據則《西遊記》、《封神傳》、《三國演義》、《綠牡丹》、《七俠五義》諸小說，北中所常演之劇也。洋人教士教民，分大毛子、二毛子、三毛子，遇之殺無赦。禮神以頂著地，叩首三十六。練術有渾功、清功。渾功百日，清功四百日。渾功避槍炮，清功能飛升。然習者利速成，多渾功也。臨陣時佩小黃紙畫像。有首無足，銳指，頭四周有光，耳際腰間，作狗牙詰屈狀，不名何神。心以下書一行，文曰：「雲涼佛前心，玄火神後心。」誦咒曰：「左青龍，右白虎，雲涼佛前心，玄火神後心，先請天王將，後請黑煞神。」誦此咒，槍炮不燃。誦聲未絕，中彈斃。其焚教堂，大師兄率眾握刀來，轉向東南跪伏，突立起呼殺，其聲動天，大師兄焚香擲堂中，俄而焰發矣。有張天師擁眾橫殺，俄別出一張天師，不相下，時互鬥。後其一誑巨金遁。其一仍專橫，大師兄曹福田至，獲天師，斬之。

義和拳源於八卦教，起於山東堂邑縣，舊名義和會。東撫捕之急，潛入直隸河間府景州獻縣，乾字拳先發，坎字繼之。坎字拳蔓延於滄州靜海間，白溝河之張德成為之魁。設壇於靜海屬之獨流鎮，天下第一壇，遂為天津之禍。乾字拳由景州蔓延於深州、冀州而淶州，而定興、固安，以入京師。天津、北京拳匪本分二系，皆出於義和會，其後皆稱義和團。坎字拳為林清之餘孽，乾字拳為離卦教部生文之餘孽，故皆尚紅。其後有黃色一派，則乾字拳所創也。坎字乾字，授法各殊。坎字拳傳習時令焚香叩拜後，直立而仆，仆而起，跳躍持械而舞。乾字拳則令閉口伏地，少時白沫滿口，則呼曰神降矣，亦起躍持械而舞。又有震字拳，則山東王中之遺孽，中於乾隆間被戮。坤字拳不詳所自。震字拳見諸永定河南岸。坤字拳見諸京西，從者蓋鮮。惟坎字乾字最勢大矣，乃分擾於京津。

京師從授法者，教師附其耳咒之，詞曰：「請請志心皈命禮，奉請龍王三太子。馬朝師，馬繼朝師，天光老師，地光老師，日光老師，月光老師，長棍老師，短棍老師。」要請神仙某，隨意呼一古人，則孫悟空、豬八戒、楊香、武松、黃天霸等也。又一咒云：「快馬一鞭，西山老君。一指天門動，一指地門開。要學武藝，請仙師來。」一咒云：「天靈靈，地靈靈，奉請祖師來顯靈。一請唐僧豬八戒，二請沙僧孫悟空，三請二郎來顯聖，四請馬超黃漢升，五請濟顛我佛祖，六請江湖柳樹精，七請飛標黃三太，八請前朝冷如冰，九請華佗來治病，十請托塔天王，金吒、木吒、哪吒三太子，率領天上十萬神兵。」諸壇所供之神不一，如姜太公，諸葛武侯，趙子龍，梨山老母，西楚霸王，梅山七弟兄，九天玄女。又有供祀小唐者，則小說之年羹堯。最奇者為山西祁相國，則祁文端也。大約祀神無規定，意中所欲奉，則祀之耳。自乾隆時，高宗恆以小故殺人，詩詞戲劇，皆足殺身。供奉者乃雜取《封神傳》、《西遊記》諸小說，點綴神權，以求絢爛而免禍也。浸淫百年，蒸為民俗。愚民受戲劇之教育，馴至庚子，乃釀巨變，豈得曰非人為哉？

津郡拳匪，始於靜海屬之獨流鎮，稱天下第一壇。直督裕祿不之禁，漸延入郡城，張旗挾刃游於市，轉相煽誘，旬日之間，壇林立。業冶鐵者，家家鑄刃，丁丁之聲，日夜相續，若鈴鐸之互答。官不敢禁挾械，但禁冶鐵。示甫下，匪紛集縣署，露刃逼官弛禁，不得已從之，冶爐遍衢巷矣。匪誦言滅洋，租界戒嚴，教堂尤岌岌。津、保之間，迭毀電線、鐵路。五月，朝旨嚴剿拳匪，裕祿承端、剛意，故縱之，匪焰益熾，教士皆避居租界，官臨視各教堂，加鑰焉。匪猶揚言教堂藏地雷火藥，定期轟毀津城。鼓樓東教堂洋樓特高，夜半忽傳中有火光，遊民漸聚漸眾，匪率眾焚之，燼焉。破獄出獄囚，洋貨店及藏洋書器者皆焚毀之。禁民間著白衣，謂其近洋派也。以河東民居鄰租界，謂藏奸細，焚殆盡。令民家焚香供清水一盂，饅首五枚，青銅錢數枚。家置一秫秸，粘紅紙，供五日，持以揮敵，首自落。

匪紛集督轅求槍炮，裕祿命赴軍械所自擇焉，盡攫以去。又令居民喊大得勝以助威。有閉火門神咒，遍張通衢。其詞曰：「北方洞門開，洞中請出鐵佛來，鐵佛坐在鐵蓮臺。鐵盔鐵甲鐵壁塞，閉住炮火不能來。」既而洋兵槍彈屢及，神咒不驗。又令居民焚香叩首時，以拇指掐中指，男左女右，力掐不放，曰避火訣也，已而又不驗。匪揚言海口起沙，橫亙百里外，阻夷船，團中海乾神師為之也。既而一僧來，自稱海乾，眾虔奉之。著黃緞服，手念珠，持禪杖，受眾供養。城陷後，不知所終。復有一道士來謁大府，自號天滅，謂天滅洋人也。官吏恭送入壇，團匪與語不合，斬之，懸首西門，曰：「此偽天滅也。」匪劫掠無虛日，富戶一空。及城陷，匪首張德成挾重資遁。日本兵先至，津民大書大日本順民，或揭諸門，或纏諸臂，以求保護，拳民一時絕跡焉。

拳匪之禍，成於匪首張德成、曹福田，皆直督裕祿所曾奏保也。德成，白溝河人，業操舟，往來玉河、西河間，時義和拳已傳至靜海縣之獨流鎮。有童數輩，方習拳，德成睨之而笑。眾詰之，德成曰：「此為神拳也。」眾叩其術，德成乃取一秫秸以黃紙擲地上，令眾拾之，壯夫數人不能舉。群大驚，羅拜曰：「真神師也。」推之入巨宅，設壇焉。遠近拳匪爭來附，遙受節制。德成居獨流，聲勢甚雄。曹福田為天津拳匪之魁，其自署門榜曰：「署理靜津一帶義和神團」。曹蓋以本任屬德成也。德成語其眾曰：「頃睡時，元神赴天津紫竹林，見洋人正剖婦女，以穢物塗樓上，為壓神團法也。」他日又言元神赴敵，盜得洋炮機管，炮不得燃矣。更率眾周行鎮外，三匝，以杖畫地，曰：「此一周土城，一周鐵城，一周銅城，洋人即來，無能越者。」

五月，直隸四道員結伴去津，舟過獨流，遇匪將手刃之，皆叩首乞命。牽赴神壇，德成審為大官，釋之，延坐，自炫其術，使達諸總督，請餉三十萬，自任滅洋，皆受命。上書裕祿，裕祿乃馳檄召德成，不至，屢檄之。德成怒曰：「吾非官吏，何得以總督威嚴凌我耶？」裕祿謝過，命使以八人輿禮迎之。德成至，以敵體禮見，啟中門迎之入。次日，宴於節署，德成忽若睡，呼之不應。

俄欠伸起，袖出鐵炮機管數事，云：「元神出，新從敵中竊來者，敵炮皆廢矣。」裕祿深敬之。德成恆出入節署，以耀其曹。裕祿表薦諸朝，稱其年力正強，志趣向上，得屢報戰功，賞頭品頂戴，花翎黃馬褂。

無何，城陷，張匪挾巨資行。至王家口，索鹽商王姓具供張，王以二人輿至。德成怒曰：「吾在津，制軍以八人輿迎我，猶不時至，汝乃如是褻神耶？」不得已，假關帝廟綠輿迎焉。既至，盛宴之，德成猶謂不能下箸，推席而起，王不能堪。村人憤甚，乃共謀刺之，共捕德成，餘匪盡逃。德成叩頭乞饒，眾曰：「試其能避刀劍否。」共斫之，成血糜焉。餘匪至白溝河後，推德成之弟張三，稱三師父。挾至獨流鎮，仍立天下第一壇，謂張三神力過德成十倍。聯軍已踞天津，將剿餘匪於諸村，村人共逐張三，餘軍乃四散焉。

曹福田，天津靜海縣人。本游勇，嗜鴉片，無以自存，乘亂煽惑。初至津，登土城樓，詢租界何處，土人言東南方。即伏地向東南叩首，良久起曰：「洋樓毀矣。」東方煙起，萬眾悚然。蓋適河東居民被焚也。既入城，而民跪迎，福田坐馬上指揮令起立，曰：「無須跪也。」聞拳壇令闔郡持白齋，諭無須，言我亦飲酒食肉也。聞洋貨店多被毀，亦云無須，洋貨入中國久，商民何罪？津民以是尤信奉之。福田室中懸神像，關帝、趙子龍、二郎神、周倉也。另供木主曰聖上楊老師。福田整隊赴前敵，以洋鐵造鼓，吹大螺，紅旗大書「曹」字。側書「扶清滅洋天神天將義和神團」。福田騎馬，戴大墨晶眼鏡，口銜洋煙捲，長衣繫紅帶，緞靴，背負快槍，腰挾小洋槍，手持一秼秸，語路人往觀戰。至馬家口，謂前有地雷不可進，繞道歸。

又令商民備蒲包麻繩，各數千，麻繩備縛洋人，蒲包蒙其首也。福田不敢與洋人戰，日列隊行周衢，遇武衛軍則縛而戮之，以報聶士成落垡一戰之仇也。直督裕祿奏保賞頭品頂戴花翎黃馬褂，實虛報戰功也。紳商慮開戰則全城糜爛，力請於裕祿議和，裕祿令請命於福田。福田不可，曰：「吾奉玉帝敕，命率天兵天將，盡殲洋人，吾何敢悖命敕？」紳商哀之急，則怒命殺之，群哀請乃免。和議既阻，乃請別擇戰地。福田不可，曰：「若別擇地，當先以租界歸我。」張德成至，眾復哀請，德成許之，福田不可。眾以商民生命為請，福田曰：「死者皆劫數中人，吾掃蕩洋人後，猶當痛戮不忠不孝不仁不義之人，完此劫數。」及馬玉崑兵敗，津城陷，福田易裝遁。冬間私至靜海境，眾呼捕之，驚走。次年正月，潛歸里，里人縛送之官，磔之於靜海縣。

拳匪之變，以聶提督士成死事最烈。士成安徽合肥人，為淮軍宿將，髮捻諸役及剿朝陽匪，皆有功。甲午中日之戰，據大高嶺，阻日兵，尤著名。葉志超逮後，士成代為直隸提督，率武衛軍駐蘆臺。庚子四月，拳匪毀保定鐵路，直督裕祿命副將楊福同馳往鎮之，及易州，為匪戕死，朝廷方議用拳匪，不賜恤。匪焚黃村鐵路，聶軍一小隊馳至，突被拳匪迎擊，傷數十人。士成奉相機剿撫之命，軍至落垡，拳匪三千人，方毀廊坊鐵軌，士成諭禁不止，仍撲聶軍，士成命擊之，匪多死，乃大恨士成。匪黨訴諸朝，朝旨嚴責士成。裕祿命士成軍回蘆臺。士成至津，遇拳匪於道，匪持刀奔馬首，士成避入督署，裕祿為之緩頰乃止。

時拳匪在津有二萬人，遇武衛軍，輒縛而戮之，士成不敢與抗。端王載漪、剛毅等，深恨士成，思乘間殺之。榮祿慮聶軍激變，馳書慰之，謂貴軍服制，頗類西人，遂致尋釁，團民志在報國，願稍假借。士成得書，慷慨覆書曰：「拳匪害民，必貽禍國家。某為直隸提督，境內有匪，不能勦，如職任何？若以勦匪受大戮，必不敢辭。」聶軍守楊村，遏洋兵，屢戰互有殺傷，洋兵以餉絀兵單折回。裕祿張拳匪功，賞拳匪巨萬，聶軍不與。旋奉命攻天津租界，血戰十餘次，租界幾不支。西人謂自與中國戰，無如聶軍悍者。

拳匪恨士成甚，詆聶軍通夷，朝旨又嚴督之。士成憤甚，謂上不諒於朝廷，下見逼於拳匪，非一死無以自明，每戰必親陷陣。一日戰方酣，拳匪擁入其家，縶其母妻女以去。士成聞報，分軍追之。部下新練軍一營，多通拳匪，見聶軍追匪急，大呼聶軍反，齊開槍橫擊之。士成內外受敵，被數十槍，乃麾其軍還攻拳匪，自突戰於八里臺，以期死敵。麾下執轡挽之回，士成手刃之。將校知不可回，乃隨士成陷敵陣。士成中數彈，裂腸死。麾下奪屍歸，拳匪將戮其屍，洋兵追及，拳匪逃，乃免。裕祿以死事上，朝議賜恤，載漪、剛毅力阻。乃下詔責其誤國喪身，實堪痛恨，姑念前功，准予恤典。士成死三日，而天津陷焉。

拳匪始於毓賢，成於載漪、剛毅，人所習聞。然最初實為李秉衡。光緒乙未，秉衡撫山東，仇視西人。山東有大刀會主仇西教，秉衡恆奬許之。丁酉十月，大刀會殺二教士，德人請褫秉衡職，不允，轉秉衡川督。德人憾不已，乃命開缺。德人堅謂不足蔽辜，卒革職去。毓賢以曹州府知府至藩司，秉衡所最親善也。及為東撫，循秉衡之舊，護大刀會尤至。己亥，剛毅入樞府，力薦秉衡，令查辦盛京案，歸即命巡視長江水師。秉衡過武昌，語鄂督張之洞曰：「朝廷將痛除西人，公當默體此意。」毓賢旋授山西巡撫，語其屬曰：「義和團魁首有二，其一鑒帥，其一我也。」

庚子五月，匪勢大熾，東南督撫連名請剿匪，粵督李鴻章領銜，約秉衡署名，不得已從之。旋密奏請募兵北上，謂西兵專長水技，不善陸戰，引之深入，必盡殲之。朝命統兵北上，乃募湘勇十六行營，中途逃散，乃返南京，另率隊北上。比至京，而天津陷。孝欽后正憂惶無策，思與西軍言和。秉衡入對，力以退敵自任。后大喜，命統張春發、陳澤霖、萬本華、夏辛酉四軍，出屯楊村河西塢，及至而楊村已失。西軍勢甚銳，秉衡一戰而潰，自維無以對朝廷，乃吞金死。事聞，照總督例賜恤。聯軍入京，奕劻李鴻章與議和，聯軍請懲辦罪魁。得行在朝旨云：「李秉衡固執釀禍，應定為斬監候。惟念已臨難自盡，著革職撤銷恤典。」秉衡負清名三十載，自佐貳致開府，及死，人無惜之者。

毓賢以山東曹州府知府至藩司，繼李秉衡為巡撫。山東大刀會仇視西教，毓賢獎勵之。匪首朱紅燈倡亂，以滅教為名。毓賢命濟南府盧昌詒查辦。匪擊殺官兵數十人，自稱義和拳，建保清滅洋旗，掠教民數十家，毓賢庇之，出示改為義和團。匪樹「毓」字黃旗，掠教民，焚教堂。教士屢函乞申理，總署令保護，毓賢均置不問。匪勢愈熾，法使屢責總署，乃召之來京，以今總統袁公代為巡撫。時拳匪出沒於東昌、曹州、濟寧、兗州、沂州、濟南之間，勢甚盛。袁公至，力剿拳匪，獲朱紅燈戮之，數月而匪勢大衰。山東境不能容，乃竄入直隸境。庚子三四月間，蔓延各屬矣。

毓賢入都，見端王載漪、莊王載勛、大學士剛毅，盛誇義和團忠勇可恃，載漪等信之，據以入告，遂拜巡撫山西之命。毓賢至，任衛軍數十人，皆拳黨也。自稱義和團統領，拳術漸被於山西，浸猖獗。平陽府教堂被毀，府縣以聞，稱曰團匪，賢痛斥之。郡縣承風，而莫敢詆拳匪矣。毓賢命製鋼刃數百柄，分賜拳童，勉以殺洋人。大師兄出入撫署，若貴賓。五月，朝旨令保護教民，毓賢承端、剛旨，仍置不問。六月，匪焚教堂，毓賢登高樓觀之曰：「天意也。」營官將施救，毓賢不許。英教士逃出，號於眾曰：「昔晉省大饑，吾輸財五六萬，活數千人。今獨不能貸一死耶？」卒戕之。一英婦挾兒出，跪言：「吾施醫歲活數百人，今請貸吾母子。」語未絕，一兵以挺擊之，仆，推置火中，復奮身出，仍推入，與其子同燼焉。

毓賢以兵守城門，禁教士出入，復移教士老幼於鐵路公所，以兵守之。他日復驅入撫署，毓賢坐堂皇，命行刑，殺英教男女老幼三十餘人，服役二十餘人，梟首示城門，剖心棄屍，積如丘山。又驅法天主堂教女二百餘人，至桑棉局，迫令背教，皆不從。令斬為首二人，以盎承血，令諸女遍飲，有十六人爭飲盡之。毓賢令縛十六人懸高處，迫其餘背教，皆不從，求死益堅。兵士擇貌美者掠數十人去，皆不屈，死焉。各屬教民，富者皆為拳匪掠奪，其被逼背教，抗而死者，先後數千人。被禍最慘者，為大同、朔州、五臺、太原、徐溝、榆次、汾州、平定，匪勢蔓全省矣。聯軍破天津，毓賢自請勤王，朝旨命統軍入京。毓賢實不欲行，陰使晉民籲留，朝旨再促不已，就道，猶告拳黨曰：「教民罪大，焚殺任汝為之，勿任地方官阻止也。」

七月，毓賢始去晉，而聯軍已破京師，遇兩宮於途次。李鴻章奉命議和，德皇要懲辦罪魁，鴻章以聞。閏八月，有旨命毓賢開缺，另候簡用，以錫良代為晉撫。各國以罪魁未懲辦，不允議約。駐德使臣呂海寰，駐俄楊儒，駐英羅豐祿，駐美伍廷芳，駐法裕祥，駐日李盛鐸，合電請懲辦罪魁，首李秉衡，次毓賢、剛毅、趙舒翹、董福祥、載漪、載瀾，並述各國堅決之意。鴻章與劉坤

一、張之洞、盛宣懷，亦先後電劾。得旨：毓賢褫職，配極邊，永不釋回。各國意猶不慊。十二月，得旨：毓賢遣發新疆。計已行抵甘肅，著即行正法，派何福堃監視行刑。署甘督李廷簫，為晉藩時，附和毓賢，縱拳戕教，既得毓賢正法之命，持告毓賢。毓賢曰：「死吾分也，如執事何？」廷簫慮不免，元旦仰藥死。蘭州士民，謂毓賢伏法為冤，集眾代請命，毓賢移書止之。並自輓曰：「臣罪當誅，臣志無他，念小子生死光明，不似終沉三字獄。君恩我負，君憂誰解，願諸公轉旋補救，切須早慰兩宮心。」毓賢有母八十餘，留太原，一妾隨行，逼令自裁。正月初六日，何福堃至什字觀，呼毓賢出，武員舉刀斫之，傷頸未死，毓賢連呼求速死，其僕憐之，助斷其項，收葬焉。

拳匪之入京師，剛毅實導之。剛毅識字不多，以清正自詡。由部曹外任巡撫，內召為尚書，入樞府，后眷甚隆。奉命江南查案，旋之廣東，斂浮賦，括四百萬，歷東南諸省，括千萬歸於京師。得梁啟超所撰《清議報》，進於孝欽后，后大怒，憤外國之庇康、梁，必欲報此仇。益恨德宗，思廢之，立端王載漪之子溥儁為大阿哥，將於庚子正月行廢立，剛毅實主之。力引載漪居要職，寵眷在諸王上。后命榮祿告李鴻章，私以廢立意詢各國公使，皆不協，后益大恨。剛毅日言仇洋，見談洋務者，皆斥為漢奸。過金陵，見劉坤一所立之儲才學堂，立命閉之。董福祥以殺洋人自任，剛毅力譽於后前，恩寵日渥。及拳匪據涿州，朝議剿撫不決，乃命兼管順天府事。尚書趙舒翹，偕府尹何乃瑩，馳往解散。剛毅慮舒翹或戾己意，自請繼往。舒翹至，召匪首諭朝廷德意，令解散。匪首堅請褫聶士成職，舒翹難之。剛毅至，許以先退聶軍。

及覆命，力言團民忠勇有神術，若倚以滅夷，夷必無幸，舒翹本以剛毅力貴顯，益附拳匪說，后乃命剛毅導拳匪入京。旬日，至數萬人，壇場遍城內外。王公貴人，爭崇奉之。漸出入宮禁，莫敢究詰。剛毅與載漪合疏，請用團民，乃奉統率團民之命。董福祥率武衛軍攻使館，剛毅日坐城樓觀戰，曰：「使館破，夷人無噍類矣，天下自此當太平。」舒翹起為壽曰：「自康有為倡亂，天下擾擾，公起而芟夷之，上病失天下心，幸繼統有人，定策之功，公第一。」剛毅大喜。及聯軍破京師，兩宮倉皇出走，剛毅隨扈至太原。李鴻章電劾肇禍諸王大臣，后召見載漪，痛斥之。自出狩後，剛毅憂懼，不復有所言。及隨扈西安，中道病，折回候馬鎮，病死。十二月，懲辦罪魁，剛毅以先死免戮，追奪原官。

趙舒翹以刑曹熟習刑律，剛毅援引致位尚書。拳匪據涿州，奉命解散，甫抵涿州，而剛毅繼至，遂導拳匪入京師。剛毅力言拳民忠義可用，舒翹附和之。及聯軍破京城，隨扈兩宮狩西安。各國索懲辦罪魁，舒翹革職留任，各國憾不已，乃改為斬監候，囚西安獄。次年正月，各國要加重懲辦。西安士民，連合數百人，為舒翹請命，樞臣以聞，乃賜令自盡，派陝撫岑春煊監視。舒翹猶以為必有後命，其妻謂之曰：「君無冀也，吾夫婦同死耳。」乃以金進。舒翹吞少許，逾三時不死，猶處分家事。又痛九十餘老母見此奇慘，既而自恨曰：「剛子良害我。」春煊迫於覆命，乃更進鴉片煙，兩時仍不死。再進砒霜，始偃臥而呻，夜半猶未絕，乃以厚紙蘸熱酒，連蔽其七竅，乃絕。其妻仰藥殉焉。

徐桐以漢軍翰林至大學士，以理學自命，日誦《太上感應篇》，惡新學如仇。門人李家駒，充大學堂提調，嚴修請開經濟特科，桐榜二人之名於門，拒其進見。其宅在東交民巷，惡見洋樓，每出城拜客，不欲經洋樓前，乃不出正陽門，繞地安門而出。庚子年八十矣，孝欽后以耆臣碩望，每見恆改容禮之，大政必詢焉，故晚年尤驕橫。拳匪起京師，桐大喜，謂中國自此強矣。其贈大師兄聯云：「創千古未有奇聞，非左非邪，攻異端而正人心，忠孝節廉，只此精誠未泯；為斯世少留佳話，一驚一喜，仗神威以寒夷膽，農工商賈，於今怨憤能消。」聯軍破京城，桐皇遽失措，其子侍郎承煜請曰：「父庇拳匪，夷人至，必不免，失大臣體，盍殉國，兒當從侍地下耳。」桐乃投繯死。承煜逃焉，為日本軍拘獲，後奉旨正法，乃拘回刑部戮之。

董福祥以回中梟傑，降於左宗棠，歷保至提督。召對時，孝欽后獎之。福祥對曰：「臣無他能，惟能殺洋人耳。」榮祿、剛毅等皆極重之。徐桐逢人譽福祥，謂他日強中國必福祥也。福祥益自負，遂漸驕。拳匪擾京師，董軍與拳匪比而焚掠。奉命攻使館，月餘不下，使館守兵，僅四百餘人，兵匪死二千餘人。聯軍入京，董軍大掠而西。及懲辦罪魁，以福祥有強力於回部，慮激回叛，不敢戮之，革職留任，仍統回軍駐甘肅。西人猶以為言，乃革職錮於家。榮祿在西安，綜大政，福祥移書讓之曰：

> 祥負罪無狀，僅獲免官，手書慰問，感愧交并。然私懷無訴，不能不憤極仰天而痛哭也。祥辱隸麾旌，忝總戎任，軍事聽公指揮，固部將之分，亦敬公忠誠謀國，故竭駑力，排眾謗以效馳驅。戊戌八月，公有非常之舉。七月二十日電，命祥統所部入京師，實衛公也。拳民之變，屢奉鈞諭，撫囑李來中，命攻使館。祥以茲事重大，猶尚遲疑，以公驅策，敢不承命。

疊承面諭，圍攻使館，不妨開炮，祥猶以殺使臣為疑。公謂戮力攘夷，禍福同之。祥一武夫，本無知識，恃公在上，故效犬馬之奔走耳。今公巍然執政，而祥被罪，竊大惑焉。夫祥之於公，力不可謂不盡矣。公行非常之事，祥犯義以從之。公撫拳民，祥因而用之。公欲攻使館，祥彌月血戰，今獨歸罪於祥。麾下士卒解散，咸不甘心，多有議公反覆者。祥惟知報國，已拚一死，而將士憤怨，恐不足以鎮之，不敢不告。

端王載漪宥死配新疆，後屢傳福祥挾回部之眾，擁端王為叛，卒不果，老死回中。

啟秀以翰林至尚書，自附於理學，大學士徐桐深喜之。徐桐以仇視新學見重於孝欽后，戊戌政變後，徐桐尤被優禮。以過老不令入樞府，有大事則咨之而已。桐薦啟秀入樞廷，時剛毅方貴用事，啟秀遂附於剛毅。庚子五月間，修撰駱成驤典貴州試，謁啟秀辭。啟秀謂之曰：「俟爾還京時，都中無洋人跡矣。」其時政府已蓄意滅洋，偶一流露也。袁昶、許景澄之殺，詔書出啟秀手。及兩宮出走，啟秀未及從，與侍郎徐承煜同為日本軍拘去。承煜，徐桐之子，官刑部侍郎。袁昶、許景澄及立山、徐用儀、聯元之殺，皆承煜監斬，承煜殊自得。聯軍破京師，承煜紿其父引決，而已逃焉。日軍執之，與啟秀同拘於順天府署，日軍所屯地也。辛丑正月，詔命戮之。奕劻等傳詔旨至，日軍官置酒餞之。酒次，傳中國正法之旨，承煜色變，極呼冤，詈洋人不已。啟秀曰：「即此已邀聖恩矣，吾深悔從前之謬誤。今已矣，願貴國助吾中華光復舊物也。」次日刑部派員提之，日軍官曰：「徐侍郎頑鈍如故。啟尚書心地明白，惜其悟之太晚。二人皆貴國大官，已代備輿送之矣。」至刑部署，衣冠至菜市，啟秀下輿小立，氣度猶從容，監斬官出席禮之。承煜已昏不知人。西人集視者，咸拍照畢，並就戮焉。

端郡王載漪，為惇親王之子。惇王，宣宗之子，文宗之兄也。孝欽后謀廢德宗，先擇近支王公之子為皇嗣。其溥字輩最親而最長者，為溥倫、溥侗兄弟。溥倫為孚郡王之孫。孚郡王，宣宗之第九子也。穆宗崩，無子，溥倫以次當立。孝欽后以為皇帝繼穆宗後，則穆皇后當為皇太后，而已當為太皇太后，不足持大柄，乃不為穆宗立嗣。謂溥倫之父已出繼遠支，溥倫兄弟，皆不當立。溥字輩無人，不得不選載字輩。於是選惇親王奕譞之子。入嗣大統，是為德宗。德宗之母，孝欽后之妹也。孝欽以內親故，冀其長而親我，又利立少主，則攬權之日長，故載漪以至親最長，不得立。

及德宗親政，思變法自強，內壓於孝欽，不能行其志，漸失愛於孝欽。戊戌八月之變，孝欽突自頤和園還宮，持帝手哭詈曰：「我自爾數歲，以帝位授汝，辛勤鞠育，至於長成，汝乃負心欲廢我耶？」乃幽帝於瀛臺，復出訓政。日言帝病重，求醫海內，謀廢立，聞各國違言而止。己亥冬，剛毅等謀益極，乃立載漪之子溥儁為大阿哥。清世家法，不立太子，其立大阿哥，即已決行廢立。謂德宗久病，不能君天下，欲遂廢之，而立溥儁為穆宗嗣也。崇綺者，穆皇后之父也。當穆宗崩，不得立嗣，穆后自以為皇嫂寡居宮中，又失太后歡，不足自存，乃仰藥以殉。及決立溥儁，乃召崇綺出為師傅，隱示以大阿哥實繼穆宗也。孝欽慮廢德宗，各國有違言，先命榮祿私於李鴻章，使密詢各國意。

鴻章自甲午敗後，入總署，復被逐出，閒居京師賢良寺。鴻章謂我以閒廢，與使署少所往還，若外任我總督，各國必來賀，當乘間詢之。蓋慮廢立京師生變，思避之也。榮祿諾之，數日而鴻章授粵督。其時康有為倡保皇會於海外，勢甚大，慮粵或生變，故命鴻章鎮之也。各國使臣來賀，鴻章乘間言：「我國現立大阿哥，行將為帝，君等入賀否？」皆言未洞內情，不知所賀。惟今帝以二十餘年君主，歷與我立約，將焉置之？隱示不認廢帝意。鴻章默然。走告榮祿曰：「各國拒我矣。」孝欽后乃大恨。

載漪自以將為天子父，方大快意，聞各國阻之，乃極恨外人，思伺時報此仇。適義和團以滅洋為幟，載漪乃大喜。剛毅、趙舒翹、何乃瑩先後導拳匪入京師。日以仇教為名，斥德宗為教主。載漪欲引以謀廢立，屢導匪首入宮演術，孝欽后深信之。載漪兄載濂、弟載瀾，並以漪故，深被寵任，附和拳匪。五月，以載漪管理總理衙門，兼管虎神營，外交權兵權并在掌握。拳匪焚掠殊甚，各國以兵艦至，因開御前會議。許景澄、袁昶，力言釁不可開，載漪恨之，遂戮袁、許。徐用儀、立山、聯元皆以通夷被戮。每廷議，帝皆言匪不可信，釁不可開。載漪語不遜。

載漪既倚拳匪及董福祥，尤驕橫，孝欽后亦曲意就之。各國公使赴總署約，載漪遣虎神營兵伺於道，殺德使克林德，後至者皆逃歸。及通州失，李秉衡死，載漪仍凶暴，欲殺奕劻、榮祿、王文韶、廖壽恆、那桐。俄而城破，兩宮出走，載漪與奕劻、剛毅、溥倫、那彥圖等，隨扈至西安。各國索罪魁急，李鴻章等電劾肇禍諸王大臣。載漪革職，交宗人府圈禁，俟軍務平定後，再行交往盛京，永遠圈禁。各國憾不已，乃定為斬監候。以懿親加恩發新疆，永遠監禁，即日起解。載漪自以罪重，計當被戮，奉發配極邊之旨，大喜過望。又詢左右曰：「阿哥有罪乎？」眾曰：「未聞也。」載漪曰：「本無預渠事，當可免也。」乃兼程赴配所，慮西人之續請正法也。大阿哥頑劣無狀，在西安日攜數內監至劇院。其父戍邊，亦無戚容。旋斥退出宮，回鑾後閒居京師。載漪家屬皆隨至配所。去年甘肅獨立後，載漪將家屬至蘭州，貧極不能自存。今仍居隴中，不得還京也。

許景澄、袁昶、徐用儀之冤戮，稱浙之三忠。三人中，袁昶最以氣節學問著。以部曹外任皖南道，內轉太常卿。許景澄以翰林歷使外國，通知時事，至吏部侍郎，并在總署。徐用儀以軍機章京，敏給，工酬應，至尚書，無矯矯之節。拳匪之擾，心弗善也，亦未嘗廷爭。許、袁被戮，端、剛有餘怒，家人不敢收屍。翌日，用儀往視，涕下，收而殯焉。端、剛聞而深惡之，後數日。遽發拳匪捕之於家，亂刃戕焉。與立山、聯元皆先殺斃，後請旨正法者也。立山以部員至兵部尚書，為內務府大臣，侵蝕內帑，致富千萬，以心計得孝欽后歡。廷辯時，帝不欲啟釁外國，謂人心安足恃？后度載漪辨窮，乃問立山，思藉以助載漪也。立山謂拳民術多不驗，載漪色變，斥為通夷，后亦不懌。立山居宅，近西什庫教堂。載漪等圍攻使館教堂，久不下，疑立山穴地道濟其糧。使拳匪圍搜之，無所獲。拳匪利其富，乃肆掠毀其家，擁立山以去。載漪命付詔獄，數日請旨戮焉。聯元以內閣學士在總署，滿人之號明通者也。廷詢時，聯元言：「前史兩國失和，無戮使臣者。公法以不能保護使臣，為野蠻之國，今使署洋兵，不過千餘人，聚而殲之，固非難事，然各國合而報我，不幸而京師不守，則其禍極烈。」后大怒，命斬之，諸臣跪求始免。及歸，載漪命拳匪捕殺之。景澄與袁昶厚，過從最密。景澄時督辦鐵路，兼管理大學堂事務大臣，拳匪所稱二毛子者也。廷詢時，景澄、昶陳奏皆慷慨。帝執景澄手而泣，后怒叱之曰：「許景澄無禮。」袁昶連上二疏，力言拳匪宜剿，使臣不當殺，皆不報。復與景澄連名上第三疏，劾大學士徐桐、剛毅、啟秀、趙舒翹、疆臣毓賢、裕祿，更暗指載漪等袒匪，詞甚痛切。疏曰：

竊自拳匪肇亂，甫經月餘，神京震動，四海響應，兵連禍結，牽動全球，為千古未有之奇事，必釀成千古未有之奇災。昔咸豐年間之髮匪，負隅十餘年，蹂躪十餘省。上溯嘉慶年間之川陝教匪，淪陷四省，竊據三四載。考之方略，見當時興師振旅，竭中原全力，僅乃克之。至今視之，則前數者，皆手足之疾，未若拳匪，為腹心之疾也。蓋髮匪捻匪教匪之亂，上自朝廷，下至閭閻，莫不知其為匪，而今之拳匪，竟有身為大員，謬視為義民，不肯以匪目之，亦有知其為匪，不敢以匪加之者。無識至此，不特為各國所仇，且為各國所笑。

查拳亂之始，非有槍炮之堅利，戰陣之訓練，徒以「扶清滅洋」四字，號召不逞之徒，烏合肇事。若得一牧令將弁之能者，蕩平之而有餘。前山東巡撫毓賢養癰於先，直隸總督裕祿禮迎於後，給以戰具，附虎以翼。「扶清滅洋」四字，試問從何解說？謂國家二百餘年，深恩厚澤，浹於人心，食毛踐土者，思效力馳驅，以答覆載之德，斯可矣。若謂國家多事，時局艱難，草野之民，具有大力，能扶危而為安，曰扶之而先傾之，其心不可問，其言尤可誅。臣等雖不肖，亦知洋人窟穴內地，誠非中國之利。然必修明內政，慎重邦交，覬釁而動，擇各國之易與者，一震威權，用雪積憤。設當外寇入犯時，有能奮發忠義，為滅此朝食之謀，臣等無論其力量何如，要不敢不服其氣概。今朝廷方與各國講信修睦，忽創滅洋之說，是為橫挑邊釁，以天下為戲。且所滅之洋，指在中國之洋人而言，抑括五洲各國之洋人而言？僅滅在中國之洋人，不能禁其續至。若盡滅五洲各國，則洋人之多於華人，奚啻十倍？其能盡與否，不待智者而知之。不料毓賢、裕祿，為封疆大員，識不及此。

裕祿且招攬拳匪頭目，待如上賓。鄉里無賴棍徒，聚眾千百人，持「義和團」三字名帖，即可入衙署，與該督分庭抗禮，不亦輕朝廷而羞當世之士耶？靜海縣之拳匪張德成、曹福田、韓以禮、文霸之、王德成等，皆平日武斷鄉曲，蔑視長官，聚眾滋事之棍徒，為地方巨害，其名久著，土人莫不知之，即京師之人，亦莫不知之。該督公然入諸奏報，加以考語，為錄用地步。欺罔君上，莫此為甚！

又裕祿奏稱：「五月二十夜戌刻，洋人索取大沽炮臺屯兵，提督羅榮光堅卻不允。相持至丑刻，洋人竟先開炮攻取，該提督竭力抵禦，擊壞洋人停泊輪船二艘。二十二日，紫竹林洋兵，分路出戰，吾軍隨處截堵，義和團民紛起助戰，合力痛擊，焚毀租界洋房不少。」臣詢由津避難來京之人，僉謂擊沉洋船，焚毀洋房，實無其事。而吾軍及拳匪被洋兵轟斃者，不下數萬人。異口同聲，決非謠傳之訛。甚有謂二十八日洋人攻擊大沽炮臺，係裕祿令拳匪攻紫竹林，先行挑釁等語。此說或者眾怨攸歸，未可盡信。而誑報軍情，竟與提督董福祥詐稱使館洋人焚殺盡淨，如出一轍。董福祥本係甘肅土匪，窮迫投誠，隨營效力，積有微勞，蒙朝廷不次之擢，得有今職，應何等束身自愛，仰酬厚恩。乃比匪為奸，行同寇賊，其狂悖之狀，不但辜負天恩，益恐狼子野心，或生他患。裕祿歷任兼圻，非董福祥武員可比，而竟憒憒乃爾，令人不可思議。要皆希合在廷諸臣謬見，誤為吾皇太后皇上聖意所在，遂各倒行逆施，肆無忌憚，是皆在廷諸臣欺飾錮蔽，有以召之也。

大學士徐桐，素性糊塗，罔識利害。軍機大臣協辦大學士剛毅，比奸阿匪，頑固成性。軍機大臣禮部尚書啟秀，謬執己見，愚而自用。軍機大臣刑部尚書趙舒翹，居心狡獪，工於逢迎。當拳匪入京師時，仰蒙召見王公以下內外臣工，垂詢剿撫之策。臣等有以「團民非義民，不可恃以禦敵，無故不可輕與各國開釁」之說進者。徐桐剛毅等竟敢於皇太后皇上前，面斥為逆說。夫使十萬橫磨劍，果足制敵，臣等凡有血氣，何嘗不願聚彼族而殲旃。否則自誤以誤國，其逆恐不在臣等也。五月間，剛毅、趙舒翹奉旨前往涿州，解散拳匪。拳匪勒令跪香，語多誣枉。趙舒翹明知其妄，語其隨人等，則太息痛恨。終以剛毅信有神術，不敢立異，僅出示數百紙，含糊了事。以業經解散覆命。既解散矣，何以群匪如毛，不勝獮薙？似此任意妄奏，朝廷盍一詰責之乎？

近日天津被陷，洋兵節節內逼，曾無拳匪能以邪術阻令前進，誠恐旬月之間，勢將直撲京師。萬一九廟震驚，兆民塗炭，爾時作何景象。臣等設想及之，悲來填膺。而徐桐、剛毅等談笑漏舟之中，晏然自得，一若仍以拳匪可作長城之恃，盈廷惘惘，如醉如痴。親而天潢貴胄，尊而師保樞密，大半尊奉拳匪，神而明之。甚至王公府第，亦設有拳壇。拳匪愚矣，更以愚徐桐、剛毅等，徐桐、剛毅等愚矣，更以愚王公，是徐桐、剛毅等，實為釀禍之樞紐。若非皇太后皇上立將首先袒護拳匪之大臣，明正其罪，上伸國法，恐朝臣僉為拳匪所惑，外臣之希合者接踵而起，又不止毓賢、裕祿數人。國家三百年宗社，將任謬妄諸臣，輕信拳匪，為孤注之一擲，何以仰答列祖在天之靈！

臣等愚謂：時至今日，間不容髮，非痛剿拳匪，無詞以止洋兵，非誅袒護拳匪之大臣，不足以剿拳匪。方匪初起時，何嘗敢抗旨辱官，毀壞官物？亦何嘗敢持械焚劫，殺戮平民？自徐桐、剛毅等稱為義民，拳匪之勢益張，愚民之惑滋甚，無賴之聚愈眾。使毓賢去歲能力剿該匪，斷不致蔓延至直隸。使今春裕祿能認真防堵，該匪亦不至闖入京師。使徐桐、剛毅等不加以義民之稱，該匪尚不敢大肆其焚掠殺戮之慘。推原禍首，罪有攸歸。應請旨將徐桐、剛毅、啟秀、趙舒翹、裕祿、毓賢、董福祥，先治以重典。其餘袒護拳匪，與徐桐、剛毅等謬妄相若者，一律治以應得之罪，不得援議貴議親，為之末減。庶各國恍然於從前縱匪肇釁，皆謬妄諸臣所為，並非國家本意，棄仇尋好，宗社無恙。然後誅臣等以謝徐桐、剛毅諸臣，臣等雖死，當含笑入地。無任流涕具陳，不勝痛憤惶迫之至。

疏入，剛毅、載漪等大怒，必欲殺之以洩憤。適李秉衡自南京奉命帶兵入衛，載漪令其沿途搜捕奸諜，至清江浦北四十里，獲二人，自京來者。一為景澄致江督劉坤一書，一為袁昶致鐵路督辦盛宣懷書，皆力詆端、剛，及太后受愚，語極憤痛。秉衡繫之北上，以書呈載漪，載漪大恨，請旨捕逮。七月初四日上諭：「吏部左侍郎許景澄，太常寺卿袁昶，屢次被人參奏，聲名惡劣，平日辦理洋務，各存私心，每遇召見時，任意妄奏，莠言亂政，且語多離間，有不忍言者，實屬大不敬。

許景澄、袁昶，均著即行正法，以昭炯戒。」押赴菜市口，拳匪塞途聚觀，拍掌大笑。端、剛、趙、董等，相賀於朝。景澄在獄中，以鐵路學堂辦理情形，款存何處，詳列付所司。至刑場，刑部侍郎徐承煜為監斬官。見景澄、昶咸衣冠，叱役去之。景澄曰：「吾等雖奉旨正法，未奉旨革職。況犯官就刑，例得服衣冠，汝作官久，尚未聞耶？」承煜赧然。袁昶問曰：「吾二人死固無恨，然何罪而受大辟，請以告。」承煜怒叱曰：「此何地，尚容爾嘵辨耶？爾罪當自知，何煩吾言。」昶曰：「爾何必如此作態，吾二人死，當有公論。洋兵行破京師，爾父子斷無生理，吾等待於地下可也。」臨刑皆神色不變。

及京城破，兩宮狩西安，李鴻章請旨昭雪。上諭：「本年五月間，拳匪倡亂，勢日鴟張，朝廷以剿撫兩難，造次召見臣工，以期折衷一是。乃兵部尚書徐用儀、戶部尚書立山、吏部左侍郎許景澄、內閣學士聯元、太常寺正卿袁昶，經朕一再垂詢，詞意均涉兩可，而首禍諸臣，遂乘機誣諂，交章參劾，致罹重辟。惟念徐用儀等宣力有年，平日辦理交涉，亦能和衷，尚著勞績，應加恩徐用儀、立山、許景澄、聯元、袁昶，均著開復原官。」辛丑二月，徐、許、袁遺骸南下，江督以下官吏，暨南數省士夫，並致祭焉。

聯軍既陷楊村，乃進向北京。以日、英、美三國兵為左軍，法、俄、德、奧、意五國兵為右軍，計四萬餘人。至通州，與李秉衡戰於河西塢，秉衡敗死。七月十七日，破通州，皆息焉。約十八日進向北京，而日、俄兵乘夜發，英、美繼之。日軍先至，壁東直門外五里，俄隊壁東便門外三里，英、美兵屯通州河南岸，距城七里。法兵二十晚始至，去東城十里駐焉。而俄兵已於午刻攻東便門，翌晨破之。俄兵先入城，土人見哥薩克兵，猶以為回部援兵至也。

日軍攻東直、朝陽二門，破之，亦昧爽入城。法兵駐城南，聞城破始發，餘半入城。英兵由廣渠門入，皆陸續至使館。二十一日，日兵先入宮，遂與華兵接戰甚力，日軍不欲轟擊宮殿，乃暫退，兩宮已於二十一日侵晨出走，諸軍俱散。二十二日，聯軍乃占守各宮門。聯軍入城後，北堂圍未解。法兵攻順治門，英軍置二炮於大清門助夾攻，華軍不支，皆遁，法軍直至西華門。日軍方攻西華門未下，法兵至，開門納日軍，乃解北堂之圍，時被圍已二月矣。日軍先入宮，法兵繼之，過三橋，皆豎法旗，法總兵據煤山，俄、英兩總兵據其旁二廟，宮中珍玩重器皆盡矣。

聯軍諸帥，協議分理區域。由朝陽門至宮城劃一直線，俄、法占其東，英、美占其西，日本占其北，各設民政廳轄民事。聯軍搜殺拳匪，屍山積焉。

城內外民居市廛，已焚者十之三四。聯軍皆大掠，鮮得免者。其祖匪之家，受傷更烈。珍玩器物皆掠盡，其不便匣藏者，皆賤值售焉。婦女慮受辱，多自剄。朝衣冠及鳳冠補服之屍，觸目皆是。有自剄久，項斷屍墜者。其生存者，多於門首插某國順民旗，求保護。

德帥瓦德西至，聯軍舉為統帥。入宮，居太后之儀鸞殿。後忽火，全殿燼焉。

尚書崇綺奔保定，居蓮池書院，仰藥死。皖撫福潤全家自盡。其母年九十餘，以哀痛死。祭酒王懿榮夫婦子婦共投井死。主事王鐵珊、祭酒熙元，及滿官百餘人，皆及難。是役滿人死數千人。宗室庶吉士壽富，有文學，尚氣節。侍郎寶廷之子，閣學聯元之婿也。聯元被戮，家屬匿壽富家。聯軍入城，壽富與弟富壽皆仰藥未死，其兩妹及婢皆死焉。壽富自剄。富壽從容理諸屍，乃自剄死。

聯軍日逼京師，七月十六日，兩宮已有西狩之志，以車輛未備，緩行。十九夜，炮聲急，知聯軍已至城外。二十日，召見王大臣五次，末次惟王文韶、剛毅、趙舒翹三人。太后言：「今只餘爾等三人，餘均自為計，不復恤吾母子矣！爾等當隨吾行。」復詔文韶曰：「汝老矣，尚長途苦汝，吾心不安。汝以輿後來，彼二人騎以從，必同行也。」帝亦顧文韶必當行。二十一日，黎明，兩宮聞洋兵已入城，倉猝出宮，妃主均委之以去。兩宮皆乘道旁騾車，王公內侍皆步行，出德勝門，炮聲不絕。趣行至貫市東，光裕駝行獻駝轎三乘。帝與貝子溥倫同一乘，太后皇后同一乘。太后衣藍布夏衣，尚未櫛也。帝衣黑紗長衣，黑布戰裙。臥具皆不及攜。是日勺水未入口，晚宿於民居。隨扈者端親王載漪、慶親王奕劻、肅親王善耆，蒙古王那彥圖、貝子公爵數人，剛毅、趙舒翹、溥興等，暨神機、虎神營練兵千人，馬玉崑兵千餘人。兵無所得食，沿途掠於民間。

時酷暑，途行甚苦。暮抵居庸關。延慶州知州秦奎良來迎，太后易奎良轎而行。廿四日抵懷來。縣令吳永聞駕至，倉皇出，跪迎大堂側。太后入居吳夫人室，皇后居其子婦室，帝居簽押房。太后手拍梳桌，命進食。蓋出京三日，僅進三雞子也。隨啟奩，自取梳櫛焉。吳夫人，曾襲侯紀澤女也，為太后梳頭。太后乃命帝書朱諭，命吳令往東南各省催餉糈，以典史攝縣印。吳令進燕席，並漢裝女衣，並進帝及大阿哥衣。蓋兩宮出京三日，始得安食易衣也。二十五日，諭言不得已西幸，派榮祿、徐桐、崇綺留京辦事，迅籌辦法。其時尚未知徐、崇已死也。二十六日，下詔罪己，令各省保護教民。二十七日，抵宣化府城，駐蹕四日。八月初六日，抵大同府，駐總兵署，駐蹕四日。初十日，續派留京辦事各員，其餘令赴行在。十三日，過雁門關。十五日駐欣州，換黃轎。十七日，抵太原，駐巡撫署。陳設周備，多高宗幸五臺時舊物也。

江蘇巡撫鹿傳霖，以兵六千勤王，聞京師陷，繞道河南至於太原。謂聯軍皆掠保定，追駕西來，太原不可居，力請幸西安。乃下詔閏八月初八日西行。江督劉坤一，聯東南督撫電阻，謂陝西貧瘠，逼近強俄，甘肅尤為回教所萃，內訌外患，在在堪虞。如謂陝西地險，可阻聯軍，則我能往，寇亦能往。山川之險，既不可恃，偏安之局，亦不能幸成。京師根本重地，不可輕棄。各國曾請退兵，不占土地，回鑾斷無他變。萬不可偈促偏安，為閉關自守之計。詞甚切摯。而太后終慮聯軍之逼，乃決西行。

初八日啟蹕，二十六至潼關，以錦舟渡河。太后欲登華山，以道險，又亟西行而止。僅登萬壽樓，禮聖祖龍牌。九月初四日，車駕至西安。改巡撫署為行宮，儀制略備。帝時服布袍，王公皆衣布。太后胃痛時作，屢泣，夜不成寐。各省紛進方物，時賚群下。御膳費日二百金。太后謂岑春煊曰：「向在京師，膳費數倍於此，今亦可謂省矣。」京師以兩宮器服至。鹿傳霖授尚書，入樞府，彌執拗用事。榮祿旋至西安，與王文韶仍管樞要。兩侍兵衛，日擾民間，秦民苦之。大修戲園，諸臣娛樂如太平時。帝見貢物至，必垂涕。各省協解款，已五百餘萬。每解款至，內監需索尤苛。諸臣漸趨行在，百物漸集，西安愈興盛矣。

拳擾方亟，李鴻章方為粵督，召速來京。六月，德使克林德被戕，大沽炮臺為西兵攻陷。以鴻章督直隸，辭不至署。總電各國駐使，向各國議和。法外部言匪首未誅，端王等尚在樞府，言和不易。如罷端王等，剿拳匪，當可介各國議和。德外部言使臣被害，清帝無一言引咎，豈能遽及和議？英外部言駐華公使脫險，當可覆電。美外部要西軍與華軍合救公使，可開議。七月，天津陷。聯軍逼楊村，以鴻章為全權大臣。鴻章自滬致美國電，願護公使至津，請聯軍勿入京。美電言公使不能通電，無可商之餘地。鴻章請護各公使出津，乃遣桂春、陳夔龍護公使。各使以無西兵來護，不肯行。德皇通電各國，請以瓦德西為聯軍統帥。俄皇謂德使被戕為大辱，願推德將。各國贊成之。七月二十日，聯軍破京師。八月，俄皇謂使臣既脫險，當撤兵議和。美國贊之，法、奧均不可，德皇拒益堅。朝旨促鴻章入都議和，鴻章至自滬。西軍將帥定議，困鴻章於兵艦，俟准開議釋之，各國政府不可。鴻章請加派王大臣會議，及命慶親王奕劻，並為全權。劉坤一、張之洞會同辦理。

鴻章至大沽，俄軍提督派員禮迎。美提督來謁，言奉政府命，以公使禮接。鴻章至塘沽，赴俄營談甚洽。聯軍方攻北塘，俄以兵隊護鴻章至津，入居海防公所。法庭擬六款：一、懲辦罪魁，由各使臣指定。二、禁軍械入華。三、賠兵費暨諸損失。四、西兵常駐北京衛使館。五、毀大沽炮臺。六、京津要處，西兵屯守。各國皆贊之。閏八月初六，諭革肇禍諸王大臣，各國始允議和。英德協議四款：一、中國商埠皆得通商，他處擇開商埠。二、保全中國疆土，不取尺寸。三、如有援他故取中國土地者，英、德兩國別商保兩國之利權。四、通告各國，請贊議。各國並從之，和議綱領遂定。各國使臣索慶王、李鴻章全權憑證，電請行在頒發敕書，乃擬約稿送領袖公使。閏八月十四日，添派榮祿為議和大臣。各公使以榮祿曾遣董福祥攻使館，拒不與議。鴻章止榮祿勿來京。慶王一以付鴻章，磋議數月，定大綱十二款。

一、德國公使克林德被害，派親王充專使謝罪，立碑於遇害地。二、懲辦罪魁，由各公使指出。被害城鎮五年內不得考試。三、日本書記被戕，須向日本謝罪。四、各國墳塋發掘之處，立碑雪恥。五、軍火不得運入。六、賠償各國人民損失。七、駐兵衛使館，中國人不得居界內。八、毀大沽炮臺。九、京師至海通，擇要屯西兵。十、人民肇亂，罪其長官，不得藉端開脫。十一、改通商條約。十二、改總署及覲見禮節。

電達行在，得旨照准。乃憑議和大綱商定約章。

一、派醇親王載澧，赴德充謝罪使。克林德碑坊，已鳩工。二、懲辦罪魁，端郡王載漪，輔國公載瀾，斬監候，加恩貸死，戍新疆，永不釋回。莊親王載勛，尚書趙舒翹，左都御史英年，均賜死。尚書剛毅，大學士李秉衡，身死奪官。巡撫毓賢，尚書啟秀，侍郎徐承煜，均正法。提督董福祥革職。被害之尚書徐用儀、立山、侍郎許景澄、閣學聯元、大常卿袁昶，均復官昭雪。三、派侍郎那桐赴日謝罪。四、被掘墳塋，撥帑立碑。五、禁軍火入口二年。六、償款四百五十兆兩，年息四厘，分三十九年本息還清。賠款由上海辦理，以關稅鹽政作保。七、劃崇文門大街以西，正陽門城垛以東，歸使館管理，留兵保護。八、大沽炮臺削平。九、諸國駐防之處，為黃村、郎坊、楊村、天津、軍糧城、塘沽、蘆臺、唐山、灤州、昌黎、秦皇島、山海關。十、有違約事，罪其長官。十一、北河改善河道，各國派員興修，歲撥帑六萬兩。黃浦河道，各國派員興修，歲費四十六萬兩。一半由中國支付，中國派員會修。十二、改總署為外務部，班列六部之前。

此約在簽押後，除留防使館兵隊，約期撤兵，各國使臣，會同全權，曉示士民，交還北京。

兩宮在太原時，李鴻章入京議和，各國公使請帝還京主議，李鴻章以聞。帝欲從之，太后不可。東南疆臣，多籲請回鑾，太后尚猶豫。鹿傳霖言北京危地，西安去海遠，可阻西兵，力請入陝。太后然之，遂幸陝。及和議成，各國撤兵，內外臣工紛請回鑾。四月二十一日，諭言和局已定，經諭令內務府大臣掃除宮禁，本欲即日回鑾，惟溽暑難於跋涉，俟秋涼再行回鑾。定於七月十九日，由河南、直隸一帶回京。至七月初一，陝撫升允奏言關中炎熱，大雨泥深。豫撫松壽奏河水驟發，蹕路沖毀，請展期回鑾。乃改於八月二十四日啟蹕，蠲所過地方本年錢糧。十月初十日太后萬壽，祝於開封。十一月初四日，自開封啟鑾，至順德府。今總統袁公方為直隸總督，迎駕。十六日啟行，袁公扈蹕。恭親王溥偉等自京赴正定府接駕。二十四日，兩宮乘火車回京，西人登城牆觀者數百。官僚軍隊，皆肅跪道旁。英、奧兩國馬隊，肅列左右。各國公使暨夫人皆出觀，太后遙揖之，皆答禮，復一揖，登輿，遂還宮。

德宗承統私記

同治十三年十二月，穆宗大漸。兩宮皇太后御養心殿西暖閣，召惇親王奕誴、恭親王奕訢、醇親王奕譞、孚郡王奕譓、惠郡王奕詳等人。孝欽后泣語諸王曰：「帝疾不可為，繼統未定，誰其可者？」或言：「溥倫長當立。」惇親王言：「溥倫疏屬不可。」后曰：「溥字輩無當立者，奕譞長子今四歲矣，且至親，予欲使之繼統。」蓋醇親王嫡福晉，孝欽后妹也，孝欽利幼君可專政。倘為穆宗立後，則已為太皇太后，雖尊而疏，故欲以內親立德宗也。諸王皆愕，不知所對。醇親王大驚哭失聲，伏地暈絕，恭親王奕訢叱之，令內侍扶出。諸王不敢抗后旨，議遂定。是日穆宗崩。帝入居宮中，遂即位，用兩宮太后旨：「皇帝龍馭上賓，未有儲貳，不得已以醇親王奕譞之子載湉，承繼文宗顯皇帝為子，入承大統，為嗣皇帝。俟嗣皇帝生有皇嗣，即承繼大行皇帝為嗣，改元光緒。」

醇親王憒鬱成疾，疏言：「臣侍從大行皇帝十有三年，時值天下多故，嘗以整軍經武，期睹中興盛事，雖肝腦塗地，亦所甘心。何圖昊天不弔，龍馭上賓，臣前日瞻仰遺容，五內崩裂，已覺氣體難支，猶思力濟艱難，盡事聽命。忽蒙懿旨下降，擇定嗣皇帝，倉猝間昏迷惘知所措。迨舁回家，身戰心搖，如癡如夢，致觸犯舊有肝疾等病，委頓成廢。惟有哀懇皇太后恩施格外，洞照無遺，曲賜矜全，許乞骸骨，為天地容一虛糜爵位之人，為宣宗成皇帝留一庸鈍無才之子，使臣受帡幪於此日，正丘首於他年，則生生世世，感戴高厚鴻施於無既矣！」諭令王公、大學士、六部、九卿會議具奏。旋詔准開去各差使，以親王世襲罔替。醇親王具疏懇辭，詔不許。兩宮皇太后垂簾聽政。

初，穆宗寢疾，時謂宏德殿行走侍講王慶祺導之冶遊，致疾不起。御史陳彝假他事劾之：謂其為河南考官，撤棘之後，微服冶遊，汴省人多知之。並謂街談巷議，無據之詞，未敢瀆陳，要亦其素行不孚之明證。臣久思入告，緣慶祺係內廷行走之員，有關國體，躊躇未發，亦冀大行皇帝聰明天亶，日久必洞燭其人。萬不料遽有今日！悲號之下，每念時事，中夜憂惶，如斯人者，若再留禁廷之側，為患不細，非獨有玷班行而已。詔褫慶祺職。封穆宗皇后為嘉順皇后。李鴻藻、徐桐、翁同龢、廣壽，請開去弘德殿行走，許之。罪總管太監張得喜等，戍黑龍江。

內閣侍讀學士廣安奏：「竊維立繼之大權，操之君上，非臣下所得妄預。若事已完善；而理當稍微變通者，又非臣下所可緘默也。大行皇帝沖齡御極，蒙兩宮皇太后垂簾勵治，十有三載，天下底定，海內臣民，方將享太平之福。詎意大行皇帝皇嗣未舉，一旦龍馭上賓，凡食毛踐土者，莫不吁天呼地。幸賴兩宮皇太后，坤維正位，擇繼咸宜，以我皇上承繼文宗顯皇帝為子。並欽奉懿旨，俟嗣皇帝生有皇子，即承繼大行皇帝為嗣。仰見兩宮皇太后宸衷經營，承家原為承國；聖算悠遠，立子即是立孫。不惟大行皇帝得有皇子，即大行皇帝統緒亦得相承勿替。計之萬全，無過於此。惟是奴才嘗讀《宋史》不能無感焉。宋太祖遵杜太后之命，傳弟而不傳子。厥後太宗偶因趙普一言，傳子竟未傳侄，是廢母后成命，遂起無窮斥駁。使當日後以詔命鑄成鐵券，如九鼎泰山，萬無轉移之理，趙普安得一言間之？然則立繼大計，成於一時，尤貴定於百代。況我朝仁讓開基，家風未遠，聖聖相承，夫復何慮？我皇上將來生有皇子，自必承繼大行皇帝為嗣，接承統緒。第恐事久年湮，或有以普言引用，豈不負兩宮皇太后詒厥孫謀之至意？奴才受恩深重，不敢不言。請飭下王公、大學士、六部、九卿會議，頒立鐵券，用作弈世良謨。」奉兩宮懿旨：「前降旨俟嗣皇帝生有皇子，即承繼大行皇帝為嗣，業經明白宣示，中外咸知。茲據內閣侍讀學士廣安奏，請飭廷臣會議，頒立鐵券等語，冒昧瀆陳，殊堪詫異。廣安著傳旨申飭。」

穆后本失愛於孝欽后，穆宗病，孝欽后以穆后不能防護，掌責之。又以孝欽不為穆宗立後，以寡嫂居宮中，滋不適，乃仰藥殉焉。二年四月，命翁同龢、夏同善授讀毓慶宮。御史潘敦儼請表揚穆后，以光潛德。詔稱孝哲毅皇后，已加謚號，豈可輕議更張？該御史逞其臆見，率行奏請，已屬糊塗；並敢以無據之辭，登諸奏牘，尤為謬妄。下吏議奪職。五年三月庚午，大葬穆宗毅皇帝、孝哲毅皇后於惠陵。

吏部主事吳可讀，先以御史請誅烏魯木齊提督成祿，言過贛直，落職。穆宗登極，起廢員，用主事，可讀慮大統授受之間，類多變故，鑒宋太宗、明景帝之故事，思以尸諫，而堅為穆宗立後之信，乃請於吏部長官，隨赴惠陵襄禮。還次薊州馬伸橋三義廟，於閏三月五日夜間，飲毒畢命。遺疏請吏部長官代奏。疏云：

奏為以一死泣請懿旨預定大統之歸，以畢今生忠愛事。竊罪臣聞治國不諱亂，安國不忘危。危亂而可諱可忘，則進苦口於堯舜，為無疾之呻吟；陳隱患於聖明，為不祥之舉動。罪臣前因言事忿激，自甘或斬或囚。經王公大臣會議，奏請傳臣質訊。乃蒙我先皇帝曲賜矜全，既免臣於以斬而死，復免臣於以囚而死，又復免臣於以傳訊而觸忌觸怒而死。犯三死而未死，不求生而再生，則今日罪臣未盡之餘年，皆我先皇帝數年前所賜也。乃天崩地坼，忽遭十三年十二月初五日之變，即日欽奉兩宮皇太后懿旨：「大行皇帝龍馭上賓，未有儲貳，不得已以醇親王之子，承繼文宗顯皇帝為子，入承大統，為嗣皇帝。俟嗣皇帝生有皇子，即承繼大行皇帝為嗣，特諭。」

罪臣涕泣跪誦，反覆思維，以為兩宮皇太后一誤再誤，為文宗顯皇帝立子，不為我大行皇帝立嗣。既不為我大行皇帝立嗣，則今日嗣皇帝所承大統，乃奉我兩宮皇太后之命，受之於文宗顯皇帝，非受之於我大行皇帝也。而將來大統之承，亦未奉有明文，必歸之承繼之子，即謂懿旨內既有承繼為嗣一語，則大統之仍歸繼子，自不待言。罪臣竊以為未然。自古擁立推戴之際，為臣子所難言。我朝二百餘年，祖宗家法，子以傳子。骨肉之間，萬世應無間然。況醇親王公忠體國，中外翕然，稱為賢王。覲王當時一奏，令人忠義奮發之氣，勃然而生。言為心聲，豈容偽為？罪臣讀之，至於歌哭不能已已。倘王聞臣有此奏，未必不怒臣之妄，而憐臣之愚，必不以臣言為開離間之端。而我皇上仁孝性成，承我兩宮皇太后授以寶位，將來千秋萬歲時，均能以我兩宮皇太后今日之心為心。而在廷之忠佞不齊，即眾論之異同不一。以宋初宰相趙普之賢，猶有首背杜太后之事。以前明大學士王直之為國家舊人，猶以黃玹請立景帝太子一疏，出於蠻夷而不出於我輩為愧。賢者如此，遑問不肖？舊人如此，奚責新進？名位已定者如此，況在未定？不得已於一誤再誤中，而求一歸於不誤之策，惟仰祈我兩宮皇太后再行明白降一諭旨，將來大統仍歸承繼大行皇帝嗣子。嗣皇帝雖百斯男，中外及左右臣工，均不得以異言進。正名定分，預絕紛紜。如此則猶是本朝祖宗以來以子傳子之家法。而我大行皇帝未有子而有子，即我兩宮皇太后未有孫而有孫。異日繩繩揖揖，相引於萬代者，皆我兩宮皇太后所自出，而不可移易者也。罪臣所謂一誤再誤而終歸於不誤者此也。

彼時罪臣即以此意擬成一摺，呈由都察院轉遞。繼思罪臣業經降調，不得越職言事。且此何等事，此何等言，出之大臣、重臣、親臣，則為深謀遠慮，出之小臣、疏臣、遠臣，則為輕議妄言。又思在廷諸臣忠直最著者，未必即以此事為可緩，言亦無益而置之，故罪臣且留以有待。洎罪臣以查辦廢員內，蒙恩圈出引見，奉旨以主事特用，仍復選授吏部，迺來又已五六年矣。此五六年中，環顧在廷諸臣，仍未念及於此者。今逢我大行皇帝永遠奉安山陵，恐遂漸久漸忘，則罪臣昔日所留以有待者，今則迫不及待矣。仰鼎湖之仙駕，瞻戀九重；望弓劍於橋山，魂依尺帛。謹以我先皇帝所賜餘年，為我先皇帝上乞懿旨數行於我兩宮皇太后之前。惟是臨命之身，神志瞀亂，摺中詞意，未克詳明。引用率多遺忘，不及前此未上一摺一二。繕寫又不能莊正。罪臣本無古人學問，豈能似古人從容？

昔有赴死而行不復成步者，人曰：「子懼乎？」曰：「懼。」曰：「既懼，何不歸？」曰：「懼，吾私也；死，吾公也。」罪臣今日亦猶是。「鳥之將死，其鳴也哀；人之將死，其言也善。」罪臣豈敢比曾參之賢？即死其言亦未必善。惟望我兩宮皇太后及我皇上，憐其哀鳴，勿以為無疾之呻吟，不祥之舉動，則罪臣雖死無憾。宋臣有言：「凡事言於未然，誠為太過；及其已然，則又無所及。」言之何益？可使朝廷受未然之言，不可使臣等有無及之悔。今罪臣誠願異日臣言之不驗，使天下後世笑臣愚；不願異日臣言之或驗，使天下後世謂臣明。等杜牧之罪言，雖逾職分；效史鰌之屍諫，祗盡愚忠。罪臣尤願我兩宮皇太后、我皇上，體聖祖、世宗之心，調劑寬猛，養忠厚和平之福，任用老成。毋爭外國之所獨爭，為中華留不盡。毋創祖宗之所未創，為子孫留有餘。罪臣言畢於斯，願畢於斯，命畢於斯。

再，罪臣曾任御史，故敢昧死具摺。又以今職不能專達，懇由臣部堂官代為上進。罪臣前以臣衙門所派隨同行禮司員內，未經派及罪臣，是以罪臣再四面求臣部堂官大學士寶鋆，始添派而來。罪臣之死，為寶鋆所不及料，想寶鋆並無不應派而誤派之咎。時當盛世，豈容有疑於古來殉葬不情之事？特以我先皇帝龍馭永歸天上，普天同泣，故不禁哀痛迫切，謹以大統所繫，貪陳縷縷。自稱罪臣以聞。

吏部以其疏上，朝野驚愕。詔言同治十三年十二月初五日降旨：「嗣後皇帝生有皇子，即承繼大行皇帝為嗣。此次吳可讀所奏，前降旨時，即是此意。著王大臣、大學士、六部、九卿、翰詹科道，將吳可讀原摺會同妥議具奏。」

可讀甘肅皋蘭人。遺命葬於薊州。謂出薊州一步，即非死所。並遺書誡其子曰：「先皇賓天時，即擬就一疏，欲由都察院呈進。彼時已以此身置之度外。嗣因一契友見之，勸其不必以被罪之臣，又復冒昧上言。且疏中援引近時情事，未盡確實，故留以有待。今不及待矣，甘心以死，自踐前日心中所言，以全畢生忠愛之忱。我所以遲至今日者，以國家正有大事，豈可以小臣擾亂宸聽？故不遽引決，正為俟朝廷大事竣耳。」

徐桐、翁同龢、潘祖蔭連銜一疏，寶廷、黃體芳、張之洞、李端棻各一疏，均付王公大臣並議。四月，禮親王世鐸等奏：

遵旨於本月初一日齊赴內閣，將吳可讀奏摺公同閱看。據奏內有「仰乞我皇太后再降諭旨，將來大統，仍歸承繼大行皇帝嗣子」等語。臣等恭查雍正七年上諭有曰：「建儲關係宗社民生，豈可易言？我朝聖聖相承，皆未有先正青宮，而後踐天位。乃開萬世無疆之基業，是我朝之國本，有至深厚者，愚人固不能知也。欽此。」跪誦之下，仰見我世宗憲皇帝詒謀之善，超亙古而訓來茲，聖諭森嚴，所宜永遠懍遵。伏思繼統與建儲，文義似殊，而事體則一。建儲大典，非臣子所敢參議，則大統所歸，豈臣下所得擅請？我皇上纘承大位，天眷誕膺。以文宗之統為重，自必以穆宗之統為心。將來神器所歸，必能斟酌盡善。守列聖之成憲，奉天下以無私，此固海內所共欽，而非此時所得預擬者也。況我皇太后鞠育恩深，宗社遠慮，前者穆宗龍馭上賓時，業經明降諭旨：「俟皇帝生有皇子，即承繼大行皇帝為嗣。」懿訓煌煌，周詳慎重，是穆宗毅皇帝將來繼統之義，已早賅於皇太后前降懿旨之中，何待臣下奏請。吳可讀以大統所歸，請旨頒定，似於我朝家法，未能深知。而於皇太后前此所降之旨，亦尚未能細心仰體。臣等公同酌議，應請毋庸置議。

又徐桐、翁同龢、潘祖蔭奏：

臣等於四月初一日赴內閣公同集議。竊思吳可讀所陳預定大統，此室礙不可行者也。我朝家法不建儲貳，此萬世當敬守者也。臣等恭繹同治十三年十二月懿旨，於皇子承嗣一節，所以為統緒計者至深且遠，聖諭煌煌，原無待再三推闡。今吳可讀既有此奏，而懿旨中復有即是此意之諭，特命廷臣集議具奏。若不將聖意明白宣示，恐天下臣庶，轉未能深喻慈衷。臣等以為誠宜申明列聖不建儲之彝訓。將來皇嗣繁昌，默定大計，以祖宗之法為法，即以祖宗之心為心。總之紹膺大寶之元良，即為承繼穆宗毅皇帝之聖子。揆諸前諭則合，准諸家法則符，使薄海內外，咸曉然於聖意之所在，則詒謀久遠，億萬世無疆之休，實基於此。

又寶廷奏：

竊以為大統之歸，固已早定，本無異議，無須再降懿旨，請命皇上。惟當引申前旨以喻天下臣民。恭繹同治十三年十二月初五日懿旨之意，蓋言穆宗毅皇帝未有儲貳，無可承繼，將來即以皇上所生之皇子，繼承穆宗毅皇帝為嗣，非言生皇子即時承繼也，言嗣而統賅焉矣。引申之，蓋言將來即以皇上傳統之皇子，承繼穆宗毅皇帝為嗣也。因皇上甫承大統，故渾涵其詞。含意未伸，留待皇上親政日，自下明詔。此皇太后不忍歧視之慈心，欲以孝悌仁讓之休，歸之皇上也。而惜乎天下臣民不能盡喻也。廣安不能喻，故生爭於前，吳可讀不能喻，故死爭於後。既可讀遺摺意亦如此，而詞意未克詳明。可讀不自云「臨命之身，神智瞀亂乎？」不然我朝夙不建儲，可讀豈未之知耶？奴才竊痛可讀殉死之忠，而又惜其遺摺之言不盡意也。可讀未喻懿旨言外之意。而其遺摺未達之意，皇太后早鑒及之，故曰前降旨時即是此意也。且皇太后之意，亦即皇上之意也。就令無當日懿旨，皇上親政，自必首降將來傳統之皇子承繼穆宗毅皇帝為嗣之諭，況明有懿旨在前乎？皇上天生聖人，入纘大統，豈忍負皇太后撫育深恩，穆宗付託之重，而自私神器哉？

遺摺以忠佞不齊，異同不一為慮，此固可讀之忠心，而實過慮者也。宋太宗背杜太后，明景帝廢太子見深，雖因佞臣妄進邪說，究由二君有私天下之心，故諂佞之言，得乘之而入。伏讀高宗純皇帝御批《通鑑輯覽》，謂太宗傳子私念，不待趙普贊成，而早定於胸中。見深之立，旨由太后。至於廢之之際，則不復請命東朝，是並蔑視其母。聖智深遠，獨見微隱。推而論之，明世宗之於興獻，忘所後而重本身，任私恩而棄大義，亦不得專咎張桂諸臣也。我朝聖聖相承，迥邁前代，縱有趙普、黃玹之輩，皇上仰遵祖宗彝訓，遠鑒宋、明，不惟其言不能入，且必重加之罪。況兩宮懿旨，懸之於上，孤臣遺疏，存之於下，傳之九州，載之國史。皇上若竟信佞臣諂媚之語，違背慈訓，棄置忠言，何以對天下後世？背義自私之事，鄉黨自好者不為，而謂聖人為之乎？此固可讀之忠心，而實過慮也。

此次廷臣議上，皇太后降旨時，但請將同治十三年十二月初五日懿旨之意，詳為伸引，俾天下臣民，永無疑義。我皇上孝悌仁讓，必能以皇太后之心為心，無須諄諄申命。並請將前後懿旨與廣安、吳可讀及此次與議諸臣奏議，存之毓慶宮。俟皇上親政日，由毓慶宮諸臣，會同軍機大臣，恭呈御覽，自必明降朱諭，宣示中外。將來傳統之皇子，承繼穆宗毅皇帝為嗣。俾天下後世，咸知我朝家法，遠越宋、明。皇太后至慈，皇上至孝、至悌、至仁、至讓。且以見穆宗至聖至明，託付得人也，豈不懿歟？如是則綱紀正，名分定，天理順，人情安，倫常骨肉，無嫌無疑，又何至違我朝家法，蹈前代覆轍，遺憾於母子兄弟君臣之間哉？本月初一日，恭赴內閣集議，因意微有不合，事關重大，未敢遷就，謹另摺具陳，以備採擇。

又奏：

再，王大臣所議，亦非不得體，惜未盡妥。前降懿旨，因詞意渾涵，致有吳此請。此事不議則已，既下廷議，豈可仍復渾涵其詞？廷議謂穆宗毅皇帝繼統之議，已早賅於皇太后前降懿旨之中。將來神器所歸，皇上自能斟酌盡善，固也。然懿旨意深詞簡，意存言外，拘泥於其詞，難免害意。不及此時引申明晰，異日皇上生有皇子，將即承繼穆宗為嗣乎？抑不即承繼乎？不即承繼，則似違懿旨；若即承繼，又嫌跡近建儲。就令謹言繼嗣，不標繼統之名，而天下臣民，亦隱然以儲貳視之，是不建之建也。而此皇子賢也，固宗社之福；如其不賢，將來仍傳繼統乎？抑捨而別傳乎？別傳之皇子，仍繼穆宗為嗣乎？抑不繼乎？就令仍繼穆宗，是亦不廢立之廢立也，豈太平盛事乎？至此時即欲皇上斟酌盡善，不亦難乎？廷議之意，或以皇上親政，皇子應尚未生，不難預酌一盡善之規。然國君十五而生子，設皇子誕育，如在撤簾之前，又何以處之乎？與其留此兩難之局，以待皇上，何如及今斟酌盡善乎！且皇太后懿旨，非皇上所當擅改，此時不引申明晰，將來皇上雖斟酌盡善，何敢自為變通乎？

竊謂諸臣既奉命會議，當將前降懿旨之意，引申明晰，預擬一盡善之策，留以備異日皇上御覽，即以釋今日天下臣民之疑。若仍渾涵其詞，則何取此盈廷一議乎？此未妥者一也。廷議又謂繼統與建儲，文義似殊，而事體則一。似也。然列聖垂訓，原言嗣統之常，今則事屬創局，可讀意在存穆宗之統，與無故擅請建儲者有間，文義之殊，不待言矣。今廷議不分別詞意，漫謂我朝家法，未能深知，則日前懿旨即是此意之謂何？天下聞之，不更滋疑乎？四海九州，莫不觀聽，立言似未得體。此未妥者又一也。奴才非有心立異，因廷議實未能詳明允洽，故不顧煩瀆，附片覼陳。

又張之洞奏：

竊謂為穆宗毅皇帝立嗣，繼嗣即是繼統，此出於兩宮皇太后之意，合乎天下臣民之心，而即為我皇上所深願也。此乃萬古不磨之義，將來必踐之言，臣敬吳可讀至忠至烈。然謂其於不必慮者而過慮，於所當慮者而未及深慮也。

恭查為穆宗繼嗣之語，於同治十三年十二月初五日，光緒元年正月十七日及本年閏三月十七日，三奉懿旨，炳如日星。從來人君子孫，凡言繼嗣者，即指纘承大統而言。天子諸侯，並同一理。蓋人君以國為體，諸侯不得祖天子，公廟不設於私家。苟不承統，何以嗣為？下至三代之世卿大夫，漢魏以至本朝之世爵世職，但云以某為嗣，為即是紹封襲蔭，故繼統毫無分別。遍稽群經諸史，從無異說，其分繼統、繼嗣為兩事者，乃明代張璁、桂萼之怪妄謬說。高宗純皇帝欽定《儀禮義疏》，早已辭而辟之矣。今懿旨申命，至於再三。金匱實錄，何待他求？設有迷妄小人，舞文翻案，則廷臣中凡讀書識字者，皆得執簡而爭，所謂不必慮者一也。

前代人君受授之際，事變誠多，然就該主事所舉二事論之，宋太宗背太祖而害其侄沂王德昭，非太宗子也。明景帝背英宗而廢其侄太子見深，非景帝子也。若皇上以皇子嗣穆宗，名曰先朝之繼體，實則今日之麟振，有何嫌疑？有何吝惜？以皇上仁孝之聖質，受兩宮皇太后高厚之殊恩，起自宗支，付之神器，必不忍負皇太后，必不忍負穆宗。且夫遵慈命，孝也；篤天顯，友也；使皇子廣孝思於不匱，慈也；躬膺寶祚而使大統名分歸之於先帝，讓也。無損於實，而四美具焉。中主亦能勉為之，況聖主乎？所謂不必慮者二也。

該主事所慮趙普、黃玹之輩，誠難保其必無。然忠佞不齊，數年前曾有請頒鐵券之廣安矣，大小臣工，豈遂絕無激發？明宗忝大統而昵私親者，以興獻王已沒，故得藉親恩恣為越禮，群臣不能抗也。假使興獻而在，必尚能以禮自處，少加裁制。今醇親王天性最厚，忠直恪恭。該主事既知其賢，萬一果如所慮，他日有人妄進異言，醇親王受累朝之厚恩，必能出一言以救正。所謂不必慮者三也。

然竟如該主事所請明降懿旨，將來大統仍歸穆宗之嗣子，意則無以易矣，詞則未盡善也。緣前奉懿旨：謂生有皇子，即承繼穆宗為嗣。若參以該主事之說，是一生而已定為後之義，即一生而已定大寶之傳。合併為一，將類建儲。我朝家法，以立儲為大戒，高宗九降綸音，萬分剴切。今若建之，有違家法。所謂未及慮者一也。前代儲貳，讒構奪嫡，流弊已多。今被以紹統之高名，重以承繼之形跡，較之尋常主器，尤易生嫌。所謂未及慮者二也。然此尚非弊之最甚者也。天位授受，簡在帝心。所以慎重付託，為宗社計也。帝堯多男，非止一索。聖意所屬，知在何人？此時早定，豈不太驟？所謂未及慮者三也。

今者奉命集議，伏議此次懿旨，「即是此意」四字。言簡意賅，至堅至確。天下萬世，誰敢不遵？無可移易者也。獨是聖意宜尊，家法亦宜守。今日之事，約有二說：淺之為穆宗計者，則但如諸臣之議，並請一渾涵懿旨。略謂屢次懿旨，俱已賅括。皇上孝友性成，必能處置盡善。似乎無所妨矣。然而生即承繼，「即是此意」一語。字字當遵。託諸文辭，則可避建儲之名。見諸實事，則儼成一建儲之局。他日誕皇子，命承繼，廷臣中為公為私不可知，皆必將援祖訓以爭之，則承繼之事中止。此日以恐類建儲，而承統之名不能定。異日又以恐類建儲，而承統之旨不能宣，是令皇上轉多難處矣。然則深之為穆宗計，而即為宗社計，惟有因承統者以為承嗣一法。皇子眾多，不必遽指定何人承繼，將來纘承大統者，即承繼穆宗為嗣。此則本乎聖意，合乎家法。而皇上處此，亦不至於礙難。伏請兩宮聖裁，即以此意明降懿旨。皇上親政之初，循覽慈訓，感惻天懷，自必仰體聖意，再頒諭旨，祗告郊廟，宣示萬方。則固已昭於天壤，堅於金石矣。如此約有五利：守彝訓，一也；待宸斷，二也；無嫌疑，三也；無更變，四也；精擇賢，五也。至於精擇賢而利宏焉。在兩宮慈愛之念，惟期於繼嗣繼統，久遠遵行。豈必急急焉指定一承繼之人而後慰？即穆宗在天之靈，當亦願後嗣聖德，永綏洪祚，又豈必斤斤焉早標一嗣子之目而後安？此固為我國家億萬年之至計。即使專為穆宗嗣子策之，似亦無善於此者矣。

或謂禮制精深，動關名義，由此以承統為承嗣之說，安保日後無泥古聚訟者？臣請得條舉其說而預辨之。一曰：禮：為人後者為之子。三代人君，凡繼先君之統者，即為先君之後，雖無父子之名，而用父子之禮。皇上承繼穆宗之統矣，何以又別立後？不知父子之說，漢唐來久已不行。且皇上承繼文宗顯皇帝為子，已有明文。文宗有子，則穆宗無子矣。豈有御宇十三年，功德溥四海之先帝，而不為立後者？其不足辨一也。一曰：禮：嫡子則不得後大宗。不知此為臣庶言之，非為天家言之也。古來擇取親屬，入承大統，則本宗不敢私其嫡子，尊尊也。若後君為先君立嗣，則嗣君亦不得私其嫡子，蓋嗣君與先君當日固有君臣之分者也，亦尊尊也。然入承大統者，既承累朝之大宗，則本支應自為繼別之宗，並不得以小宗論。於禮於法，當別立嗣者也。嗣君既為大宗，則雖以子為先君後，於禮於法，不能別立嗣者也。然則就今日事勢論之，將來皇子雖為穆宗之嗣子，仍無妨為皇上之嫡子。尊尊亦親親也。皇朝律令對承繼之文，則曰本生父母。他日稱謂區別，聖心自有權衡。兩宮以聖而行權，皇上以聖而制禮，一舉而忠孝慈友之人倫備焉，尊尊親親之禮義賅焉。義協而禮起，何為不可？其不足辨二也。一曰：《春秋》傳云：「君子大居正。」故兄弟叔侄，輾轉受授，每難帖然。不知從父從子，乃生釁隙。若皇子承繼先朝，但存名義，豈判親疏？其不足辨三也。凡此皆群經之精言，而實不切於今日之情事。設有迂儒引之以撓夫國是，佞夫藉以文其莠言，大智聰明，豈能惑哉！

今者往事已矣，惠陵永閟，帝后同歸。既無委裘遺腹之男，復無慰情勝無之女，傷心千古，夫復何言！承繼承統之說，不過於禮制典冊之中。存此數字空文。俾穆宗在天之靈爽，雖遠而不遠，幾忘而不忘，庶可稍慰兩宮鬻閔之恩，且伸皇上友於之愛。夫吳可讀區區一貶謫小臣耳，尚且昌言以發其端，致命以期其許，何況子道、弟道兼盡之聖主哉？昔漢景帝欲悅竇太后之意，至有「千秋萬歲後傳梁王之語」。梁王非有應嗣之分者也。宋高宗以太宗之後，乃閔太祖子孫零落，而以太祖七世孫為嗣。孝宗非有承統之約者也。皇上聖明，遠在二君之上，竊謂今日者惟在責成毓慶宮侍學諸臣，盡心輔導，培養天心，開陳至道。皇上孝悌之心，油然而自生。尊尊親親之等，秩然而不紊。任賢去佞，內修外攘，則所以仰體兩宮上慰穆宗者，固不僅在繼嗣承統一端而已也。即此一端而論，其沃心正本之方，亦在彼而不在此。伏維皇太后與皇上名分已定，恩誼日篤，皇太后視皇上所生皇子，無論承繼穆宗與否，同為己子。君臣一德，共濟艱難，此宗社之福，而臣民之願也。臣恭繹懿旨中，「即是此意。妥議具奏。」二語文義，是者是其將大統宜歸嗣子之意。議者，議夫繼嗣繼統不並行言悖之方。臣工應命陳言，豈敢以依違兩可之游詞，貽廟堂他日之籌慮！

又奏：

此次懿旨中「即是此意」一語，乃此議之緊要關鍵。天地神祇，實所共聞。朝野臣民，咸所共喻。諸臣心知其意，而苦於恐涉建儲，不敢發揮。故不便述此四字之文，而專駁吳可讀之摺。以為如此便可不類建儲矣。豈知聖意已經宣播，若不善為會通，乘此時畫一長策，究其時勢，轉恐終必類於建儲而後已。且懿旨上言「預定」，下言「即是」。語意相連，今不為之疏解分明，以妥議具奏始，以無庸置議終。傳之四方，實駭聞聽。雖其所謂「無庸議者」，係指原摺而言。誠恐迂儒以文害辭，誤疑兩宮有游移之意。更恐他日讒佞附會，正藉此議為翻案之端。一言之微，語病甚大。竊謂此事關係至重，伏望兩宮聖裁熟思，權衡至當，再降懿旨。臣愚不勝大願。

又黃體芳奏：

竊維此事重大，本難置詞，及伏讀懿旨中「即是此意」一語，明白無疑。只有恪遵，更有何議！乃申論不一，激烈者盛氣力爭，巽畏者囁嚅不吐。揆其情狀，一似穆宗遺有所生皇子於皇上為侄，將來必不能纘承大統者。且又似穆宗嗣子，若承大統，則皇上不得以為子者。在激烈者以為言非悚切，則說不行，說不行則無以報先帝，人將謂不為穆宗計也。在巽畏者以為言之詳盡，則似僭越，則將來必干聖怒，人將謂不為皇上計也。夫激烈，忠也，巽畏，謹也。忠與謹皆人臣之盛節，而惜其未深明乎今日之事勢也。臣誠陋，敢敬為皇太后皇上持平以論之，淺說以明之。譬諸士民之家，長子有孫，次子亦有孫，自其祖父母視之，並無區別。然承襲爵職，必歸長房之孫。即長房無出，以次房之孫承繼，而承襲亦必歸長房之嗣孫，不能歸次房之他孫。何也？嫡長與嫡次之別也。而況皇上與穆宗，不惟有兄弟之倫，且有君臣之誼乎！此兩宮之意，所以許大統歸於穆宗嗣子之說也。又譬諸士民之家，大宗無子，次宗僅有一嫡子。然小宗以嫡子承繼大宗，不聞有所吝者，以仍得兼承本宗故也。惟人君與臣民微有不同者，民間以嫡子繼大宗，則大宗為主，本宗為兼。天潢以嫡子繼帝系，則帝系為主，本宗可得而兼，親不可得而兼。若人君以嫡子繼長支，則固以繼長支為主，而本宗亦不能不兼。蓋人君無小宗，即稱謂加以區別，亦於本宗恩義無傷。此兩宮意在嗣子承大統，慈愛穆宗，亦即慈愛皇上之說也。

今日吳可讀為是之懿旨，不敢不遵；不許建儲之家法，不敢不守；而奉命會議，又不敢不議。若非合兩統為一統，以不定為預定，就將來承統者以為承嗣，似亦無策以處之矣。試思此時即不專為穆宗計，既正名為先帝承繼之嗣子，豈有僅封一王貝勒者乎？即不專為皇上計，古來天子之嗣子，有以不主神器之諸皇子當之者乎？即僅為穆宗計，承繼皇子之事，皇上可如民間出繼之子乎？即僅為皇上計，承繼皇子之稱，穆宗可如前明稱為皇伯考乎？事理至顯，敢敬縷陳。兩宮聖明，無難立斷，其應如何明降懿旨，自有聖裁。夫奉祖訓，稟懿旨，體聖意，則非僭；先帝今上，皆無不宜，則非悖；明其統而非其人，則非擅；論統系，辨宗法，正足見我國家億萬年無疆之庥，則非干犯忌諱。此即綜前計後，侃侃而陳，固無意氣之可逞，亦無功罪之可言。而諸臣之偏於激，偏於畏，臣竊有所不解也。臣所以不能已於言者，誠恐皇上親政以後，披覽臣工章疏，謂此等淺顯平常之事理，何盈廷諸臣，竟無一人見及者，以致如此紛紜，則忝參末議之臣，與有責焉。

又李瑞棻奏：

臣於本月初一日，赴內閣會議，諸臣之意，以繼統似涉建儲，不敢參議，不得擅請，不能預擬，以「毋庸置議」覆奏。諸臣蓋以為於此固有難於置議者也。然臣謂議者誠難，未若兩宮今日籌此之難，與夫皇上他日處此之難也。初次懿旨，即謂「生有皇子，即承繼穆宗為嗣。」；此次懿旨，則謂「吳可讀請頒定大統之歸，前降旨時即是此意」。夫繼嗣非建儲，然合兩次懿旨而繹之，則有類乎建儲矣。建儲非祖訓也，此一難也。議者力避建儲之跡，於是立一說曰：懿旨既有「即是此意」之文矣，然則兩宮確有大統歸於嗣子之意矣。若即以將來繼統者為繼嗣，自可兩全。但如此則承繼之皇子，不能指定，又恐兩宮為穆宗立嗣之心，未能早慰也，此二難也。議者則又立一說曰：欲定承繼，又非建儲，惟有俟皇子眾多以後，由皇上擇定一人，秘稟慈闈，宮禁外朝，仍不宣播，以符不建儲之舊制。然而神器所歸，最宜慎重。若定之亟，則無以協擇賢之義；定之緩，又無以愜兩宮之心。此三難也。且即使承繼承統，合而為一，為先帝謀者盡善矣。我皇上大寶躬膺，亦必無別擇宗子之理。若不籌計及此，則兩宮惓念穆宗之心，與慈愛皇上之心尚未能交慰也。此四難也。此時兩宮若不再申一命，群臣若不更贊一詞，專待親政之年，自行裁度，皇子即生，而即宣承嗣之旨，廷臣必爭之曰：此違建儲祖訓也。皇子既生，而不聞承繼之旨，廷臣又必爭之曰：此違初次懿旨也。此五難也。諸臣知其難，惟以斟酌盡善，昭示無私，望之於皇上，微臣慮其難，則以為籌及兩全，折衷一是，惟在乎兩宮。伏願皇太后詳思遠慮，並責令王大臣再四思維，如何而聖意可必行，如何而祖訓可不背，如何而穆宗之大統垂於久遠，如何而皇上之孝友利於推行，必在此時。先求一會通無礙之策，以待聖裁。臣知聖慮深淵，不惟有兩全之道，並可貽百世之謀。

奏入，奉兩宮懿旨：

前於同治十三年十二月初五日降旨，俟嗣皇帝生有皇子，即承繼大行皇帝為嗣。原以將來繼緒有人，可慰天下臣民之望。第我朝聖聖相承，皆未明定儲位，彝訓昭垂，允宜萬世遵守。是以前降諭旨，未將繼統一節宣示，具有深意。吳可讀所請頒定大統之歸，實與本朝家法不合。皇帝受穆宗毅皇帝付託之重，將來誕生皇子，自能慎選元良，纘承統緒。其繼大統者為穆宗毅皇帝嗣子，守祖宗之成憲，示天下以無私。皇帝亦必能善體此意也。所有吳可讀原奏，及王大臣等會議摺，徐桐、翁同龢、潘祖蔭聯銜摺，寶廷、張之洞各一摺，並閏三月十七日及本日諭旨，均著另錄一分，存毓慶宮。至吳可讀以死建言，孤忠可憫，著交部照五品官例議恤。

中俄伊犁交涉始末

同治十年，西域回部叛，俄人以接壤故，藉代守之名，舉兵占伊犁全境，設官治之。時新疆俶擾，方用兵，未暇問俄。洎光緒四年，回亂平。五年四月，以吏部侍郎崇厚，為出使俄國大臣，朝議索伊犁。乃以崇厚為全權大臣，便宜行事。旋轉官左都御史。崇厚既懵於外事，以奉朝命索還伊犁。俄人但許見還，其他皆非所計，遂與訂新約十八條。其第六款：「俄既歸還伊犁，中國願給俄國銀五百萬羅布。」第七款：「伊犁既還中國，當以可西河之西，及麗山之南之地，以至於底克斯河，盡讓與俄。」第十款：「除喀什噶爾及庫倫兩地，已照先立和約，俄國立有領事外，今議定在嘉峪關、科布多、哈密、吐魯番、烏魯木齊、庫車各地，各再設立領事。」第十二款：「蒙古天山南路、天山北路等，俄商貨物往來，無庸付稅。」第十四款：「凡俄商販運貨物至張家口、嘉峪關、天津、漢口等處者，可過同州府、西安府、漢中府各路。其將中國貨物運入俄國，亦由此路。」

約文諮送回國，朝野駭然。諭旨言：「若照所擬條約，所損已多，斷不可行。口岸既多，與華商生計大有妨礙，允行則實受其害。先允後翻，則曲仍在我。應設法挽回，以維全局。」修撰王仁堪，庶起士盛昱，交章論劾，朝士激昂議戰。洗馬張之洞疏言：

新約十八條，他姑勿論，其最謬妄者：如陸路通商，由嘉峪關，西安、漢中、直達漢口。秦隴要害，荊楚上游，盡為所據。馬頭所在，支蔓日盛，消息皆通，邊圉難防，堂奧已失，不可許者一。東三省國家根本，伯都訥吉林精華，若許其乘船至此，即與東三省全境任其遊行無異。陪京密邇，肩背單寒，是於綏芬河之西，無故自蹙地二千里。且內河行舟，乃各國歷年所求而不得者，一許俄人，效尤踵至，不可許者二。朝廷不爭稅課，當恤商民。若准、回兩部、蒙古各盟，一任俄人貿易，概免納稅，華商日困猶末也；以積弱苦貧之蒙古，徒供俄人盤剝，以新疆巨萬之軍餉，徒為俄人緩輸，且張家口等處內地，開設行棧，以逐漸推廣，設啟戎心，萬里之內，首尾銜接，不可許者三。中國藩屏，全在內外蒙古，沙漠萬里，天所以限夷狄。俄人即欲犯邊，迤北一面，總費周折。如蒙古全部供其役使，彼更將重利以啖蒙古。一旦有事，音信易通，必撤藩屏，為彼先導。不可許者四。條約所載，俄人准建卡三十六，延袤廣大。無事而商往，則譏不勝譏；有事而兵來，則禦不勝禦。不可許者五。各國商賈，從無許帶軍器之例。今無故聲明，人帶一槍，其意何居？若有千百為群，闖然徑入，是兵是商，誰能辨之？不可許者六。俄人商稅，種種取巧，若各國希冀均霑，洋關稅課，必然歲絀數百萬。不可許者七。同治三年，新疆已經議定之界，又欲內侵，斷我入城之路。新疆形勢，北路荒涼，南城富庶。爭磽瘠，棄膏腴，務虛名，受實禍。不可許者八。伊犁、達爾布、巴哈臺、科布多、烏里雅蘇臺、喀什噶爾、烏魯木齊古城、哈密、嘉峪關等處，准設領事官，是西域全疆，盡歸控制。有洋兵斯有洋商，有洋商斯有洋兵。初則奪我權勢，繼則反客為主，馴至彼有官而我無官，彼有兵而我無兵。且各國通例，惟沿海口岸，准設外邦領事。若烏里雅蘇臺、科布多、烏魯木齊古城、哈密、嘉峪關，乃我境內。今日俄人作俑，設各國援例，將十八省腹地，均布洋官，又將何以處之？不可許者九。名還伊犁，而三省山嶺內，卡倫以外，盤踞如故。據高臨下，險要失矣。割霍爾果斯以西，格爾海島以北，屯墾無區，游牧無所，地利盡矣。金頂寺又為俄人市廛，現與約定俄人產業，不更交還。是伊犁一線東來之道，必穿俄巢，出路絕矣。寥寥遺黎，彼必盡遷以往，人民空矣。擲二百八十萬有用之財，索一無險阻，無地利，無出路，無人民之伊犁，將焉用之？不可許者十。

俄人之索，可謂至貪至橫；崇厚之許，可謂至愚至謬。皇太后、皇上赫然震怒，遣使臣，下廷議，可謂至明至斷。上自樞臣、總署、王大臣，以至百司庶官，人人皆知其不可，所以不敢公言改議者，誠懼一經變約，或召釁端。然臣以為不足懼也。必改此議，不能無事。不改此議，不可為國。

請言改議之道，其要有四：一曰計決，二曰氣盛，三曰理長，四曰謀定。何謂計決？無理之約，使臣許之，朝廷未嘗許之。崇厚誤國媚敵，擅許擅歸，國人皆曰可殺者也。伏望拿交刑部，明正典刑。治使臣之罪，則可杜俄人之口。按之萬國公法，既有不准違訓越權之例，復有臣執全權，可否仍在朝廷之條，正與崇厚不遵密函，不請諭旨之罪相合。耆英之案，成憲昭然。故力誅崇厚，則計決。何謂氣盛？俄人欺我使臣軟懦，逼脅畫押，施一償百，意猶未饜。不料俄羅斯腼然大國，乃至出此！不特中國憤怒，即環海各國，亦必不直其所為。至俄使不待定約，聲明歸國，外洋亦無此例。況凱湯德係署理公使，豈能徑歸？其為恫嚇無疑。情形顯然，盡可聽其去留，不必過問。莫如明降諭旨，將俄人不公平，臣民公議不願之故，佈告中外，行文各國，評其曲直。兼囑各國，將我國家情理兼盡之處，刊諸新聞紙。明諭邊臣，整備以待。據眾怒難犯之情，執萬不可從之志，俄國雖大，自與土耳其苦戰以來，師老財竭，臣離民怨。近聞其國君有防人行刺之舉，若更渝盟犯順，圖遠勞民，必且有蕭牆之禍，行將自斃，焉能及人？故明告中外，則氣盛。何謂理長？種種要脅，皆由伊犁而起。若盡如新約，所得者伊犁二字之虛名，所失者新疆二萬里之實際。而每年尚須耗五百萬餉需，以供邊師防軍建城開屯之用。是有新疆尚不如無新疆也。索伊犁而盡拂其請，則曲在我。置伊犁而仍肆責言，則曲在彼。況使臣畫押，未奉御批示覆，一如載書未歃血，豈足為憑？俄人理屈詞窮，焉能生釁？故緩收伊犁則理長。何謂謀定？俄人而講信義，兵端可以不開。若俄人必欲背公法，棄和好，設防之處，大約三路：一新疆，一吉林，一天津。左宗棠席屢勝之威，兵素強。金順、劉錦棠、錫綸、張曜，亦皆戰將，以靜待動，俄人必敗。遏其歸路，則彼將只輪不返。若出吉林邊地，遼東山谷叢集，其地去俄二萬餘里。懸軍深入，饋餉維艱，不能用眾。特簡兼資文武之將帥，畀以重權，資以臣餉，分南北洋海防之費，為經略東三省之資。命左宗棠、金順，選籍隸東三省知兵之將官數人，速來聽用。招集索倫嚇津打牲之眾，教練成軍，其人素性雄勇，習與俄鬥，定能制勝。即小有挫衄，堅守數月，必委而去。天津一路，逼近神京，然俄國兵船，扼於英法公例，向不能出地中海。即強以商船載兵而來，亦非若西洋有鐵甲等船者比。李鴻章高勳重寄，歲縻數百萬金錢，以製機器，而養淮軍，正為今日，若並不能一戰，安用重臣？伏請嚴飭李鴻章，諭以計無中變，責無旁貸，及早選將練兵，仿照法國新式，增建炮臺。戰勝酬以公侯之賞，不勝則加以不測之罪。設使以贖伊犁之二百八十萬金，雇募西洋勁卒，亦必能為我用。俄人蠶食新疆，併吞浩罕，意在拊印度之背，不特我之患，亦英之憂也。李鴻章若能悟英使輔車唇齒，理當同仇。近來之立功宿將，如彭玉麟、楊岳斌、鮑超、劉銘傳、善慶、岑毓英、郭松林、喜昌、彭楚漢、郭寶昌、曹克忠、李雲麟、陳國瑞等，或回籍，或在任，酌量宣召來京，悉令其詳議籌策，分駐京、通、津站，及東三省，以備不虞。山有猛虎，建威銷萌，故修武備則謀定。

臣非敢迂論高談，以大局為孤注。惟深觀事變，日益艱難。西洋撓我政權，東洋思啟封疆，今俄人又故挑釁端，若更忍之讓之，從此各國相逼而來，至於忍無可忍，讓無可讓，又將奈何？無論我之禦俄，本有勝理。即或疆埸之役，利鈍無常；臣料俄人雖戰，不能越嘉峪關，雖勝不能薄甯古塔，終不至掣動全局。曠日持久，頓兵乏食，其勢自窮，何畏之有？然則及今一決，乃中國強弱之機，尤人才消長之會，此時猛將謀臣，足可一戰。若再越數年，左宗棠雖在而已衰，李鴻章未衰而將老，精銳盡澌，欲戰不能。而俄人行將城於東，屯於西，行棧於北，縱橫窟穴於口內外通衢，逼脅朝鮮。不以今日捍之於藩籬，而他日鬥之於庭戶，悔何及乎？要之武備者，改議宜備，不改議亦宜備。伊犁者，改議宜緩，不改議亦宜緩。崇厚者，改議宜誅，不改議亦宜誅。此中外群臣之公議，非臣一人之私見。獨謀在疆臣；作氣在百僚；據理力辯，在總理衙門；決計獨斷，始終堅持，則在我皇太后、皇上。

奏入，諭大學士、六部、九卿、翰詹科道議奏。是時方詔求言，士氣奮發。又值回部蕩平，士大多言兵可用。乃爭言戰俄。尚書萬青藜、侍郎長敘、錢寶廉，司業周德潤、少詹事寶廷、中允張楷、給事中郭從矩、余上華、吳鎮、胡聘之，御史孔憲穀、黃元善、田翰墀、鄧承修，員外郎張華奎、贊善高萬鵬、御史鄧慶麟，侍讀烏拉布、王先謙、編修于蔭霖、御史葉蔭昉、肅親王隆懃、檢討周冠、員外郎陳福綬，光後陳奏，大半主戰。諭一併付議，並命醇親王奕譞，一同會議具奏。

崇厚不候朝命，擅自回京，詔褫職逮獄，旋定斬監候，中外駭愕。按公法，無全權定約後，罪其使臣者。俄謂將決裂，欲以兵力迫挾，期約必成。一等毅勇侯大理寺少卿曾紀澤，方奉使英法，至是改命使俄，另議條約。俄兵艦已集遼海，乃命沿邊江海備兵。命北洋大臣李鴻章，簡戰艦於煙臺大連灣。彭玉麟、李成謀，簡長江水師。通政司劉錦棠幫辦新疆軍務。加吳大澂三品卿銜，赴吉林幫辦防務。起劉銘傳、鮑超、曹克忠於籍，令治軍。詔求將才。

前出使英國大臣侍郎郭嵩燾，方引病在籍，至是疏言：

左都御史崇厚，在俄國立定條約十八款，不察山川扼要之形勝，不明中外交接之事宜，種種貽誤，無可追悔。然西洋各國，遣派使臣，相與議定條約，原應由政府核准施行。是此案准駁之權，仍制自朝廷。所有派遣各國使臣，凡兩國交涉事件，應責成料理。總理衙門可但諭飭駐俄公使，轉達俄國外部：《伊犁條約》，暫緩核准，權聽俄兵駐紮伊犁，以俟續議。俄人雖甚猖獗，亦不能違越萬國公法，以求狂逞。只權應之一法，可以稍戢俄人之志。

即在我亦稍有以自處。臣請統前後事情，分別陳之：

一曰收還伊犁，應由甘督核議。乾隆年間，戡定準回各部，設立各城駐紮兵弁。外設屯卡，與各屬部劃分疆界。百餘年來，哈薩克、布魯特諸部，日見衰微，其地多為俄人侵佔。又西滅浩罕諸部，與西域壤地，緊相毗連。而自回疆叛亂二十餘年，屯卡毀棄殆盡。即令俄人繳還伊犁一城，清理疆界，極費推求。陝甘督臣左宗棠，平日講求地理之學，經營西域，已逾十年，形勝險要，為能詳知。並非數萬里外遣一使臣憑空定議之事，臣所謂收還伊犁。應由甘督核議者此也。

二曰遣使議還伊犁，當徑赴伊犁會辦。俄人占踞伊犁時，但以保護疆界商民為言，原約中國平定西域，仍行退還。是收還伊犁，並無他慮。惟慮俄人索取兵費太多，此須至伊犁相度情形，乃可置議。左宗棠以戰功平定西域，不肯居贖回伊犁之名。揀派大員會議，著緊亦事在此。無捨伊犁而徑赴俄會議之理。即令議辦已有端緒，應遣使赴俄定約，亦必須由肅州取道伊犁，兼與左宗棠商定一切。臣在倫敦，日本遣使恩倭摩的赴俄議換庫頁一島，即所謂蝦夷島也。在該島爭持多年，乃遣使赴俄計議。其使臣即由庫頁島徑達黑龍江，取道伊犁，繞烏拉嶺赴俄。為其水陸交通險隘形勝，及其兵力所注，非身親考覽，無由知也。俄酋高福滿，駐紮伊犁，兼統浩罕諸部。其與崇厚議還伊犁，二萬里調高福滿回國會辦，此在中國，關係絕大。而俄人則進退皆利，無關得失之數，而其任勞核實如此。臣所謂遣使議還伊犁，當徑赴伊犁會辦者此也。

三曰直截議駁《伊犁條約》。當暫聽從駐紮，其勢萬不能急速收還。臣查天山南北兩路，所以號稱肥饒者，正以河道縱橫灌輸之故。俄人所踞西伯利亞一萬餘里，並屬荒寒之地。近來侵奪塔什干、浩罕諸部，蓄意經營。前歲見俄國新報，言其提督斯威哲爾，探尋巴米爾郎格拉湖一帶，報稱喀拉庫拉湖至阿克蘇，有通長不絕河源，深入俄國荒漠之地，為歷來人跡所未到，舉國相為慶幸。其睨視西域，蓄謀已深。伊犁一城，尤為饒沃。自伊黎河以南曰哈爾海圖，產銅；曰沙拉博和齊，產鉛；其北山曰空鄂爾峨博，產煤；曰辟里箐，產金；曰索果，產鐵；往時河南設有銅廠，鉛廠，並近距特克斯河，而辦理不甚如法。山北煤鐵各廠，則尚未開採。西洋人群視為上腴之地。伊犁所設九城，專駐兵弁，其膏腴並在河南山北。西至霍果斯，亦設有一城，距伊犁不逾百里。所設額爾齊齊罕諸卡，皆在五百里以外。今劃分霍爾果斯河屬之俄人，則伊犁一河，亦截去四分之三，而五百餘里之屯卡，皆棄置之矣。劃分特克斯河屬之俄人，則舊設銅鉛各廠，亦與俄人共之。而特克斯河橫亙天山以北，其南直接庫車拜城，聲氣皆致阻隔。所設屯卡，直達特克斯河源，皆棄置之矣。塔爾巴哈臺，距伊犁東北，尚在千里以外，聞亦有畫歸俄人之地。以一城孤懸浮寄，盡割置其膏腴之地，名為收還伊犁，而實棄之。此時置議，較之從前，其難萬倍。當據萬國公法，由國家逕行議駁，無可再行商辦之理。以此時蠲棄伊犁，與收還伊犁，其勢並處於兩窮。惟有申明權聽駐紮，以杜其狡逞之心，而仍以從緩計議，稍留為後圖，庶自處於有餘之地，而亦有餘地以處俄人。臣所謂直議截駁《伊犁條約》，暫聽俄人駐紮者此也。

四曰駐紮英法兩國公使，不宜遣使俄國。西洋各國，互相聯絡，各視其國勢緩急輕重，與其恩怨，以為之程。數百年來，攻伐兼併，事變百出。而目前大勢，則英、法兩國為私交，俄、德兩國為私交，德與法仇恨方深，英與俄尤為累世積怨，其心意所向背，即其喜怒好惡，亦皆為之轉移。臣嘗謂英法共一公使，俄德亦當共一公使。凡為公使駐紮，非但以虛名通兩國之好而已，實有維持國體之責與商辦事件之權。遣使會議，當在伊犁。而其難通之情，與其兩不相下之勢，由駐俄公使，達之俄國朝廷，以持其平而分其責。此亦萬國公法所當准情據理，通論其節要者。似此加派使臣，改議已定條約，恐徒資俄人口實，以肆行其挾制之術。俄國新報，已言《伊犁條約》，由英人播弄翻悔，亦可窺見其用心矣。臣所渭駐紮英法兩國公使，不宜遣使俄國者此也。

五曰定議。崇厚罪名，於例本無專條，亦當稍准萬國公法行之。臣查崇厚貽誤國家，原情定罪，無可寬假。然推其致誤之由，一在不明地勢之險要，如霍爾果斯河，近距伊犁，特克斯河，截分南北，兩路均詳在圖志，平時略無考覽，俄人口講指畫，乃直資其玩弄。一在不辨事理之輕重，其心意所注，專在伊犁一城，則視其種種要求，皆若無甚關係，而惟懼繳還伊犁之稍有變更。一在心懾俄人之強，而喪其所守。臣奉使出洋，以崇厚曾使巴黎，就詢西洋各國情形，但言船炮之情，兵力之厚，以為可畏。崇厚名知洋務，徒知可畏而已。是知其勢而不知其理，於處辦洋務，終無所得於心也。一在力持敷衍之計，而忘其貽害。臣在巴黎，與崇厚相見，詢以使俄機宜。僅言伊犁重地，豈能不收回。臣頗心怪其視事之易，而亦見其但以收回伊犁為名，於國事之利病，洋情之變易，皆在所不計。故常以謂於西洋交接，亦當稍求通悉古今事宜，中外情勢，而後可以應變。是以崇厚之罪，人能知而能言之。而當定議條約之時，崇厚不能知也。參贊隨員，亦皆不能知也。置身數萬里之遙，一切情勢，略無知曉，惟有聽俄人之恫嚇欺誣，拱手承諾而已。朝廷以議駁條約，加罪使臣，是於定約之國，明示決絕，而益資俄人口實，使之反有辭以行其要脅。崇厚般實有餘，宜責令報捐充餉贖罪，而無急加刑以激俄人之怒。即各國公論，亦且援之以助成俄人之勢。臣所謂定議崇厚罪名，當稍准萬國公法行之者此也。

六曰廷臣主戰，只是一隅之見，亟宜斟酌理勢之平，求所以自處，而無急言用兵。臣查西洋構患以來，凡三次用兵。廣東因禁煙，寧波、天津因換約，皆由疆臣措置失宜，以致貽患日深，積久而益窮於為計。然其時中外之勢，本甚懸絕，一切底蘊，兩不相知，徒激於廷臣之議論，憤然求一戰之效。至今日而信使交通，准情處理，自有餘裕。俄人之狡焉思逞，又萬非比英法各國，專以通商為事。釁端一開，構患將至無窮。國家用兵三十年，財殫民窮，情見勢絀，較道光、咸豐時，氣象又當遠遜。俄人蠶食諸回部，拓土開疆，環中國萬餘里，水陸均須設防，力實有所不及。即使俄人侵擾邊界，猶當據理折之，不與交兵角勝。何況以伊犁一城，遣使與之定議，准駁應由朝廷。縱彼以兵力要脅，亦可准度事勢之宜，從容辨證，何為貿然耀兵力以構釁端，取快廷臣之議論。臣所謂廷臣主戰，只是一隅之見者此也。竊以為國家辦理洋務，當以了事為義，不當以生釁構兵為名。名之所趨，積重難返，雖稍知其情狀，亦為一時氣焰所懾，而不敢有所異同。臣之愚昧，直知今日之急務，固不在此。應懇飭令駐俄使臣，轉達俄國外部，以伊犁一城，為天山南北兩路關鍵，中國必待收回。而此次崇厚所定條約，萬難核准。所有俄兵駐紮伊犁，應暫無庸撤退。從前喀什噶爾，曾經與俄通商，應否照舊舉行之處，由陝甘督臣左宗棠，與俄國督兵大臣，會商核辦，以期妥善，毋得輕易率請用兵，致失兩國交誼。開誠佈公，正辭明辯，或冀挽回萬一。以後與俄人交涉，亦可於此稍得其端倪。關係大局，實非淺鮮。

臣以庸愚，奉使無狀，萬口交謫，無地自容。積年以來，心氣消耗，疾病日增。里居逾歲，足跡未嘗一出門戶，自分衰病餘生，無復犬馬圖效之望。而軫念時艱，重以崇厚之昏庸，貽誤多端，幾至無可補救。臣粗有所見，誠知一時公論，於此必多觸牾。然求之事理，徵之史策，準之國家之利病，驗之各國之從違，允宜及早斷行，以免多生枝節。為時愈久，議論愈繁，則益難於處理。是以不避詬譏，而終甘緘默。謹略獻其愚忱，上備聖明採擇。

諭旨：「郭嵩燾所奏，不為無見。前經總理各國事務衙門，奏明將俄國約章。分別可行不可行，諮行曾紀澤遵辦。原就已定之約，權衡利害，以為辯論改議之地。第思俄人貪得無厭，能否就我範圍，殊不可必。此時若遽責其交還伊犁全境，而於分界通商各節，未能悉如所願。操之太蹙，易啟釁端。若徒往返辯論，亦恐久無成議。曾紀澤前往俄國，當先將原議交收伊犁各節，關係中國利害，礙難核准之故，據理告知，看其如何答覆。如彼以條約不允，不能交還伊犁，亦只可暫時緩議，兩作罷論。但須相機引導，歸宿到此，即可暫作了局。惟不可先露此意，轉使得步進步，別有要求。至舊約分界通商事宜，應修約章，本與交收伊犁之事，不相干涉。俟事定之後，當再令左宗棠及總理各國事務衙門，分別辦理。此意亦可向俄人告知也。」

曾紀澤既奉使命，未至俄。以崇厚遽擬大辟，俄人大怫，恐交涉無從轉圜，請貸其死。諭言：「崇厚違訓越權，所議條約，諸多窒礙。經廷臣會議罪名，定以斬監候，實屬罪有應得。乃近聞外論，頗以中國將崇厚問罪，有關俄國顏面。此則大非朝廷本意。中國與俄國和好，二百餘年，實願始終不渝，無失友邦之誼。崇厚奉命出使，於中國必不可行之事，並不向俄國詳切言明，含糊定議，罪由自取。朝廷按律懲辦，以中國之法，治中國之臣，本與俄國不相干涉；第恐遠道傳聞，於中國辦理此案緣由，未能深悉，或因誤會而啟嫌疑，未免有妨睦誼。茲特法外施恩，將崇厚暫免斬監候罪名，仍行監禁。俟曾紀澤到俄國後，辦理情形若何，再降諭旨。著曾紀澤知照俄國，並告以為中國與俄國和好之據。」

紀澤以朝論紛挐，慮輕議啟釁，乃熟權情勢，豫為論列。疏言：

伊犁一案，大端有三：曰分界，曰通商，曰償款。籌辦之法，亦有三：曰戰，曰守，曰和。

言戰者謂左宗棠、金順、劉錦棠諸臣，擁重兵於邊境，席全勝之勢，不難一鼓而取伊犁。似也。臣竊以為伊犁地形巖險，攻難而守易，主逸而客勞。俄人之堅甲利兵，非西陲之回部亂民，所可同日而語。大兵履險地以犯強鄰，直可謂之孤注一擲，不敢謂為能操必勝之權。不特此也，伊犁本中國之地，中國以兵力收回舊疆，於俄未為所損；而兵戎一啟，後患方長，是伊犁雖幸而克復，只可為戰事之權輿，而不得謂大功之已蕆也。俄人恃其詐力，與泰西各國，爭為雄長，水師之利，推廣至於東方，是其意不過欲藉伊犁以啟釁端。而所以擾我者，固在東而不在西，在海而不在陸。我中原大難初平，瘡痍未復。海防甫經創設，布置尚有未周。將來之成效，或有可觀。第就目下言之，臣以為折衝禦侮之方，實未能遽有把握。又況東三省為我根本重地，迤北一帶，處處與俄毗連，似有鞭長莫及之勢。一旦有急，尤屬防不勝防。

或者論俄多內亂，其君臣不暇與我為難。臣則以為俄之內亂，實緣地瘠民貧，無業亡命者眾也。俄之君臣，常喜邊陲有事，藉侵伐之役，以消納思亂之民。此該國以亂靖亂之霸術，而西洋各國之所稔知。凡與之接壤者，因是而防之益嚴，疑之益深，顧未聞有幸其災而樂其禍者，職是故耳。又或者謂連結歐洲各邦，足以怵俄人而奪其氣。是固欲以戰國之陳言，復見諸今日之行事。不知今日東西各國之君，非猶是戰國時之君，各國之政，非猶是戰國時之政也，各邦雖不盡民主，而政則皆於議院主持。軍旅大事，尤必眾心齊一，始克有成。今日之使臣，雖得辯如蘇、張，智如隨、陸，亦不能遍赴各國議院之人而說之。即令激之以可怒，動之以可欲，一旦奮興，慨然相助；試思事定之後，又將何以饜其求？曩者俄土之役，英人助土以拒俄，大會柏靈，義聲昭著；卒之以義始者，實以利終，俄兵未出境，而賽卜勒士一島，已入英人圖籍矣。況各邦雖外和內忌，各不相能，而於中華，則猶有協以謀我之勢。何也，一邦獲利，各國均霑。彼方逐逐耽耽，環而相伺之不暇，豈肯顯違公法，出一旅以相助？是戰之一說，今固未易言也。

言守者，則謂伊犁邊境，一隅之地耳，多予金錢，多予商利以獲之，是得邊地而潰腹心，不如棄之，亦足守我所固有。伏維我朝自開國以來，所已經營西域者至矣。康熙、雍正之間，運餉屯兵，且戰且守，邊民不得安處，中原不勝勞敝。而我聖祖、世宗，不憚勤天下之力，以征討之，良以西域未平，百姓終不得休息耳。迨至乾隆二十二年，伊犁底定，西陲從此安枕，腹地亦得以息肩。是伊犁一隅，夫固中國之奧區，非僅西域之門戶也。第就西域而論，英法人謂伊犁全境，為中國鎮守新疆一大炮臺。細察形勢，良非虛語。今欲舉伊犁而棄之，如新疆何！更如大局何！

而說者又為姑紓吾力，以嗣後圖。然則左宗棠等軍，將召之使還乎？抑任其逍遙境上乎？召之使回，而經界未明，邊疆難保無事。設有緩急，不惟倉卒無以應變，即招集亦且維艱。任其久留，則轉餉浩繁，不可以久持也。夫使歲費不貲，而終歸有用，猶之可也。若竭天下之力，以注重西陲，歷時既久，相持之勢，漸有變遷，典兵者非復舊人，將帥之籌畫不同，兵卒之勤懈不一，誠恐虛糜餉糈，仍歸無用。而海防之規模，亦因之不能逐漸開展，則貽誤實大。此固廷臣疆臣所宜及今妥籌全局，不可視為日後之事，而忽之者也。

我皇太后、皇上憫念遺黎，不忍令其復遭荼毒，遣派微臣，思有以保全二百年來之和局，則微臣今日之辯論，仍不外分界、通商、償款三大端。三端之中，償款固其小焉者也。即就分界、通商言之，則通商一端，亦似較分界為稍輕。查西洋定約之例有二：一則常守不渝，一可隨時修改。常守不渝者，分界是也。分界不能兩全，此有所益，則彼有所損。是以定約之際，其慎其難。隨時修改者，通商是也。通商之損益，不可逆睹。或開辦乃見端倪，或開辦乃分利弊，或兩有所益，或互有損益，或偏有所損，或兩有所損。是以定約之時，必商定若干年修改一次，所以保其利而去其弊也。

中國自與西洋立約以來，每值修約之年，該公使等必多方要脅，一似數年修改之說，專為彼族留不盡之途，而於中華毫無利益者。其實彼所施於我者，我固可還而施之於彼。誠能通商務之利弊，酌量公法之平頗，則條約之不善，正賴此修改之文，得以挽回於異日，夫固非彼族所得專其利也。俄約經崇厚議定，中國誠為顯受虧損。然必欲一時全數更張，則雖施之西洋至小極弱之國，猶恐難於就我範圍。俄人桀驁狙詐，無端尚且生風，今我已定之約，忽云翻異，而不別予一途，以為轉圜之路，中國人設身處地，似亦難降心以相從也。臣之愚，以為分界既屬永定之局，自宜持以定力，百折不回。至於通商各條，惟當即其太甚者，酌加更易，餘者似宜從權應允，而採用李鴻章立法用人之說以補救之。如更有不善，則俟諸異日之修改。得失雖暫未公平，彼此宜互相遷就，庶和局終可保全，不遽決裂。然猶須從容辯論，虛與委蛇，非一朝一夕所能定議也。

俄約之准駁，應經廷臣分別奏明，而臣未至彼都，以先進通融之說，未免跡涉畏葸，以致物議沸騰。顧臣竊思之，秉一定之規模，但責臣以傳答兩國之語言，臚列應駁之條，屢辯而力爭之，事之成敗，非所敢知。是臣之責任，較輕於臣之私計。伏念微臣世受國恩，濫躋卿貳，即使身在事外，苟有一知半解，猶宜盡獻芻蕘，以備採擇。況既膺使職，責任攸歸，豈敢緘默唯阿，鹵莽從事，自避嫌疑之謗，上貽宵旰之憂。

臣所鰓鰓過慮者，竊恐廷臣所議，除償款以外，所有通商分界各條，逐條均須駁改。在議者固屬蕩蕩平平之道，堂堂正正之辭也。然言經而不言權，論理而不論勢，俄人之必不見允，則不待智者而後知之。如此則日後之事，不外三途：一曰俄人不允，則稱干比戈，聲罪致討，此戰之說也。廟堂自有勝算，非使臣之所敢議也。一曰俄人不允，則暫棄伊犁，存而不論，此守之說也。是邊界不可稍讓，而全境轉可盡讓也，臣亦未敢以為是也。一曰俄人不允，然後取現今之所駁者，陸續酌允，委曲求全，此和之說也。然則目前之所駁，是姑就吾華之公論，聊以嘗試之耳。嘗試不效，乃復許之。此市井售物抬價之術，非聖朝所以敦信義，以馭遠人之道也。俄人本以誇詐為能事，若此時逐條駁改，日後又不得已而允，則將益啟其狡譎之謀，且使西洋各國，從而生心。誠恐此次伊犁約章，所挽回者無幾，而從此中外交涉之務，議論日以滋多。臣所以言分界之局，宜以百折不回之力爭之，通商各條，則宜從權應允者，蓋以准駁兩端，均貴有一定不移之計，勿致日後為事勢所迫，復有先駁後准之條。此臣愚昧之見也。

事體如此重大，本非一人之見所能周知。請旨飭下總理衙門、王大臣及大學士、六部、九卿原議諸臣，詳細酌核。臣行抵俄都，但言中俄兩國，和好多年，無論有無伊犁之案，均應遣使通誠。此次奉旨前來，以為真心和好之據。至辯論公事，傳達語言，本係公使職分，容俟接奉本國文牘，再行秉公商議云云。如此立言，則入境或不致遂見拒絕。至於約章如何辯論，計原議諸臣，此時必業經奏明准駁，知照前來，惟軍國大政，所關實非淺鮮，似不厭再三詳審，精益求精。當俟廷臣細行商定之後，由總理衙門咨行到臣，始敢與該國平情爭論。若臣言力爭分界，酌允通商之說，稍有可採，則在廷諸臣，自必考究精詳，斟酌盡善，乃定准駁之條。即臣說全無是處，通商各條，必須全駁，臣俟接准總理衙門文牘，自當恪照指駁之條，逐一爭辯。臣自惟駑下，勉效馳驅，際此艱難，益形竭蹶。惟有謹遵不激不隨之聖訓，殫竭愚忱，冀收得尺得寸之微功，稍維大局。

又奏：

臣於光緒六年四月十七日，接准總理各國事務衙門密電云：「到俄先告以難准之故，如因條約不准，不還伊犁，大可允緩。能將崇厚所議，兩作罷論，便可暫作了局。意在歸宿到此。惟勿先露舊約，通商、分界，嗣後商辦，亦可告知。初五日有寄諭，先電聞」等因。臣答電，謂：「緩索伊犁，係最後一著，須說明是暫緩，非徑讓。此亦西例也。」等因，去訖。竊思俄人趁我之索還伊犁，恣意要脅，索之愈急，則挾之愈多，暫置不論，自係權衡利害之輕重，而明絕其覦覬之心。查西洋各國，每有因辯論之事，兩國爭持，不能平允，而又不欲輕於用兵，於是知照該國，且布告各與國，謂：「某事本國未經應允，特以不欲用兵，姑從緩議。」英人名此法曰：「嗜嚕太司特。」無論強橫無理之國，見有嗜嚕太司特文牘，即應將所議之事，作為暫緩之局。暫緩者，少則數月，多則數年，數十年，並無期限。遇有機會，仍可將前事提出商論。此固西人辦理交涉事件之通例。而中國於伊犁、琉球等案，皆可仿而行之者也。

臣摺中以伊犁邊界，不可稍讓，全境轉可盡讓為疑。如用嗜嚕太司特辦法，自可免棄地之嫌。惟是伊犁一域，實我要區，暫置不論，終是未了之案。況舊約亦有通商、分界諸事，虛懸未定。是暫置伊犁。而爭論仍不能遽息者，在我本有萬難遽息之勢也。臣愚以為緩索伊犁，姑廢崇厚所定之約。總理衙門所謂意在歸宿到此者，自係專指目前局勢而言。至於將來之歸宿，似仍宜辦到榷商，稍予通廣。伊犁全境歸還，乃可真為了結。臣未赴俄都，並非受俄人之挾制，而妄進通融之說，徒以揆度敵情，熟權事勢，稍有所見，不敢不言。請旨飭下原議諸臣妥議具奏。臣到俄之後，即當恪遵奏定准駁之條，硜硜固執，不敢輕有所陳，不敢擅有所許。齧雪咽旃，期於不屈而後已。

諭言：「伊犁係中國土地，從前俄人只稱代收代守，是尚不敢公然居侵佔之名。中國向其索還舊疆，本係名正言順。至通商一事，自當權其利害輕重，予以限制。其必不可行者，亦未可遷就從事，致貽後患。該少卿當就原約各節，妥慎辦理。如有應行量為變通之處，仍當隨時察看情形，奏明請旨。」

紀澤既至俄，俄方遣前駐華使臣布策來華，促定約。紀澤請於俄外部，令布策折回，議於俄京。既與外部大臣吉爾斯，副大臣熱梅尼及布策，迭次會議。俄言：「全權簽約後，無再商者。」紀澤言：「崇厚所許，大溢出朝旨之外，不能不酌改。」俄言：「中國罪使臣，廢成約，悖公法。」紀澤言：「中國以使臣失職，悖朝旨，故罪之，無預外國事；旋慮礙貴國顏面，已釋之矣。」俄言：「中國備兵，將失和。」紀澤言：「備兵非緣俄而起。」俄言：「中國既備戰，俄不得不遣兵，釁由中國起。」紀澤言：「中國亦云爾，然兩國方敦睦，不當有此言。」俄謂紀澤「非全權。」紀澤言「吾駐使，以有議約之權為斷。」

逮俄既允議，紀澤所更實多。俄謂「與全廢約同，必不可。」迭會議，均不決。俄既迫愈甚，紀澤請於朝，謂「伊犁自我索之，今約不成，盍緩之，俟諸他日。」報可。紀澤既以為言，俄謂：「不索還，請使臣署約為信。」紀澤謂：「吾特少緩之，俟貴國之轉圜，各國原有此例。若自我割地，吾何以對吾國人。」俄許還地，索償甚奢。紀澤堅卻之。朝旨屢備兵，俄屢詰焉。紀澤言：「設防非為備戰，萬難中止。」俄言：「中國既備兵，我國不能不設備，他日兵費當取之中國。」紀澤言：「未戰而索兵費，古無此例。若必索之，則中國甯一戰而後償，惟兩國敦睦二百餘年，不當出此。」俄言：「中國不能守伊犁，俄代守之十年，既不我德，兵費尚靳之乎？」紀澤言：「俄厚誼還伊犁，償款則可，不當稱兵費。」俄言：「二五之於十，又奚辯乎？」紀澤執不可。久之互讓步，乃於光緒七年正月，議定條約二十款，專條一，陸路通商章程十七款。

按崇厚原約收回伊犁地，廣二百餘里，長六百餘里。紀澤增索伊犁南境要隘各地，廣二百餘里，長四百里。償代守伊犁費及賠償損失盧布九百萬元。伊犁西邊地歸俄管屬。自別珍島山，順霍爾果爾斯河，至該河入伊黎河匯流處，再過伊黎河，往南至烏宗島山，廓里札特村東邊，往南順同治三年塔城界約所定舊界，自奎峒山過黑伊魯特什河，至薩烏嶺，畫一直線，由分界大臣就此直線，與舊界之間，酌定新界。俄國照舊約，在伊犁、塔爾巴哈臺、喀什噶爾、庫倫，設立領事官外，亦准在肅州（即嘉峪關）及吐魯番兩城，設立領事。其餘如科布多、烏里雅蘇臺、哈密、烏魯木齊古城五處，俟商務興旺，始行續議。俄人在中國蒙古地方貿易，其蒙古各處及各盟，設官與未設官之處，均准貿易，不納稅。將來商務興旺方議稅，則照納。俄商販貨，由陸路運入中國內地者，可照舊經張家口、通州赴天津，或由天津運往別口及中國內地。並准在以上各處銷售。俄商在以上各口及內地購貨運送回國者，亦由此路。並准俄商往肅州貿易，至關而止。

約既定，電請朝旨，允之。自光緒五年至六年冬十二月，和約成，紀澤乃以所歷曲折，覼列備陳。疏言：

臣於七月二十三日，因俄國遣使進京議事，當經專摺奏明在案。八月十三日，接奉電旨：「著遵迭電與商，以維大局。」次日又接電旨：「俄國日迫，能照前旨爭重讓輕固妙；否則就彼不強中國概允一語，力爭幾條，即為轉圜地步。總以在俄定議為要各等因。欽此！」臣即於是日往晤署外部尚書熱梅尼，請其追回布策，在俄商議。其時俄君正在黑海，熱梅尼允為電奏，布策遂召回俄。嗣此往返晤商，反覆辯論，迭經電報總理衙門，隨時恭呈御覽。欽奉迭次諭旨，令臣據理相持，剛柔互用，多爭一分，即少受一分之害。聖訓周詳，莫名感悚！臣目擊時艱，統籌中外之安危，細察事機之得失，敢不勉竭駑庸，以期妥善。無如上年條約章程，專條等件，業經前出使大臣崇厚蓋印畫押，雖未奉御筆批准，而俄人則視為已得之權利。臣奉旨來俄商量更改，較之崇厚初來議約情形，難易迥殊，已在聖明洞鑒之中。俄廷諸臣，多方堅執，不肯就我範圍。自布策回俄後，向臣詢及改約諸意，臣即按七月十九日，致外部照會大意，分條繕具節略付之。布策不置可否，但允奏明俄君，意若甚難相商者。臣屢向熱梅尼處催詢各條，彼見臣相逼太甚，遂有命海部大臣呈遞戰書之說。臣不得已，乃遵迭次電報，言可緩索伊犁，全廢舊約。熱梅尼又欲臣具牘言明，永遠不索伊犁。經臣嚴詞拒絕，而微示以伊犁雖云緩索，通商之務，尚可相商。旋接俄外部照會，除歸還帖克斯川外，餘事悉無實際。爰據總理衙門電示，分列四條，照覆俄外部，又與之逐節面爭。熱梅尼等嫌臣操之太蹙，不為俄少留餘地，憤懣不平。布策又以通州准俄商租房存貨，既天津運貨准用小火輪船拖帶兩事，向臣商論，臣直答以原約之外，不得增添一事。雖其計無可施，而蓄怒愈深矣。

臣日夜焦思，深恐事難就緒，無可轉圜。適俄君自黑海還都，諭令外部，無使中國為難，於無可讓中，再行設法退讓。但經此次相讓後，即當定議。外部始不敢固執前議。於十一月二十六日，送來照會兩件，節略一件：第一照會，言此次允改各條，中國若仍不允，則不得在俄再議。且將外部許臣商改之事，全行收回。第二照會，言交收伊犁辦法三條。節略中則歷敘允改之事，約有七端，臣請逐款詳其始末：

第一端曰，交還伊犁之事。查原約中，伊犁西南兩境分歸我屬，南境之帖克思川地，當南北通衢，尤為險要，若任其割據，則俄有歸地之名，我無得地之實。緩索之說，誠屬萬不得已之舉。否則祖宗創業艱難，百戰而得之土地，豈忍置為緩圖！臣奉命使俄後，通盤籌畫，必以界務為重者，一則以伊犁、喀什噶爾兩境，相為聯絡。伊犁失，則喀什噶爾之勢孤，此時不索，再索更待何時？一則以伊犁東南北三界，均與俄兵相接，緩索後不與議界，恐致滋生事端；若竟議界，又嫌跡近棄地，而又慮其得步進步。伊犁雖已緩索，而他事之爭執如故也。嗣因挽留布策，非將各事略為放鬆不可，遂捨西境不提，專爭南境。相持不下，始允歸還。然猶欲於西南隅割分三處村落，其地長欲百里，寬約四十餘里。臣檢閱輿圖，該處距莫薩山口最近，勢難相讓。迭次厲色爭辯，方將南境一帶地方，全數來歸。其西南隅，允照前將軍明誼所定之界。

第二端曰，喀什噶爾界務。從前該處與俄接壤者，僅正北一面，故明誼定界，只言行至蔥嶺靠浩罕界為界，亦未將蔥嶺在俄國語係何山名，照音譯出，寫入界約。今則迤西安集延故地，盡為俄踞，分界誠未可索。崇厚原約所載地名，按圖懸擬，未足為憑。臣愚以為非簡派大員，親往履勘不可。吉爾斯必欲照崇厚原議者，蓋所爭在蘇約克山口也。臣答以已定之界宜仍舊，未定之界可另勘。吉爾斯躊躇良久，謂此事於中國無益，非俄所求，既以原議為不然，不妨罷論。臣慮界址不清，則釁端易啟，特假他事之欲作罷論者，相為抵制。布策又稱原議所分之地，即兩國現管之地。臣應之曰：「如此何妨於約中改為照兩國現管之地勘定乎？」最後吉爾斯乃允寫，各派大臣秉公勘定，不言根據崇厚所定之界矣。

第三端曰，塔爾巴哈臺界務。查該界經明誼、奎昌等，分定有年，迨崇厚來，俄外部以分清哈薩克為言，於是議改。考之輿圖，已占去三百餘里矣。臣每提及此事，必抱舊界定論。吉爾斯知臣必不肯照崇厚之議，始允於崇厚、明誼所定兩界之間，酌中勘定，專以分清哈薩克為主。所稱直線自奎峒山至薩烏爾嶺者，即指崇厚所定之界而言也。日後勘界大臣，辦理得法，或不至多所侵佔。以上界務三端，臣與外部先後商改之實在情形也。

第四端曰，嘉峪關通商，允許俄商於西安、漢中行走，直達漢口之事。總理衙門駁議，以此條為最重。迭議商務者，亦持此條為最堅。蓋以我之內地，向無指定何處准西商減稅行走明文。此端一開，效尤踵至，後患不可勝言。外部窺臣著重在此，許為商改。及詢以如何商改之處，則云須各大端商定，再行議及。臣親詣布策寓所，告以事關大局，倘不見允，則餘事盡屬空談。詞意激切。布策言於吉爾斯，於是允將嘉峪關通商，仿照天津辦理。西安、漢中兩路，及漢口字樣，均允刪去不提。

第五端曰，松花江行船至伯都訥之事。查松花江面，直抵吉林。璦琿城定立條約時，誤指混同江為松花江，又無畫押之漢文可據，致俄人歷年藉為口實。崇厚許以行船至伯都訥，在俄廷猶以為未滿志也。現將專條徑廢，非特於崇厚新約奪其利，直欲為瓊琿舊約辯其誣。臣初慮布策據情理以相爭，無詞可對，故擇語氣之和平者立為三策：一，徑廢專條。二，稍展行船之路，於三姓以下，酌定一處為之限制。三，仍允至伯都訥，但入境百里，即須納稅，且不許輪船前往。布策均不以為然。適奉電旨，責臣鬆勁。於是抱定第一策立言，務期廢此條約。布策猶糾纏不已。吉爾斯恐以細故傷大局，不從其言，遂允將專條廢去，聲明瓊琿條約如何辦法，再行商定。

第六端曰，添設領事之事。查領事之在西洋各國者，專管商業，其權遠在駐紮中國領事官之下，故他國願設者，主國概不禁阻。臣此次欲將各城領事刪去，外部各官，均以為怪。中隨將中國不便之處，與之說明。吉爾斯謂領事之設，專為便商起見，係屬賓主兩益之事。中國既有不便，即僅於烏魯木齊添設一員如何？臣因其多方相讓，礙難再爭。而總理衙門電鈔編修許景澄摺內，稱科布多、烏里雅蘇臺、烏魯木齊三處，毋設領事。其次爭烏魯木齊、烏里雅蘇臺兩處等語。臣乃復見布策，懇其商改。節略內始將烏魯木齊改為吐魯番。餘俟商務興旺時，再議添設。

第七端曰，天山南北路貿易納稅之事。新疆地方遼闊，兵燹之後，凋敝益深。道遠則轉運維艱，費重則行銷益滯。招商伊始，必限以行走之路，納稅之章，商販實多未便。閱總理衙門來電，曾言收稅為輕。臣因將原約內均不納稅字樣，改為暫不納稅。俟商務興旺，再訂稅章。查西例納稅之事，本國可以自主。日後商情，果有起色，伊犁等處，亦不妨逐漸開徵，以充國庫。以上商務四端，臣與俄外部先後商改之實在情形也。

此外又有償款一端。凡商減之事，益於我則損於彼。熱梅尼、布策等，本有以地易地之請。臣稱約章事，只可議減，不可議增。彼遂謂中國各路徵兵，顯欲構釁。俄遣船備邊以相應，耗費盧布一千二百萬元，向臣索償，且言如謂：未嘗交綏，無索兵費之理，則俄正欲一戰，以補糜費等語。臣答以勝負難知，中國獲勝，則俄國亦須償我兵費。彼之言雖極恃強，臣之意未為稍屈。旋據總理衙門覆電，囑臣斟酌許之，至多不得逾二百萬兩。又電言：如無別項糾纏，統計約五百萬兩，償款即可商定云云。臣見吉爾斯、熱梅尼等，始則爭易兵費之名，繼則爭減代守伊犁償款之數。久之熱梅尼謂遲一年收回伊犁，又加還帖克斯川以代守費論，至少亦須加盧布四百萬元。臣照會中，但允加代守費盧布二百五十萬元。若並歸伊犁西境，猶可略議增加。吉爾斯不談西境，僅稱連上年償款，統算非盧布一千萬元不可。臣嫌為數過多。吉爾斯笑曰：「俄國豈以地出售者，果爾則以帖克斯川論之，豈僅值五百萬元乎？不過改約多端，俄國亦無所得，面子太不光彩，假此以自慰耳。」臣察其意甚決，乃言熱梅尼所說，僅四百萬，何得又增百萬？吉爾斯無詞折辯。故節內略仍以添償盧布四百萬元定數。查上年崇厚所議兵費償款，盧布五百萬元，合銀二百八十餘萬兩。此次俄國認出自華至英匯費，則金磅之價較賤，合前後盧布九百萬元而統算之，約計銀五百萬兩以內。

臣綜觀界務、商務、償款三大端，悉心計較，與總理衙門來電囑辦之意，大略相同，即摘錄照會節略大意，電請總理衙門代奏。並與外部說明，俟接奉電旨後，再行畫押。一面與布策先行商議法文條約章程底稿，逐日爭辯，細意推敲，稍有齟齬，則隨時徑赴外部詳晰申說。於和平商榷之中，仍示以不肯苟且遷就之意。且以有益於中國，無損於俄人等語，開誠佈公而告之。於崇厚原訂約章字句，陸續有所增減。如條約第三條，刪去「伊犁已入俄籍之民，入華貿易遊歷，許照俄民利益」一段。第四條，俄民在伊犁置有田地，照舊管業。聲明伊犁遷出之民，不得援例。且聲明俄民管業，既在貿易圈外，應照中國人民，一體完納稅餉。並於第七條伊犁西境安置遷民之處，聲明係安置因入俄籍而棄田地之民，以防遷民雖入俄籍，而仍有佔據伊犁田土之弊。第六條，寫明所有前此各案，以防別項需索。第十條，吐魯番非通商口岸而設領事。暨第十三條，張家口無領事而設行棧。均聲明他處不得援以為例，以杜效尤。第十五條，修約期限，改五年為十年。章程第二條，貨色包件下添注「牲畜」字樣。其無執照商民照例懲辦，改為從嚴罰辦。第八條，車腳運夫繞越捷徑，以避關卡查驗，貨主不知情，分別罰辦之下，聲明海口通商，及內地不得援以為例。凡此增減之文，皆係微臣與布策商草法文約稿之時，反覆力爭而得之者。較之總理衙門三月十二日所寄廷臣奏定准駁之議，雖不能悉數相符，然合條約章程計之，則挽回之端，似已十得七八。此臣與吉爾斯、布策等，商量條約章程底稿，於節略七端之外，又爭得防弊數端之實在情形也。

十二月十七日，接奉電旨：「該大臣握要力爭，顧全大體，深為不負委任。即著照此定約畫押。約章字句，務須悉心斟酌，勿稍疏忽。」臣告知俄外部，轉奏俄皇，此邦君臣，同深欽感。俄皇諭令外部，允廢崇厚原定約章，另立新約。又飭催布策速行繕約畫押。臣因節略七端之外，所爭諸端，字句尚未周妥，日夜與布策晤談而筆削之。直至光緒七年正月初九日，始得將法文約章底稿議定。又彼此商定：漢文、俄文條約章程，各繕二分。而將先訂之法文，繕正二分，以資考證。逐條參酌，校對無誤，於正月二十六日，與外部尚書吉爾斯，前駐京使臣布策，公同畫押蓋印訖，電請總理衙門代奏，仰慰宸廑。

奏入，報可。紀澤又慮俄約雖定，恐啟國人易視交涉之心，因備陳所經艱困，以資觀省。乃

奏言：

臣於定約之摺，須宣示內外臣工，甚或流傳海外，是以未敢將委屈難言之隱，據實奏明。然微臣辦事之難，與尋常出使情形，迥不相同，有不能不瀝陳於聖主之前者。西人待二等公使之禮，遠遜於頭等。而視定議復改之任，實重於初議。原約係特派頭等全權便宜行事之大臣所定。臣晤吉爾斯、布策諸人，咸以是否頭等，有無全權相詰。臣答以職居二等，不稱全權大臣。乃彼一則曰：「頭等所定，豈二等所能改乎？」再則曰：「全權者所定，尚不可行，豈無全權者所改，轉可行乎？」臣渥承眷遇，豈復希非分之寵榮。且西洋公法，凡奉派之公使，無論頭等二等，雖皆稱全權字樣。至於遇事請旨，不敢擅專，則無論何等，莫不皆然。前大臣崇厚，誤以師心自用，違旨擅行，為便宜行事之權。蓋考之中國之憲章，各國之成例，無一而合者也。俄人亦未嘗不腹誹之。及至與臣議事，稍有齟齬，則故以無全權，

非頭等之說折臣。每言使者遇事不敢自主，不如遣使前赴北京議約，較為簡捷等語。臣亦知其藉此詞以相難，非由衷之言也。但彼國既以無全權而相輕，微臣即不免較崇厚而見絀，此其難一也。

按之萬國公法，使臣議約，無不候君主諭旨。不與外部意見相合，而敢擅行畫押者，間有定而復改之事，亦不過稍有出入，從無與原約大相逕庭者。往歲崇厚急於索地，又急於回京，遽定遽歸，諸多未協。外部見臣照會，將約中要領，痛行駁斥，莫不詫為奇談。屢以崇厚違旨擅定之故曉之。奈彼聞所未聞，始終不信。此其難二也。

原約所許通商各條，皆布策駐京時，向總理衙門求之多年，而不可得者。崇厚甘受其紿，求無不應。一經畫押，彼遂據為已得之權。再允熟商，彼即示損其莫大之惠。吉爾斯賢於布策，而不明中俄商情。經臣剴切敷陳，彼仍茫然不解。此其難三也。

泰西臣下，條陳外務，但持正論，不出惡聲。不聞有此國臣民，詆及彼邦君上者。雖當辯難紛爭之際，不廢雍容揖讓之文。此次廷臣奏疏，勢難緘秘，傳布失真之語，由於譯漢為洋，鋒棱過峻之詞，不免激羞成怒。每謂中國非真心和好。即此可見其端。若於茲時，忍辱改約，則柔懦太甚，將貽笑於國人，見輕於各國等語。臣雖設詞慰藉，而俄之君臣，懷憾難消。此其難四也。

自籌兵籌餉，迭見邸鈔。而俄之上下，亦惴惴焉時有戒心。遣兵船以備戰，增戍卒以防邊。臣抵俄時，彼已勢成騎虎。若仍在俄議事，則前此之舉動為無名，故欲遣使晉京議約，以歸功於海部。無怪一言不合，俄使即以去留相要。維時留之則要挾必多，不留則猜嫌滋甚。更恐留而仍去，適示怯而見輕。此其難五也。

俄皇始命布策，向臣詢明中國意向，予限一月。滿限之時，經臣援引總理衙門照會駐京署使凱陽德展限三月之意。復請外部婉奏俄皇，乃許添展兩月，與臣議事。我皇上因俄事日逼，意在轉圜。一切情形，許臣由電徑達總理衙門，代奏請旨，已屬破格施恩。而事勢無常，日期甚促。有時於立談之頃，須定從違，臣於未經請旨之條，即不敢許之過驟。然既奉轉圜之旨，又不得執之過艱。良由自滬至京，無電線以資迅速。故雖由電請旨，非旬日所能往還。敵廷之詢問益多，專對之機權愈滯。此其難六也。

猶幸我朝與俄羅斯通好二百餘年，素無纖芥之嫌，未肇邊疆之患。俄國自攻克土耳其後，財殫力竭，雅不欲再啟釁端。加以聖明俯納臣言，釋放崇厚以解其疑，辦結各案以杜其口，故其君臣悅服，修好輸誠。布策諸人，雖堅執各條，不肯放鬆；而俄國皇帝，與其外相吉爾斯，實有和平了結之意，故得從容商改，大致就我範圍。此則列聖以來，懷柔之效，而我皇太后、皇上公溥慈祥之德，有以感動之也。臣之私心過慮，誠恐議者以為俄羅斯國如此強大，尚不難遣一介之使，馳一紙之書，取已成之約而更改之。執此以例其餘，則中西交涉，更無難了之事。斯言一出，將來必有承其弊者。竊以為兵端將開而復息，關乎生民之氣數，而氣數不可以預知。條約已定而可更，視乎敵國之邦交，而邦交不可以常恃。臣是以將到俄以來，辦事艱難情狀，據實直言，不敢稍存隱飾。請旨密飭海疆暨邊界諸臣，仰體聖朝講信修睦之心，至誠以待鄰封，息事而全友誼。庶幾遐荒悅服，永葉止戈為武之休；海宇清平，益臻舞羽敷文之盛。

諭：「曾紀澤奏進改訂條約章程，著惇親王奕誴，醇親王奕譞，潘祖蔭，翁同龢，會同總理各國事務王大臣，妥核具奏。」至是，王大臣等會同核覆，請予批准，從之。既蓋印，互換於俄京。

中法兵事本末

編《庚子國變記》，極推李鴻章議約之功；繼編《中日戰記》，於鴻章深致貶詞。茲更編《中法兵事本末》，責鴻章尤嚴。蓋自海通以來，當外交之衝者，實惟鴻章；鴻章於庚子之役折衝八國，終媾大和，功不可揜。而甲午、甲申兩役外交之巨謬，端以弱中國而迄於亡，則邦人所言之痛心者也。大夫君子，寧忘前車之覆哉！【著者志】

光緒七年，英人要求通商雲南，諭雲貴總督劉長佑議復。長佑覆陳通商不便，議遂寢。是歲秋九月，長佑以法人志圖越南，以窺滇粵，上疏，略云：

越南為滇粵之唇齒，國外之藩籬。法國垂涎越南已久，開市西貢，據其要害。同治十一年，復通賊將黃崇英，規取越南東京，思渡洪江以侵諒山。又欲割越南廣西邊界地六百里，為駐兵之所。臣前任廣西巡撫，即命師往征。法人不悅，訐告通商衙門，謂臣包藏禍心，有意敗盟。賴毅皇帝察臣愚忠，乃得出助劉之師，內外夾擊。越南招用劉永福，以折法將沙酋之鋒。廣西兩軍，分擊賊黨，覆其巢穴，殲其渠魁。故法人寢謀，不敢遽吞越南者，將逾一紀。

然法人終在必得越南，以窺滇粵之險，而通楚蜀之路。入秋以來，增加越南水師，越南四境，皆有法人之跡。柬埔寨人感法恩德，願以六百萬口獻地歸附。越南危如累卵，勢必不支。同治十三年，法軍僅鳴炮示威，西三省已入於法。今復奪其東京，即不圖滅富春，已無

> 能自立。法人志吞全越，既得之後，必請立領事於蒙自等處，以攘礦山金錫之利。現時已有法人闌入滇境，以覘形勢。倘法覆越南，逆回必導之內寇，逞其反噬之志。臣受任邊防，密邇外寇，不敢聞而不告。

奏入，不報。十月，駐英法使臣曾紀澤，以越事迭與法廷辯詰。福建巡撫丁日昌，亦疏法越事，備告總署，總署以聞。諭令北洋大臣李鴻章籌商辦法。並諭沿邊沿江沿海督撫密為籌辦。光緒八年二月，法人以兵艦由西貢駛至海陽，將攻取東京；直督張樹聲以聞，諭滇督相機因應。三月，移曾國荃督兩廣。法人攻越南東京，破之。張樹聲令滇、粵防軍守於城外，以「勦辦土匪」為名，藉圖進步；並令廣東兵艦出洋，遙為聲援。

五月，命滇督劉長佑遣道員沈壽榕帶兵出境，與廣西官軍聯絡聲勢，保護越南。旋召劉長佑入覲，以岑毓英署滇督。長佑奏：法人破東京後，每日增兵，懸萬金購劉永福、十萬金取保勝州。劉永福屢請越廷決戰；廣西提督防軍統領黃桂蘭屯諒山，永福自保勝赴越之山西與總督黃佐炎籌禦敵，經諒山，謁桂蘭；言「方分兵赴北寧助守，保勝有所部嚴防，法人當不得逞；惟兵力不足，丐天朝援助」。劉永福者，廣西上思州人。咸豐間，粵西亂，永福率三百人出鎮南關；時粵人何均昌據保勝，永福逐而去之，遂據保勝。所部皆黑旗，號「黑旗軍」。

同治十二年，法人破河內，法將安鄴勾結賊首黃崇英謀占全越；黃崇英擁眾數萬，號「黃旗」，勢張甚。越南使諭永福歸誠，永福率所部越宣光大嶺繞馳河內，一戰而斬安鄴；越命議和三大臣適至，法人囚之舟中，督師黃佐炎亟檄永福罷兵。旋就和，而授永福三宣副提督；黃崇英餘黨，為廣西提督馮子材所滅。永福屢自備饟械勦匪，黃佐炎不上聞，越臣多忌之；永福積怨於佐炎。佐炎為越南駙馬、大學士、督師，督、撫均受節制，若清初之年羹堯也。馮子材為廣西提督時，佐炎以事來見，子材坐將臺，令以三跪九叩見；佐炎銜之次骨。越難已深，國王阮福時憤極決戰，責令佐炎督永福出師，六調不至；法軍忌永福，故越王始終思用之。時法人佔東京後，焚而去；以兵艦東下海陽，分駛廣南、西貢。劉長佑奏謂：「山西有失，則法人西入三江口，不獨保勝無障蔽，而滇省自河底江以下皆須步步設防。非滇、粵併力以圖，不足以救越南之殘局；非水陸並進，不足以阻法人之貪謀」。

廷諭長佑密為布置，長佑命藩司唐炯率舊部屯保勝。曾國荃至粵，命提督黃得勝統兵防欽州、提督吳全美率兵輪八艘防北海，廣西防軍提督黃桂蘭、道員趙沃相繼出關。法人要中國會議越事，諭滇、粵籌畫備議。法使寶海至天津，命北洋大臣會商越南通商分界事宜。吏部主事唐景崧自請赴越南招撫劉永福，中旨發雲南交岑毓英差遣。景崧乃假道越南入滇，先至粵謁曾國荃；甚韙其議，資之入越。見永福，為陳三策。上策言越為法逼，亡在旦夕；誠因保勝傳檄而定諸省，請命中國假以名號，事成則王：此上策也。次則提全師擊河內、驅法人，中國必能助餉；此中策也。如坐守保勝，事敗而投中國，恐不受；此下策也。永福曰：「微力不足當上策；中策勉之」。

〔光緒九年〕三月，法軍破南定，諭廣西布政使徐延旭出關會商黃桂蘭、趙沃籌防。李鴻章丁憂，奪情回北洋大臣任，鴻章懇辭；命鴻章赴廣東督辦越南事宜，粵、滇、桂三省防軍均歸節制。

鴻章奏：擬赴上海暫駐，統籌全局。法使臣寶海商界事久不協，奉調回國；以參贊謝滿祿代理。劉永福與法人戰於河內之紙橋，大破法軍，斬法將李威利；越王封永福一等男。徐延旭奏留唐景崧防營效用，並陳永福戰跡；朝旨促李鴻章回北洋大臣任，並詢法使脫利古至滬狀，令鴻章定期會議。脫利古詢鴻章：中國是否助越？鴻章仍以邊界勦匪為詞。法國新簡使臣德理就任，法兵攻克順化，迫越南議約。鴻章與法使議不就，法兵聲言犯粵；廣東戒嚴。總署致法使書，言越南久列藩封，歷經中國用兵剿匪，力為保護；今法人侵陵無已，豈能受此蔑視！倘竟侵我軍駐地，惟有開仗，不能坐視。朝旨令徐延旭飭劉永福相機規復河內；法軍如犯北寧，即令接戰。命滇督增兵防邊，唐炯迅赴前敵備戰，並濟永福軍餉；旋命岑毓英出關督師。

法兵破越之山西省，將犯瓊州；以彭玉麟為欽差不臣，督粵師。彭玉麟奏：

法人逼越南立約，欲中國不預紅河南界之地及許在雲南蒙自縣通商；顯係圖我滇疆，冀專五金之利。不特滇、粵邊境不能解嚴，即廣東、天津亦須嚴備；彼以虛聲，我以實應，疲於奔命，必至財力俱窮。據候補道王之春言：有鄭官應者，幼從海舶，徧歷越南、暹羅；暹王粵人鄭姓，其掌兵政者皆粵人，與官應談法、越戰事，皆引為切膚之痛。伊國與越之西貢毗連，嘗欲出其不意，攻其不備；由暹羅潛師以襲西貢，先覆法酋之老巢。又英國屬地曰新嘉坡，極富庶；粵人居此者十餘萬。擬懸重賞，密約兩處壯士：俟暹國兵到時，舉兵內應，先奪其兵船、焚其軍火。此二端較有把握，擬密飭鄭官應潛往結約。該國素稱忠順，鄉誼素敦；倘另出奇軍，西貢必可潛師而得。擬再派王之春改裝易服，同往密籌；居時偕在越各軍同時並舉。西貢失，則河內、海防無根，法人皆可驅除；越南可保。

奏入，諭言：

暹羅國勢本弱，自新嘉坡、孟加拉等為英所據，受其挾制，朝貢不通；豈能更出偏師，自挑強敵？鄭官應雖與其國君臣有鄉人之誼，恐難以口舌游說，趣令興師！且西貢、新嘉坡皆貿易之場，商賈者流必無固志。懸賞募勇需款尤鉅，亦慮接濟難籌。法人於西貢經營二十餘年，根柢甚固；中國無堅輪巨砲，未能渡海出師，搗其巢穴。即使暹羅出力而無援兵以繼其後，法人回救，勢必不支。況英、法跡雖相忌，實則相資；彼見暹羅助我用兵，則猜刻之心益萌、併吞之計益急，恐西貢未能集事，而越南先已危亡。該尚書所奏，多採近人魏源成說，移其所以制英者轉而圖法。兵事百變，未可徇臆度之空談，啟無窮之邊釁。倘機事不密，先傳播新聞紙中，為害尤鉅。該尚書所稱「言易行難」者，諒亦見及於此。

越南王阮福時薨，無子，以堂弟嗣立。法人乘越新喪，以兵輪至富春攻順化海口，占之；入據都城。越嗣君不賢，在位一月，輔政阮說啟太妃廢之，改立阮福昇。至是，乞降於法；與立約二十七條。其第一條，即言中國不得干預越事；此外，政權、利權均歸法人。越王諭諸將退兵，重在逐劉團也。滇撫唐炯屢促永福退兵，永福欲退保勝，黑旗軍士皆扼腕憤痛；副將黃守忠言：「公可退保勝，請以全軍付末將守山西；有功公居之，罪歸末將」。永福乃不復言退。徐延旭奏曰：「越人倉卒議和，有謂因故君未葬，權顧目前者；有謂因廢立之嫌，廷臣植黨搆禍者。迭接越臣黃佐炎等鈔寄和約，越誠無以保社稷，中國又何以固藩籬？越臣輒以『俟葬故君，即須翻案』為詞，請無撤兵。劉永福仍駐守山西，法人擬添兵往攻。越王阮福昇嗣位，具稟告哀，並懇准其遣使航海詣闕乞封。越國人心渙散，能否自立？尚未可知」。並將法、越和約二十七款及越臣黃佐炎來稟，錄送樞府。大學士左宗棠出為兩江總督，嚴備長江防務；粵督張樹聲自請出關，得旨「命帶兵輪赴富春」。樹聲奏：「廣東無鉅艦可出大洋」；乃不果行。左宗棠請飭前藩司王德榜募勇赴桂邊扼紮，得旨「歸徐延旭節制」。

十一月，法人破興安省，拘巡撫、布政、按察至河內槍斃之。進攻山西，破之；劉團潰，永福退守興化城，雲軍統領總兵丁槐來撫潰師。十一月，越嗣王阮福昇暴卒，或云畏法偪自裁、或云奸黨進毒；國人立前王阮福時第三繼子為王輔政阮說之子也。徐延旭奏報山西失守，北寧斷無他虞；廷旨責其誇張。

光緒十年正月，江督左宗棠以病乞免，命裕祿署江督。李鴻章奏：「越南山西之戰，滇軍與劉永福所部憑城固守，殺傷相當；卒至退舍，非鏖戰之不力，實器械之未精。近年北洋所購新式槍，皆精堅適用；淮練各軍，皆改習洋操。而滇、粵、閩、浙防軍器械缺乏，操法尚未講求；臣已分購德、美新式槍砲，咨商滇、粵、閩、浙各督撫，先令分撥之數照原價領撥。各省誠能嚴督練習，庶折衝制勝稍有把握」。得旨報可。唐景崧在保勝上樞府書，言「滇、桂兩軍偶通文報，為日甚遲，聲勢實不易聯絡。越南半載之內，三易嗣君；臣庶皇皇，類於無主。欲培其根本以靖亂源，莫如遣師直入順化，扶翼其君，俾政令得所，以定人心而清匪黨；則敵燄自必稍戢，軍事庶易措手。若不為藩服計，則北圻沿邊各省，我不妨直取，以免坐失外人；否則，首鼠兩端，未有不歸於敗者也」。

劉永福謁岑毓英於家喻關，毓英極優禮之，編其軍為十二營。法軍將攻北寧，毓英遣景崧率永福全軍赴援。桂軍黃桂蘭、趙沃方守北寧，山西之圍，桂蘭等坐視不救，永福憾之深；景崧力解之，乃赴援。景崧勸桂蘭離城擇隘而守，桂蘭不從。二月，法兵攻扶良，總兵陳得貴乞援；北寧援師至，扶良已潰。法兵進逼北寧，黃桂蘭、趙沃敗奔太原，劉永福坐視不救。延旭老病，其下多所欺蔽；與趙沃有舊，偏信之。趙沃庸懦，其將黨敏宣作奸欺肆以蔽延旭；敵犯北寧，敏宣先遁。陳得貴為前廣西提督馮子材舊部，驍勇善戰；子材曾劾延旭，延旭怨之，並怨得貴。及北寧陷，乃奏戮之；敏宣亦正法。延旭方寸亂，調度失宜；有旨「革職留任」。

三月，命湖南巡撫潘鼎新辦廣西關外軍務，接統徐延旭軍；黃桂蘭懼罪，仰藥死。時樞臣屢被劾，孝欽后亦極不慊於恭親王；乃降旨言：「恭親王奕訢等，始尚小心匡弼，繼則委蛇保榮。近年爵祿日榮，因循日甚；每於朝廷振作求治之意，謬執成見，不肯實力奉行。屢經言者論列，或目為壅蔽、或劾其委靡，或謂其簠簋不飭，或謂其昧於知人。本朝家法綦嚴，若謂其如前代之竊權亂政，不惟居心所不敢，亦法律所不容。只以上數端，貽誤已非淺鮮。若仍不改圖，專務姑息，何以副列聖之貽謀！將來皇帝親政，又安能臻諸上理！若竟照彈章一一宣示，即不能複議親貴，亦不能曲全耆舊；是豈朝廷寬大之政所忍為！恭親王奕訢、大學士寶鋆，入直最久，責備宜嚴；姑念一係多病、一係年老，茲特錄其前勞，全其末路。奕訢，著加恩仍留世襲罔替親王，賞食全俸；開去一切差使，並撤去『恩加雙俸』，家居養疾。寶鋆，著原品休致。協辦大學士吏部尚書李鴻藻，內廷當差有年；祇為囿於才識，遂至辦事竭蹶。兵部尚書景廉，祇能循分供職，經濟非其所長：均開去一切差使，降二級調用。工部尚書翁同龢，甫直樞廷，適當多事。惟既別無建白，亦有應得之咎。著加恩革職留任，退出軍機處，仍在毓慶宮行走，以示區別」。命禮親王世鐸、戶部尚書額勒和布、閻敬銘、刑部尚書張之萬均在軍機大臣上行走，工部左侍郎孫毓汶在軍機大臣上學習行走」。故事：召見樞臣，皆全班進，亦間有首輔獨對者。是日，獨召領班章京入見，御前擬諭旨以上，硃書授之以出；前此所未有也。

三月，諭言：「徐延旭株守諒山，僅令提督黃桂蘭、道員趙沃駐守北寧。該提督等遇敵先潰，殊堪痛恨！徐延旭，革職拿問。黃桂蘭、趙沃潰敗情形，交潘鼎新查辦」。以王德榜署廣西提督，德榜辭不拜。唐炯未奉諭旨率行回省，不顧邊事，以致山西失守；唐炯革職拿問。以張凱嵩為雲南巡撫、奕劻管理總理各國衙門事務，諭江督曾國荃嚴備江防。

北寧敗後，延旭以唐景崧護軍，收拾敗殘，申明約束。延旭謂景崧曰：「吾誤信黃、趙，致事敗至此；悔不早用君」！把總石中玉謁延旭於諒山，痛訴北寧將帥之誤；延旭曰：「汝何不早言」？中玉曰：「吾數請謁而左右拒我，何言耶」！中玉寓延旭行館側，詈延旭左右弄權蒙蔽，達旦不休；延旭從容呼曰：「石中玉！怒何太盛耶！休矣，吾知之矣」。

醇親王弈譞奉太后命：「會同商辦軍機處要政；俟皇帝親政後，再降懿旨」。蓋隱若首輔；以天子父，不令入直也。宗室國子監祭酒盛昱奏言：「醇親王自光緒建元以後，分地綦崇，不當嬰以世事；當日已自請開去一切差使。今奉入贊樞廷之旨，綜繁賾之處，則悔尤易集；操進退之柄，則怨讟易生。嘉慶四年以軍機處事煩，暫令成親王永瑆入直；後以國家定制未符，仍令退出。誠以親王爵秩較崇，有功而賞，賞無可加；有罪而罰，罰所不忍。恭親王參贊密勿，本屬權宜；況醇親王又非恭親王之比。請收回成命」！左庶子錫鈞言：「若令醇親王入直內廷，聖心有所未安；若令樞臣就邸會商，國體亦有未協。以尊親之極，處嫌疑之處；反諸初衷，未能相副」。御史趙爾巽言：「樞臣恃有『商辦』之名，遇事便於諉卸。設有貽誤，廷臣論列，莫得主名；醇親王謀國之苦衷與引嫌之初志，亦不能自白」。

奉懿旨言：「垂簾以來，揆度時勢，不能不用親藩進參機務；此不得已之深衷，當為在廷諸臣所共諒！此次諭令醇親王奕環與諸軍機大臣會商，本為軍機處辦理要政而言；並非尋常諸事，概令與聞。奕環已一再堅辭，當經曲加獎勵，並諭俟皇帝親政，再降諭旨；始暫時奉命。軍機政事，權臣亦不能諉卸」。王德榜力辭廣西提督，遂以唐仁廉署。法軍近據興化，粵稅司美人德璀琳告李鴻章，願居間議和。鴻章以聞，命鴻章妥籌辦理；又諭言：「李鴻章屢被參劾，畏葸因循，不能振作；朝廷格外優容，未加譴責。兩年來法、越搆釁，任事諸臣一再延誤，挽救已遲；若李鴻章再如前在上海之遷延觀望，坐失時機，自問當得何罪！此次務當竭誠籌辦；如辦理不善，不特該大臣罪無可寬，即前此總理衙門王大臣亦一併治罪」。

法人以兵艦八艘窺廈門，命沿海邊防力籌守禦。朝廷以將帥多撓敗，思用宿將：前湖南提督鮑超引病在籍，命川督丁寶楨存問並察其能否出膺重任；前直隸提督劉銘傳亦引病在籍，命直督李鴻章促召來京。署左副都御史張佩綸奏：「法人將來必索劉永福，請飭李鴻章、岑毓英顧全大局，加以保全」；諭鴻章等先事籌計。前大學士左宗棠奏「目疾稍愈」，朝旨促其來京。法艦窺上海吳淞口，江督曾國荃命提督李成謀、李朝斌嚴防；命通政司通政使吳大澂會辦北洋事宜、內閣學士陳寶琛會辦南洋事宜、翰林院侍講學士張佩綸會辦福建海疆事宜，均專摺奏事。是時大澂等好談兵事，佩綸、寶琛尤以彈劾大臣著風節；與張之洞、寶廷、鄧承修、劉恩溥好論時政、陳得失，一時有「清流黨」之目。孝欽后亦紓懷聽從，以海疆多故，同時有「會辦」之命；蓋欲試其才也。

是時，李鴻章與法總兵福祿諾議和，條款將就緒，諭滇、桂防軍候旨進止。鴻章旋以和約五款入告：其一，中國南界毗連北圻，法國約明無論遇何機會，如有他人侵犯，均應保護。其二，中國南界既經法國與以實據，不虞侵佔；中國約明將北圻防營撤回邊界，並於法、越所有已定與未定各條約，均置不理。其三，法國不向中國索償兵費，中國亦應許以毗連北圻之邊界，法、越物貨聽其運銷。其四，法國將來與越改約，決不插入「傷中國體面」語；並將以前與越所立約關礙東京者，全行銷廢。其五，兩全權簽押三月後，另訂細款。朝旨報可，予鴻章全權畫押。

鴻章奏言：「自光緒七年以來，曾紀澤與法外部總署暨臣寶海、脫利古等往復辯論，案卷盈帙；均無成議，愈變愈壞。迨山西、北寧失陷，法燄大張，越南臣民望風降順；事勢已無可為，和局幾不能保。今幸法人自請言和，刪改越南條約；雖不明認為我屬邦，但不加入違悖語意，越南敢豈藉詞背叛！通商一節，諭旨不准深入雲南內地；既云北圻邊界，則不准入內地明矣。兵費宜拒一節，該國本欲訛索兵費六百萬磅，經囑馬建忠等歷與駁斥；今約內載明不復索償，尚屬恭順得體。中國許以北圻邊界運銷貨物，足為中、法和好互讓之據。至劉永福黑旗一軍，從前乘法兵單寡之時，屢殪法將；法人恨之，必欲報復。上年曾紀澤迭與法外部商議，由中國設法解散；而法廷添兵攻取，意不稍回。去冬克山西，黑旗精銳傷亡甚多，已受大創；今春劉永福增募四千人援北寧，亦不戰而潰：其禦大敵何怯也！華人專採虛聲，欲倚以制法；法人固深知其無能。此次福祿諾絕未提及，我自不便深論；將來另派使臣，若議及此，當令滇、桂疆臣酌定安置之法。惟目下和議已成，法人必無翻覆，法兵必漸減撤；滇、桂邊防各軍，亦宜及早整頓。聞劉永福所部冗雜騷擾，與越民為仇，實為邊境後患。擬請旨密飭滇、桂嚴明約束，酌加淘汰，妥籌安置；則保全多矣」。鴻章始終主和而士論皆主戰，彈劾鴻章無虛日。法、越搆釁綿延三年，致法占越南，和戰仍無定見；鴻章堅持和議，而法約已明認越南歸法保護，尚飾言「不傷中國體面」、越南不敢藉詞背叛！當時外交，皆以推宕粉飾，致喪主權；多此類也。

岑毓英以興化萬難駐師、轉餉不繼，退守邊境，毀興化城樓而去；劉永福軍退駐保勝。其時電報未通，奏摺往返須五十餘日，滇、桂軍隊相距遠，常月餘不通問；而每事必候旨進止。毓英既退館司，中旨切責；粵督張樹聲請展辦廣州至龍州電線，關外始通電報。樹聲以病乞休，命山西巡撫張之洞署粵督。

法總兵福祿諾臨行，言派隊巡察越境及驅逐劉團；鴻章不以聞，迭旨申斥。法使以簡明條約法文與漢文不符相詰，朝旨責鴻章辦理含混，責成竭力籌備，為自贖之地。輿論均集矢鴻章，指為通夷，致比諸秦檜、賈似道；朝廷亦屢切責之。然捨鴻章外，更無練習外事者；故洋務仍一倚鴻章。當同治九年天津戕教，焚法國領事館；法人要挾甚奢，英、美助其迫挾。曾國藩為直督，置天津知府、知縣重典，戮戕教十六人以謝法人；朝野大詬國藩，呼為「賣國賊」。湘人擯國藩，欲除其籍；通商大臣崇厚密請免國藩，以鴻章代之。鴻章受任時，普、法之戰起，法人倉皇自救；天津教案，遂漸銷滅。時論以鴻章外交之能百倍國藩，朝廷遂倚之，洋務必以付鴻章。總署諸臣無習外事者，鴻章亦益自負；外事始終託鴻章，前後三十餘年。

然法、越之役及與日本公同保護朝鮮之約，皆貽無窮之害；當定約時，鴻章固自謂甚當也。法使借端廢約，朝旨令關外軍嚴防，「若彼竟來撲犯，當與之接仗」；命岑毓英諭劉永福率所部來歸。潘鼎新奏「法兵分路圖犯谷松、屯梅二處，桂軍械缺糧乏，恐不可恃」；諭責其飾卸。鴻章仍欲始終維持和議，詔予議約全權、便宜行事，續命錫珍、廖壽恆、陳寶琛、吳大澂會同鴻章妥籌法約。當時朝廷不知全權為代表君主，既授意與鴻章，又續派錫珍等會同議約；時清議既皆擊鴻章，朝臣皆不敢附鴻章，議益相左矣。

法軍欲巡視諒山，抵觀音橋，桂軍止之，令勿入；法將語無狀，乃互擊，大勝之。奏入，諭進規北寧。川督丁寶楨奏鮑超病癒，諭率五營赴滇助防；並令提督黃少春率五營赴滇南關外助戰。並照會法使責其先行開砲，應認償款；並令告法外部，止法兵。諭各軍「如彼不來犯，不必前進」。

法使續請議和，諭「前敵桂軍調回諒山、滇軍回保勝，不得輕開釁」。左宗棠病癒，以大學士入為軍機大臣。法將孤拔欲以兵艦擾海疆，諭沿海疆臣嚴備迎擊。法使巴德逗留上海，不肯赴津；乃改派曾國荃全權大臣、陳寶琛會辦，派邵友濂、劉麟祥隨同辦理。諭言：「兵費卹款萬不能允，越南須照舊封貢。劉永福一軍如彼提及，須由我措置。分界應於關外空地，作為甌脫。雲南通商應在保勝，不得逾直百抽五。現在福州馬尾有警，如已開仗，曾國荃等無庸赴滬」。

六月，法將孤拔以兵艦八艘窺閩海，欲踞地為質，挾中國議約。何璟、張佩綸以聞，諭「粵、浙酌撥師船協助」。法艦至臺灣之基隆購煤，臺撫劉銘傳拒之，遽攻基隆砲臺。曾國荃、陳寶琛等與法使議約於上海，國荃許給撫卹費五十萬；奉旨申斥，並言：「陳寶琛向來遇事敢言，亦隨聲附和，殊負委任；並傳旨申斥」。寶琛與國荃論事不合，國荃恆輕之，寶琛亦力詆國荃；自申斥後，愈齟齬矣。美使居間調停和約，諭國荃等候之。粵督張之洞請飭南、北洋各派兵船合力援閩，諭南、北洋商定。彭玉麟請飭彭楚漢、程文炳率兵赴閩助防。滬中議約，久不就；諭言：「曾國荃電送巴德諾照會，無理已甚！不必再議，惟有一意主戰。著曾國荃、陳寶琛即回江寧辦防，許景澄同往助理、劉麟祥隨同辦事；並婉謝美國」。又諭岑毓英：令劉永福先行進兵，迅圖規復北圻。岑毓英、潘鼎新關內各軍陸續進發，以「法人失和」布告各國。李鴻章以戰事起，慮招商局輪船或淪於敵，因命道員馬建忠以招商局產歸美國旗昌洋行認售，由律師擔文保證，候戰事定，原價收回；為言官所劾。朝旨責鴻章，鴻章言：「各國通例，本國商船改換他國旗幟，須在兩國未開釁之前。黑海之戰，俄商皆懸德、美旗。有二艘換旗於戰事三日前，遂為法人所奪；復有二艘易旗於戰前，暗

立售回之據，亦為英國所奪。非實在轉售他國，必不能保護；此萬國通行之公例。馬建忠知法事將
行決裂，毅然定議；將來收回關鍵，惟擔文是問，不容稍有反覆。法人疑招商局輪船並非實售與
美，尚思乘間攫拿；故未便入告，求默鑒而曲原之」。

七月，法國公使謝滿祿下旗出京。鮑超以兵少不願出關，命招集舊部赴前敵。法兵攻破基隆砲
臺，總兵曹志忠、提督章高元等戰卻之。朝廷思倚劉團擊法軍，乃賞劉永福記名提督；以聯絡劉團
為唐景崧功，賞景崧五品卿銜。以總署乏才，命李鴻章令道員馬建忠入見。諭旨宣告法人罪狀，言
「越南為我封貢之國二百餘年，載在典冊，中外咸知。法人狡焉思逞，先據南圻各省、旋又進據河
內，戮其人民、利其土地、奪其賦稅；越南闇懦苟安，私與立約，並未奏聞，挽回無及，越亦有罪
也。是以姑與包涵，不加詰問。光緒八年冬間，法使寶海在天津與李鴻章議約三條，當飭總理各國
事務衙門會商妥籌，法人又撤使翻覆；我存寬大，彼益驕貪！越之山西、北寧等省為我軍駐紮之
地，清查越匪、保護屬藩，與法國絕不相涉。本年三月間，法兵竟來撲犯。當經降旨宣示，正擬派
員進攻，力為鎮撫；忽據該國總兵福祿諾先向中國議和。其時該國埃及之事岌岌可危，中國明知其
勢處迫逼，本可峻詞拒絕，而仍示以大度，許其行成；特命李鴻章與議「簡明條約」五款，互相畫
押。諒山、保勝等軍，應照議於定約三月後調回。迭經諭飭各防軍扼紮原處，不准輕動開釁；帶兵
各官，奉令維謹。乃該國不遵定約，忽於閏五月初一、初二等日以「巡邊」為名，在諒山地方直撲
防營，先行開砲轟擊；我軍始與接仗，互有殺傷。法人違背條約，無端開釁，傷我官兵，本應以干
戈從事；因念訂約通好二十餘年，亦不必因此盡棄前盟，仍准總理各國事務衙門與在京法使往返照

會，情喻理曉，至再至三。

閏五月二十四日復明降諭旨：「照約撤兵，昭示大信。所以保全和局者，實屬仁至義盡。如果法人稍知禮義，自當翻然改圖。乃竟始終怙過，飾詞抵賴，橫索無名兵費，恣意要挾；輒於六月十五日佔據臺北基隆山砲臺，經劉銘傳迎剿獲勝。本月初三日，何復等甫接法領事照會開戰，而法兵已自馬尾先期攻擊，傷壞兵、商各船，轟壞船廠；雖經官軍焚燬法船二隻、擊壞雷艇一隻並陣斃法國官兵，尚未大加懲創。該國專行詭計，反覆無常，先啟兵端；若再曲予含容，何以申公論而順人心！用特揭其無理情節，布告天下」。

時總署大臣至十餘人——奕劻、福錕、崑岡、閻敬銘、徐用儀、錫珍、許庚身、周德潤、陳蘭彬、周家楣、吳廷芬、張蔭桓，獨陳蘭彬曾使美國而才識庸闇；餘皆不達外事者也。張蔭桓以道員入為太常寺卿，精敏號知外務，以最後輩務攬權，為同列所忌；又非出身科舉，士論恆卑之。御史孔憲瑴乃摭其致上海道私函為洩漏祕密，劾之；諭退出總署。太后亦以總署大臣多不勝任，乃並罷周家楣、吳廷芬、崑岡、周德潤、陳蘭彬；皆緣蔭桓被劾而起，朝列乃益恨蔭桓矣。漕督楊昌濬赴閩督師。潘鼎新以越南瘴重，方暑，艱於進攻；請俟秋後出師。

諭言：「劉永福一軍久居越南，能耐瘴；令先進」。御史吳峋以法國交涉事劾總署諸臣，尤痛詆閻敬銘；時敬銘以精刻得太后歡，屢降旨辨敬銘、斥吳峋。左宗棠在樞府怙功偏執，同列苦之；以閩省軍務，出為欽差大臣。以將軍穆國善、漕督楊昌濬充幫辦，學士張佩綸充會辦兼船政大臣。召詹事何如璋還京，命宗棠駐兵於閩、浙之處主調度。法艦攻毀江蘇之長門砲臺，將攻吳淞口；曾國荃嚴備之。

張佩綸奏：「法提督孤拔以兵輪入馬尾，窺伺船廠。閏五月二十八日，臣親率黃超群兩營駐防馬尾，其時法船僅五艘，我船『揚武』及兩蟊船共三艘；尋何如璋將『振威』、『伏波』調回，張之洞亦以『飛雲』、『濟安』來援，我軍勢略壯。法乃增大兵輪二號、魚雷二號，入口相逼。臣屢請先發，請互援，不得；勉以『藝新』、『福星』兩小船及艇船、商船雜而牽制。及至六月二十以前，船略相等，而我小彼大、我脆彼堅；六月二十以後，彼合口內外常有十二、三艘，出入便活，而我軍則止於兵船、砲船兩號。臣以為憂，密調諸將，以兵不厭詐，水戰尤爭呼吸，欲仍行先發之計。而諸將枕戈待旦，多者四十餘日、少亦二三十日，均面目枯槁，憔悴可憐；加以英、美來船與法銜尾，奇謀秘策不可復施。臣知不敵，顧求援無門、退後無路，惟與諸將以忠義相激勸而已。前月二十八日及本月初一日之電報，可覆按也。當六月下旬美提督晤何如璋，以調處告；稅務司賈雅格函告督臣，又有莫提督、英領事欲調處之說。其辭甚甘，其事則嚴；臣亦知其意，而無如與國牽制何！初一、二日，大雨如注，風勢猛烈。初二日子夜、初三日黎明，臣以手書飭諸管駕相機合力；有『初三日風定，法必妄動』之語。未刻，而法人砲聲作矣。臣一面飭陸軍整隊並以小砲登山，為水師相應；一面與何如璋各升山巔觀戰。緣是日法以潮大風順，於口外驟入一大船，發砲為號，猛攻我軍。我船本約以各輪萃攻其上游各船，而以艇船、商船夾攻其下游各船；法大船入，則以六艘截『振威』、『飛雲』、『濟安』於下，而以五大輪、一魚雷船合攻『揚武』。比臣至山，則『揚武』已為敵魚雷所碎。法船方圍攻『福星』，該管駕陳英轉捩甚靈、放砲亦捷，酣戰不退；

兩蟲船用砲助擊，相持至一時之久，一大船中砲退駛，他船亦皆桅斜枝洞。奈大小過懸，眾寡不敵；未幾而該船及兩蟲船相繼沉燬，『伏波』、『藝新』亦各中砲駛上中岐，則我上流之船已沒。其下流之船，法以雙桅三筒『鳥波』鐵船為最大，『振威』為其所擠，立斷為兩；『飛』、『濟』二輪還砲之聲猶相應答，法駛一魚雷船近之，則驟為我臺上一砲所中，立沒於水；而『鳥波』為亦我砲攢擊，火藥艙立時焚沒；『飛』、『濟』兩艘即帶火流下，則高騰雲已為砲擊中而死。我所餘之艇哨各船及所製雷船與木牌引火之具，以潮力牴牾，逆激不能上；皆為法乘勝轟擊都盡，併泊近廠河之商船亦焚。計法焚一輪、壞一輪、沈一雷船，我則七兵輪、兩商船及艇哨各船均燼；惟餘『伏波』、『藝新』兩輪少受損傷，即行駛回。此次法人譎計百出，和戰無常，彼可橫行、我多顧慮，彼能約從、我少近援；一月之久，彼稔知我鄰疆畛域、士卒孤疲，輒乘雨後潮急，彼船得勢，違例猝發。天實為之，謂之何哉！各船軍士用命致死，猶能鏖戰兩時；死者灰燼，存者焦傷。臣目擊情形，實為酸痛！臣甫到閩，孤拔踵至，明不足以料敵、材不足以治軍，妄意以少勝多，露廠小船圖當大敵；卒至寇增援斷，久頓兵疲，軍情瞬息萬變。臣既制於洋例，不能先發以踐言；復狃於陸居，不能登舟以共命：實屬咎無可辭！惟有仰懇將臣革職交刑部治罪，以明微臣惶悚之忱，以謝士卒死綏之慘。至連日洋商及我軍傳說，或云法燬六船、或云孤拔受傷已死、或曰『鳥波』管駕已死、或云法焚溺三百人。要之，我軍既已大折，彼亦應稍有死傷；傳聞異辭，即確亦不足信。惟此奏就臣所目見，參以各軍稟報；不敢有一字揑飾、一語含糊，再蹈『奏報不實』之罪」。何如璋亦奏「內海各師船被法艦格林砲掃盡，輪船被毀九艘」；與佩綸奏略同。諭言：「此次因議和之際，未便阻擊，致法人得遂狡謀。各營將士倉猝抵禦，猶能殄敵，並傷其統帥；其同心效命之忱，實堪嘉憫」！提督黃超群等，賞賚有差。閩督何璟、閩撫張兆棟，下吏嚴議；以學士張佩綸措置無方、意氣用事，奪三品卿銜，下吏議。將軍穆圖善，功過相抵，免議。命許庚身入樞府、鴻臚卿鄧承修入總署。

八月，李鴻章拜大學士。諭言：「聞廣東督、撫出示曉諭沿海居民忠義報效，令在海面將法船帶水淺擱，食置毒物等語；並新嘉坡、檳榔嶼等處華人，一併備及。此等告示在內地張貼，措詞轉失正大；新嘉坡等處既非屬地，恐輾轉訛傳，反生事端。彭玉麟、張之洞等，均傳旨申飭」。諭關外軍逼西貢，以緩攻臺之兵。命劉永福迅攻太原、北寧，永福意不欲行，諭岑毓英促之。馬江之戰，張佩綸漫無布置，倉卒敗釁；閩人恨之深。李鴻章力持和議，屢戒佩綸勿輕啟釁。閩督何璟，自以書生不諳兵事，屢請解職，朝令楊昌濬代之；旋命大學士左宗棠督閩師：皆未至，軍事皆主於佩綸。佩綸實不知兵，而意氣極盛；總督何璟、巡撫張兆棟皆曲意事之。

佩綸狃於鴻章之議，謂和約旦夕成，戒軍士勿妄戰，聽法船入閩口；及法艦大集，船政大臣何如璋仍嚴諭各艦，不得妄動。及法人遽發砲，各艦熸焉。閩人切齒於佩綸、如璋，並詆如璋通款於敵。及佩綸飾詞入告，皆大憤；編修潘炳年等呈都察院代奏，言「臣等於馬江敗後，迭接閩信，皆言張佩綸、何如璋聞警逃竄；竊以挫敗情形，眾目昭著，朝廷明見萬里，諒諸臣不敢再有捏飾，是以未敢率行上聞。讀八月初一日諭旨，方審該大臣前後奏報種種虛捏，功罪顛倒；乖謬支離，與臣等所接閩信判若歧異；不得不披瀝上陳。初一日，法人遞戰書於『揚武』管駕張成；張成達之何如璋，秘不發。初二日，各國領事、商人均下船，眾知必戰，入請亟備；張佩綸斥之出，軍火靳不發。嗣洋教習法人邁達告學生魏瀚：明日開仗；魏瀚畏張佩綸之暴，不敢白。初三早，見法船升火起椗，始馳告，而法已照會未刻開戰。張佩綸怖，遣魏瀚向孤拔乞緩，以詰朝為請。比登敵舟，而砲聲已發，戰船猶未啟椗裝藥。敵發巨砲七，『福星』、『振威』、『福勝』、『建勝』殊死戰，船相繼碎；餘船放火自焚。是役也，燬輪船九、龍糟船十餘、小船無數，『伏波』、『藝新』二艘均逃回自鑿沉，林浦陸勇自潰；而法船僅沉魚雷一艘：此初三日大敗之情形也。張佩綸、何如璋甫聞砲聲，即從船局後山潛逃。是日大雷雨，張佩綸跣而奔，中途有親兵曳之行；抵鼓山麓，鄉人拒不納，匿禪寺下院，距船廠二十餘里。次日，抵鼓山之彭田鄉。適有廷寄到，督、撫覓張佩綸不得，遣弁四探，報者賞錢一千；遂得之。何如璋奔快安施氏祠，鄉人焚祠逐之，夤夜投洋行宿焉。晨入城，棲兩廣會館，市人又逐之；後踉蹌出就張佩綸於彭田鄉。張佩綸恐敵蹤跡及之，紿何如璋出廠，自駐彭田鄉。累日偵知敵出攻長門，將謀竄出，始回。此張佩綸、何如璋狼狽出奔之情形也。何璟、張兆棟平日狃於和議，於海防毫無布置。藩司沈葆靖尤以戰事為非，凡屬防餉，輒拒不發款。兵無主帥、餉無專責，議者固知閩事之必敗也。所恃為長城者，以張佩綸平日侈談兵事，中外戰局伊始，身膺特簡，臨時必有把握。及閱閩信陳其種種謬戾情形，則喪師辱國之罪，張佩綸實為魁首；何如璋次之。何以言之？朝廷以督、撫不知兵，簡張佩綸偕劉銘傳往。劉銘傳渡臺，即封煤廠，逐法人。張佩綸出都，即聞其意頗怏怏；到閩後，一味驕倨。督、撫畏其氣燄，事之維謹；排日上謁，直如衙參，竟未籌及防務。至法船駛入馬尾，倉卒乃以入告；張得勝緝得引港奸民請辦，張佩綸竟置不理，眾益駭然。而張佩綸尚侈然自大，漫不經心；水陸各軍，紛紜號召。迨各將請戰，又以奉旨『禁勿先發』為詞。臣等不知『各口各擊』之諭，何日電發？不應初三日以前，尚未到閩。即使未到，而諭旨禁其先發，非併輪船起椗、管駕請軍火而悉禁之也；一概不允，眾有以知張佩綸之心矣。身為將帥，足未登於輪船；聚十一艘於馬江，環以自衛。各輪船管駕疊陳連艦之非，張佩綸斥之；入白開戰之信，張佩綸又斥之。事急而乞緩師於敵，如國體何！開砲而先狂竄，如軍令何！中岐即馬尾、田彭即鼓山後麓，張佩綸自諱其走，欲混為一；如地勢迥隔何！敵攻馬尾，張佩綸於是日始竄彭田，而冒稱力守船廠；如不能掩閩人耳目何！且何如璋實匿戰書，張佩綸與之同處，知耶？不知耶？臣等不能為張佩綸解也。臣聞張佩綸敗匿彭田，以請旨逮問為詞，實則置身事外。證於外間風聞，張佩綸所恃為奧援之人私電函致，有『閩船可燼、閩廠可燬，豐潤學士必不可死』之語（按此語暗指李鴻章）；是則張佩綸早存不死之心，無怪乎調度乖謬、聞戰脫逃，肆無忌憚如此也！何如璋實督船政，旦夕謀遁，棄廠擅走，已有罪矣；而謀匿戰書，意尤叵測！復於六月一日將船政局存銀二十六萬，藉名採辦，私行兌粵；群議其盜國帑，言非無因。張佩綸素以搏擊為名，何如璋荒謬如此，並無一疏之劾；謂非『狼狽相依，朋謀罔上』，所不敢信。若不嚴予懲辦，何以謝死事二千餘人，何以儆沿海七省之將帥，何以服唐炯、徐延旭之心，何以塞泰西揶揄之口！請密派公正大臣如彭玉麟等馳往查辦，徹底根究，自可得其罪狀」。

得旨：派左宗棠、楊昌濬查辦。滇督岑毓英自請赴前敵。已革滇撫唐炯檻送至京，下刑部獄嚴訊。吏議：張兆棟、何如璋皆褫職。諭：「此次法人肆意要挾，先開兵釁；中國屢予優容，已屬仁至義盡。現在戰局已成，倘再有以賠償等詞進者，即交刑部治罪」。

法人攻蘇元春關外之軍，元春擊沉法艦一艘、斃法酋一人，連戰屢捷。奏入，獎元春孤軍當勁敵，賞賚有差。王德榜久無功，朝旨切責。提督方友升、總兵周壽昌與法軍戰於郎甲，教民導法軍襲入，友升等大敗。劉永福命黃守忠、吳鳳典進規宣光。

法船擾臺南、澎湖危甚。劉銘傳乞援於北洋，李鴻章以「北洋艦小，不足當巨艦，無從赴援」入告；諭旨但勉銘傳固守，不能救也。以劉銘傳為臺灣巡撫。左宗棠議援臺，派南洋兵輪五艘、北洋兵輪五艘會於滬上，命楊岳斌統之入閩為援臺之師。曾國荃電告鴻章，言「南洋兵艦脆弱，不能當巨艦」；鴻章以聞，朝旨言：「臺灣信息不通，情形萬緊。曾國荃意存漠視，不遵諭旨，可恨已極！著交部嚴加議處。即著妥派兵輪與李鴻章派出之輪兵迅赴福建，交楊昌濬調遣。該大臣等倘再遷延，致誤戎機，自問當得何罪？左宗棠、楊岳斌迅速赴閩，無稍遲延」！國荃旋革職留任。

法兵攻基隆，踞之。旋攻滬尾，提督孫開華、章高元、劉朝祜候其登岸擊之，斃法酋一人，奪其旗。劉銘傳以聞，賞賚有差。初，法人之攻臺灣，劉銘傳自守基隆，孫開華守滬尾。八月十三日，法攻基隆，銘傳戰卻之。滬尾警急，銘傳以滬尾乃為基隆後路，離府城三十里，僅恃一線之口藉商船以通聲問——軍裝盡在府城，如滬尾有失，則前軍不戰而潰，府城必危；乃移師專守滬尾，遂勝法軍。時論以基隆之失，歸咎於營務處知府李彤恩三次飛書乞銘傳棄基隆而保滬尾；朝旨力敦促諸帥逐基隆法軍。

左宗棠乃奏：「法軍不過四、五千，我兵之駐基隆、滬尾者數且盈萬；劉銘傳係老於軍旅之人，何至一失基隆，遂困守臺北，日久無所設施！後詳加訪詢，始知基隆之戰，劉銘傳已獲勝，因知府李彤恩以孫開華諸軍為不可戰，三次告急，銘傳乃拔隊往援，基隆遂不可復問。其實滬尾之戰，仍孫開華諸營之功。知府陳星聚屢請攻基隆，劉銘傳謝之。獅球嶺法兵不過三百，曹志忠所部八、九營因劉銘傳有『不許孟浪進兵』之語，不敢仰攻。臺北諸將領多願往攻基隆，劉銘傳坐守臺北，不圖進取。恭譯電旨，劉銘傳仍應激勵兵勇收復基隆，不得懦怯株守，致敵滋擾。臣思劉銘傳之懦怯株守，或一時任用非人，運籌未協所致。李彤恩虛詞惑眾，致基隆久陷，厥惟罪魁；請旨即行革職，遞解回籍，不准逗留臺灣，以肅軍政」。

諭楊岳斌迅速赴閩援臺；李彤恩先行革職，交楊岳斌查辦。劉銘傳以左宗棠未加詳察，遽劾李彤恩，亦上疏抗辯；言「基隆、滬尾駐軍四千餘人，左宗棠疏稱『數且盈萬』，不知何所見聞？基隆疫作，將士病其六、七，不能成軍；八月十三日之戰，九營僅選一千二百人，尚有扶病應敵者。當孤拔未來之先，屢接警電；滬尾兵單，砲臺尚未完工，無險可扼，危險不待言。臣先函致孫開華、李彤恩：如敵犯滬尾，臣即撥基隆之守來援。及法船犯滬尾，迭接孫開華、李彤恩、劉朝祐先後來信，俱稱法船直犯口門，升旗開砲；臣與孫開華等早有成約，無用李彤恩虛詞搖惑。左宗棠前據劉璈稟報稱孫開華所部並淮軍士勇三路迎戰獲勝，此次又奏孫開華數營戰勝；不獨於臺事未加訪察，即奏報中亦自相矛盾。臺北知府陳星聚，每見必請攻基隆。其人年近七旬，不諳軍務；經詳細告以不能進兵之故，該府隨言隨忘，復稟請進攻。臣手批百餘言，告以不能遽進之道。該府復慫恿曹志忠進攻，並有危言激之；曹志忠一時憤急，遂有九月十四日之挫。陳星聚妄聽謠言，謂基隆法兵病死將盡，故日催進攻；自十五日以後，始自言不諳軍事，不再妄言。基隆靠近海口，敵船入口，即不復可守。我之所恃者山險，敵之所恃者器利。彼來攻我，我得其長；我往攻彼，彼得其長。且敵營據山傍海，兵船往泊其下；若不能逐其兵輪出口，縱窮陸軍之力，攻亦徒攻，克猶不克。臣治軍十餘年，於戰守機宜稍有閱歷，惟事之求實，不務鋪張粉飾。若空言大話，縱可欺罔於一時，能不遺笑於中外！臣實恥之」。

旋經楊岳斌奏覆：「李彤恩第知滬尾兵單，不知孫開華諸將之足恃；第知臺北為重，不知基隆一失難以速收，未免貽誤戎機。其三次飛書告急，實由未嫻軍旅，臨事倉皇；與虛詞搖惑者有別。請照原擬革職回籍，不准逗留臺灣，逭其餘罪」。是時朝廷方倚銘傳、又不欲正左宗棠之誤，楊岳斌遂以囫圇之詞覆奏。張佩綸既敗，閩人攻之急，亟欲離閩，請鴻章代乞還京；不許。鴻章命德國水師總兵式百齡偕林泰曾、鄧世昌率快船援臺。

八月，提督蘇元春與法軍戰於陸岸縣，總兵陳嘉、副將蘇元瑞戰甚力，敗之；賞賚有差。曾國荃遵旨派南洋快船五艘會式百齡援臺。內閣學士周德潤奏：「官軍進取越南，宜以正兵牽制河內之師；別用奇兵由車里趨老撾，直走哀牢，以暗襲順化。募用滇邊土人，必能得力」。得旨：交滇督詳察籌辦。

當時朝士以談兵為能，每戰事起，恆交文章論兵事；朝廷亦不專倚閫外，得封章，付將帥籌議，或徑採行之。蓋士夫慕曾、左之功名，恆思因事自效，或空言以博時名；朝廷亦喜用書生，故張之洞、張佩綸、陳寶琛、吳大澂皆同時並出也。是時朝鮮內亂，提督吳兆有率同袁世凱等統兵入王宮，代平其亂；朝命吳大澂偕慶裕、續昌往籌善後，命李鴻章調回援臺之兵輪隨丁汝昌赴朝鮮，別遣吳安康帶船入閩。劉銘傳以軍餉不繼，請就地開捐實官助餉；許之。與德國訂購軍械，並商借美款。徐延旭檻送至京，下獄嚴訊。

法兵久佔基隆，嚴諭劉銘傳迅圖攻拔。銘傳奏：「法增兵集基、滬，乞援兵」；朝命楊岳斌、程文炳馳救。彭玉麟、張之洞以粵防餉絀，請暫弛闈姓賭博之禁，徵餉濟軍；報可。蘇元春、陳嘉與法軍戰於紙作社，陣斬法兵官四人。先是，詔士民上書言事，知縣王文超奏「江南防務疏懈」，從九品李昌振奏「劉錦棠、金順、張曜等侵蝕軍餉」；朝廷畏擾，乃除士民言事之例，罪李昌振。吏議唐炯、徐延旭斬，監候；命秋後處決。李鴻章、左宗棠於唐炯罪名未定之先，輒以「人才廢棄可惜」奏請錄用；丁寶楨臚舉唐炯從前戰績，代為乞恩：均分別議處。

張之洞保薦徐延旭「文武兼資」，實屬失當；姑念在粵頗著勤勞，從寬察議。陳寶琛、張佩綸力舉唐炯、徐延旭堪任軍事，貽誤非輕！陳寶琛嚴加議處；張佩綸於馬尾一役尤屬調度乖方，即行革職，來京聽候查辦。前軍機大臣恭親王、寶鋆、李鴻藻、景廉等亦昧於知人，業於本年三月降旨懲儆，從寬免議。廣東以購械商借英款，報可。左宗棠、楊昌濬查辦「張佩綸棄師潛逃、何如璋乘危盜帑」案，為之辯護，僅請交部議處；得旨：「佩綸、如璋從重戍邊。左宗棠、楊昌濬夙負人望，乃意存袒護，蹈此惡習；均傳旨申斥」。張之洞以「援臺兵艦不能達臺，遙泊無益，請調粵防海」；付李鴻章、左宗棠議。浙撫劉秉璋又請將兵船調回南洋，不許；諭鴻章仍飭赴臺。

十一月，王德榜軍大敗於豐谷，蘇元春不往援。唐景崧與劉永福、丁槐軍攻宣光，力戰大捷；

優詔獎之。法兵攻谷松，王德榜怨蘇軍不救以致豐谷之敗，亦不往援；蘇軍敗退威埔，諒山戒嚴。馮子材幫辦廣西軍務。

十二月，法軍攻諒山，據之；潘鼎新等退駐南關，龍州大震。唐景崧、劉永福、丁槐攻宣光月餘，不能拔。諒山失守，岑毓英慮景軍等斷後援，令勿拚孤注；景崧不可。馮子材與法軍戰於文淵，互有殺傷。法兵攻鎮南關，轟毀關門而去，提督楊玉科戰歿，鼎新退駐海村；朝命戴罪立功。元春退駐幕府。王德榜自負湘中宿將，與督師不洽，屢催援不至，鼎新效之落職，所部歸元春轄之。鼎新意氣自用，與諸將不和；而獨袒蘇軍，故蘇軍雖敗，朝議不及。法軍攻劉永福於宣光，永福軍潰，唐景崧等退駐牧馬。欽、廉防急，彭玉麟請調馮子材軍防粵；朝旨令鼎新議。鼎新素不協於子材，乃命子材行。子材以關外防緊，不肯退；玉麟乃令專顧桂防，潘鼎新師久無功，褫職；以李秉衡護理廣西巡撫。蘇元春督辦廣西軍務。馮子材自以老將久為督辦，元春新進，乃踞己上；悒悒。法兵既毀鎮南關，逃軍難民蔽江而下，廣西全省大震；子材至，乃力為安輯。子材久駐粵西，素有威惠，桂、越民懷之，人心始定；乃築長牆扼守，命王孝祺屯其後為粗角。法兵揚言某日犯關，子材逆料其必先期至，乃決先發制敵，鼎新止之；子材力爭，乃率王孝祺軍夜犯敵壘，殺敵甚多。

法起諒山之眾撲鎮南關，子材誓眾曰：「法再入關，吾有何面目見粵人！必死拒之」。士氣皆奮。法攻長牆急，砲極猛烈；子材使諸統將屹立，遇退後者皆刃之。自開壁，率兩子直犯敵軍；諸軍以子材年七十奮身陷敵，皆感奮殊死戰，王孝祺、陳嘉率部將潘瀛、張春發等隨其後。王德榜軍側至，夾擊之，斃法兵極眾。鏖戰兩日，法軍大敗，潰遁。子材率兵攻文淵，法軍棄城走。諸軍三路攻諒山，孝祺、德榜戰尤力；連戰皆克，遂破郎甲。王孝祺進軍貴門關，盡復昔年所駐邊界，越民立忠義五大團二萬餘人皆建馮軍旗幟；關外肅清。自海通以來，中國與外國戰，惟是役大捷。斃法兵官數十，法軍受鉅創，全國震駭；皆子材之功也。子材從張國樑軍於江南，久著戰功；國樑歿，子材統其餘眾。治軍四十餘年，嚴明愛士卒；自廣西提督辭職，老於家。張之洞至粵，禮起之，率粵軍防邊，建此殊績；亦之洞知人之效也。

法提督孤拔以兵船窺浙之鎮海，提督歐陽利見扼北岸砲臺，率吳安康三船拒之。「澄慶」、「馭遠」兩兵輪為法艦所逼，駛入象山之三門灣；法船封圍港口轟擊之，二船沈焉。利見轟傷孤拔坐船，船退出口；屢以魚雷突入，皆被擊退。法船併力猛進，復沉其一；法艦遂遁。事後，知法將孤拔於是役斃焉。法兵六千犯臨洮府，復分兩隊，一北趨珂嶺、安平，一南趨緬旺、猛羅。滇督岑毓英命岑毓寶、李應珍等扼北路，王文山扼南路，而自率軍當中路；皆有斬獲。法軍遂合趨臨洮府，滇軍拒戰，南北路回軍夾攻之；陣斬法將五人，法軍大潰，奪獲器械無算。

法兵艦窺臺灣之澎湖，據之。諒山既大捷，法人乃介英人赫德在天津向鴻章求和，言彼此撤兵，不索兵費。鴻章既始終持和議，天津約成，鴻章曾奏言法人必無翻覆；及法人毀約開戰，鴻章負重謗。今法人來求和，鴻章亟欲護前約；奏言：「澎湖既失，臺灣必不可保。當藉諒山一勝之威，與締和約，則法人必不再要求」。朝廷遽納其議，立命停戰。臨洮之戰，乃在停戰後、電諭未達前也，鴻章遽請簽約，令諸軍皆退還邊界；將士皆扼腕憤痛，不肯退兵。彭玉麟、張之洞屢電力爭撤兵，朝旨以津約斷難失信，嚴諭遵旨辦理；又電鴻章分諭各督、撫、統將，言「桂軍甫復諒山，法軍即據澎湖。馮子材等若不乘勝回師，不惟全局敗壞；且恐孤軍深入，戰事一無把握。縱再有進步，越地終非我有；而全臺隸我版圖，援斷餉絕，一失難復。彼時和、戰兩難，更將何以為計！此時既已得勝，何可不圖收束！著該督分電各營——如有電信不到之處，即發『急遞』飛達，如期停戰撤兵；不得違誤，致生他變」。

當時關外餉道大通，士氣激昂，法軍已大挫，法國至兩罷其外部；乘勝而逐法軍於越南，困臺之師自當速退。而朝臣習於苟安，又偏信鴻章之言，倉卒而成和議；雖關外大捷而仍失越南，灰士心而長敵燄，皆「苟且」誤之也。自諒山一役後，中國不復有此榮譽矣！日本以朝鮮亂事，遣伊藤博文來津議，要求懲治吳兆有、袁世凱等；鴻章拒之，而與訂彼此派兵互相知照——若公同保護之約。日後朝鮮之失，已伏於此。是歲鴻章所訂兩約，蓋並失越南、朝鮮矣。

法人要逐劉永福於越南，張之洞乃擬令永福駐思欽，永福堅不肯行；唐景崧集詞脅之，朝旨嚴切，乃勉歸於粵，授總兵。而馮子材奉督辦廉、欽邊防之命。約既成，越南歸法國保護，而法人交還基隆、澎湖，各還其俘；海疆解嚴，滇、越通商焉。

中日兵事本末

甲午兵事，以丹徒姚君錫光所著《東方兵事紀略》為最詳盡，而筆墨頗病冗碎。余既略有異聞，更就當時在軍中者考證焉；乃取姚《略》變易簡括之，遂成斯編。【著者志】

朝鮮自前明隸中國藩服，修職貢甚謹；與日本並國於東海。明萬曆間，日本豐臣秀吉大舉入朝鮮，覆其八道，朝鮮幾亡；明竭中國兵力，不足救之。會秀吉死，兵遽罷，八道復入於朝鮮。滿清入主中夏，鄭芝龍據臺灣。唐王、魯王憑海隅以謀恢復，迭乞援日本，皆拒之。

自康、乾以來，商船東趨日益眾，日本乃設奉行三員於長崎，以領華商。道、咸後，中國既與泰西互市、立約開諸口岸，尚未與日本互市也。同治元年，日本長崎奉行遣其屬附荷蘭船載貨達上海；因荷蘭領事言於上海道吳煦，請依西洋無約諸小國例，專至上海貿易，並設領事官照料完稅，不敢請立約。通商大臣江蘇巡撫薛煥許之，聞於朝。是為日本互市之始。三年，因英國領事巴夏禮請許其商民自報吾海關完稅。七年，英國領事代請，許其商民至內地，給護照驗行。皆其大將軍德川時事也。九年（原文為「明治三年」），〔日本〕遣外務權大丞柳原前光謁直督李鴻章於天津，請依泰西諸國例立約。總署僅許通商，而拒立約；前光力請於鴻章，卒許之。十年，其大藏卿伊達宗城來議約，前光為之副。與鴻章議於天津，定通商條約三十三款；而禁運貨入內地，與西約蓋殊焉。十一年，前光復來求改約，鴻章卻之。是冬，復遣外務卿副島種臣為全權大臣，要改約；遂允之。十二年四月改約成，互換於天津。

先是，琉球船遇颶漂抵臺灣，死於生番者五十四人；日本商民四，亦漂至遇禍。種臣既成約於天津，入都呈國書；命前光至總署，言生番事。總署大臣毛昶熙、董恂答之曰：「番民皆化外，猶貴國之蝦夷，不服王化，亦萬國所時有也」。前光曰：「生番殺人，貴國捨而不治，敝國將問罪於生番；以盟好故，使某來告」。昶熙曰：「生番既我之化外，伐與不伐，惟貴國自裁之」！前光歸報，日本遂有征臺之役。

同治十三年三月，日本以陸軍中將西鄉從道為都督，征臺灣生番。先命廈門領事致書廈門道呈閩浙總督李鶴年，言：「去年副島大使得請於貴國，今將興師問罪於貴國化外之地，若貴國聲教所暨，則毫不敢犯」。鶴年覆書拒之，不聽；蓋自聞昶熙等答前光言，知中國不足畏矣。日軍薄社寮澳登陸，熟番迎降。熟番於生番，世仇也；導擊生番，敗之。進焚村落，深入至牡丹社。生番伏叢莽間，時起狙擊，日兵不敢進；從道退守龜山，建都督府，闢荒蕪屯田，為久駐計。閩督聞於朝，詔海疆戒嚴，徵發旁午。命船政大臣沈葆楨為欽差大臣，督福州水師赴臺，戒毋輕動。別遣閩藩潘霨、臺灣道夏獻綸就西鄉從道議。至瑯𤩝灣，日兵露刃夾道立，霨等嚴詰從道，論辯久不決；霨作色行，從道挽之；謂：「我國暴師海隅，為貴國征化外、闢荒穢，寧獨無報耶」？霨曰：「若速退師，寧賞軍費」。與草約三款而還。柳原前光以公使至京師與總署議，久不協，將決戰；閩撫王凱泰率兵二萬五千將渡臺。日軍之屯龜山者受暑瘴，多死亡，思退兵；聞大軍至，益思言和。乃以內務卿大久保利通為全權大臣，來議和約；辨番地界，兩月不決。英使威妥瑪居間，要償兵費三百萬元；巡視臺灣大臣沈葆楨電奏力爭，謂：「倭備雖增，倭情漸怯；大久保之來，中情窘急，而故示整暇；我當堅持之」。廷議不欲遽啟戰事，乃允償金五十萬。九月，鈐印換約。日兵歸國，行凱旋禮；進從道爵。蓋自是益輕中國矣。

光緒元年秋，日本以兵艦突入朝鮮江華島，毀其砲臺、焚永宗城，殺朝鮮兵，掠軍械以去；復以兵艦駐釜山，要盟。方副島種臣之來議約也，乘間語總署：朝鮮是否我屬國？若為屬國，則匄我主朝鮮通商事。總署答以「朝鮮雖我藩屬，而內政、外交聽其自主，我朝向不與聞」。當時大臣闇於國際法，對外惟知自大；洎屢遘英、法之役，惕於兵釁，遇事退讓；凡所要求，無不如志。其明告日本以朝鮮自主，實圖省事也。至是，日本以兵脅朝鮮，而遣開拓使黑田清隆為全權大臣、議官井上馨副之，赴朝議約。

二年春，約定；認朝鮮為獨立自主國，互派使臣，並開仁川、元山兩埠通商，日艦得隨時測量朝鮮海岸。中國視之漠然也。是年春，始派侍講何如璋充日本使臣，設橫濱、神戶、長崎等領事。三年，朝鮮以天主教事，與法國有違言；介日本駐釜山領事調停，書稱中國為上國，言候上國指揮。日本以交際敵體，何得獨尊中國？如朝鮮為中國屬，則大損日本國體；嚴詞詰責。朝鮮上其事，總署致辯日本謂：「朝鮮久隸中國，其為中國所屬，天下皆知；即其為自主之國，亦天下皆知；日本豈能獨拒」？其語不倫，日人弗顧也。

五年，日本入琉球，滅之，夷為沖繩縣，虜其主而還。琉球久在藩服，職貢甚謹；其王即位，輒命專使冊封焉。至是，詰日本滅我屬國，日人拒焉。是時以伊犁邊界與俄羅斯爭甚烈，方備戰，不能復與日本啟釁，琉球遂永為日有。日人復以長崎假俄泊兵輪，中國不能引公法以爭也。

泰西諸國，皆援日本通商朝鮮例，請通商朝鮮；中國諭朝鮮以相機因應，勿固拒。八年春，朝鮮遂與美國議互市之約，請蒞盟；鴻章派道員馬建忠、水師統領提督丁汝昌率兵輪偕美國全權公使東渡。朝鮮國王先以國書致美總統，自明為中國藩屬，所以請中國蒞盟之故；美使許之，乃定約於濟物浦，汝昌、建忠監之。約成，朝鮮命其臣賫美約並致美國書，呈禮部轉總署備案。未幾，英、法、德三國皆遣使先後東渡，建忠為之介，皆依美國例先後成約。日本亦遣兵輪至，詗約事。其駐朝鮮公使屢詰約文，朝鮮不之告；乃叩於建忠，建忠秘之。約文及與西使磋議，皆主於建忠，朝鮮奉行而已；日人滋不悅，然無如何也。

朝鮮國王李熙，以支派入繼。其父是應柄國，號大院君；頗拒外交。及王年長親政，王妃閔氏強宗專柄，裁抑大院君；大院君悒鬱鬱思逞。六月，朝鮮軍士以軍糧蠹腐，殺倉吏，執軍士數人置法，軍譁將變。大院君乘機便殺執政，率兵入宮，將殺閔妃，脅王及世子不得通朝士；遂殺日本練兵教師崛本以下七人，焚日本使館。有預告者，日使花房義質逃而免，走歸長崎。時建忠歸國、鴻章以憂去，張樹聲署北洋大臣。聞朝鮮變，命建忠會丁汝昌率三兵艦東渡觀變。抵仁川，而日本海軍少將仁禮景範已率兵艦先至；朝鮮惶懼，望中國援兵甚急。建忠上書樹聲，請迅入王京執逆首；緩則亂深，而日人得逞，損國威而失藩封。

汝昌內渡，請增兵。是時，日艦先後泊仁川，陸兵分駐濟物浦，花房義質將率師入王京；朝人大恐。樹聲命汝昌統七兵艦至於仁川，命提督吳長慶率所部三千人援東，便宜行事。朝命剋五日期，以七月初四日航海，初七日抵朝鮮馬山浦。師既濟，薄王京。長慶、汝昌、建忠入城，同候大院君，減騶從，示坦率。大院君來報謁，從者五百人；長慶命部將納其眾而守之。舉大院君筆談、設食，禁從官不得輒白事；大院君疑焉，語長慶使召從者還取衣。長慶出朝旨宣其罪，執而致之天津。朝命安置保定，乃幽之於蓮池書院；凡四年。其王李熙再上書請歸大院君，不許；仍許歲遣吏省問。熙亦不遣也。

長慶既平朝鮮亂，駐師漢城；日人大失望。花房義質要狹不遂，聲言決絕去；朝鮮懼，介建忠留之仁川，派全權就仁川議。朝鮮請命於建忠，建忠授之辭，使磋議。乃朝人畏日甚，卒償金五十萬，開揚華鎮市埠，推廣元山、釜山、仁川征程地，宿兵王京，與長慶對鎮；若公同保護焉。是年秋，給事中鄧承修、翰林侍讀學士張佩綸請乘兵威伐日本，責琉球事；付鴻章議。鴻章以「海軍未備，渡遼遠征非計」覆奏；不果行。

朝鮮志士，奮起言新學，號維新黨，目執政為守舊黨，相持甚急。光緒十年，維新黨金玉均、洪英植、朴泳孝、徐光範、徐載弼等謀殺執政而代之。玉均等曾遊日本，暱日人；至是，倚為援。英植時總郵政，延中國商務總辦及各國公使與朝鮮各官宴於郵署，日人預其謀，公使竹添進一郎不至，預運械入使館；酒間火起，亂黨入，傷禁衛大將軍閔泳翊、殺朝官數人於座。外賓驚散，日本兵排門入景祐宮，金玉均等直入寢殿；挾其王，矯令速日兵入衛，殺其輔國閔臺鎬等八人。

次日，亂黨自署官：洪英植為右參政，泳孝等管兵。議廢立，欲幽王於江華島，而日使欲致諸日京，議未決，而勤王兵起。朝鮮臣民籲長慶靖難，長慶責日使撤兵，不答；其臣民固請長慶兵赴王宮，及闕，日兵發槍拒焉。長慶疑國王在正宮，恐傷王，未還擊；而日兵連發槍斃華兵甚多，乃進戰於宮門外，金玉均等皆出助戰，王乘間避至北關廟；華軍偵知之，迎王歸於軍，斬洪英植及其徒七人以徇。泳孝、光範、載弼奔日本，而日使自焚使署，走濟物浦。朝民彌仇日人，長慶聚其官商妻孥，衛之出王京。朝鮮具疏告變，命吳大澂為朝鮮辦事大臣、續昌副之，赴朝鮮籌善後。

日本派全權大使井上馨至濟物浦，以五事要朝鮮：一、修書謝罪；二、卹日本被害人十二萬圓；三、殺其大尉磯林之兇手處以極刑；四、建日本新館，朝鮮出二萬圓充費；五、日本增置王京戍兵，朝鮮任建兵房。朝鮮皆聽命成約，而日本怨中國乃愈深矣。光緒十一年春，日本遣宮內大臣伊藤博文、農務大臣西鄉從道來津議朝鮮約。鴻章為全權大臣、吳大澂副之。與議定約三款：一、兩國屯朝鮮兵，各盡撤還；二、朝鮮練兵，兩國均不派員為教練官；三、將來兩國如派兵至朝鮮，須互先行文知照。當時鴻章左右皆不習國際法學，有此巨謬，成公同保護之條約；鴻章不之知，舉國亦無人詰其謬誤，猶泰然曰：「朝鮮，我屬國也」。以至於甲午，遂啟大爭，成中國之巨禍，皆此約成之也。

先是，俄人伊犁界務糾葛，將失和，以兵艦駛遼海；英人亦以兵艦至，踞朝鮮之巨文島，以泥俄人。及伊犁約成，英人慮擾東方大局，冀中國始終護朝鮮，屢為總署言；總署漫不為備，至是日人謀朝鮮益急。光緒十二年秋，駐英、法、德、俄使臣劉瑞芬致書李鴻章謂：「朝鮮毗連東三省，一有搖動，震撼邊疆；宜乘其內敝，收其全國，改建行省；此上策也。如以久脩職貢，不忍利其土地，則約同英、美、俄列強公同保護，亦足以保安全」。鴻章韙之，上之總署；總署不可，事遂寢，鴻章亦深惜焉。

光緒十五年，朝鮮饑。其咸鏡道觀察使趙秉式禁糶，日人詬焉。至明年禁弛，日人謂其元山米商折本十四萬餘元，責償於朝鮮；朝鮮為罷秉式官，許償六萬元；不可，日人至三易公使以爭償金。至光緒十九年，卒償金十一萬元，事乃寢。今總統袁公世凱時充朝鮮商務總辦，朝鮮倚中國，其執政尤善袁公，日人深忌之。償金之役，久乃決，日人疑袁公陰持之。

朝鮮執政閔泳駿，閔妃之族也；素疾日本，而國中新進厚自結於日人。朝鮮亂事，金玉均、朴泳孝等皆逃於日本，日人深庇之；朝鮮極欲得玉均等，李逸植、洪鍾宇乃分往刺之。鍾宇，英植子也；痛其父為玉均所煽被誅，欲甘心於玉均，乃佯交歡之。光緒二十年二月，鍾宇偕玉均來遊上海，同寓於東和館，日人所設旅館也。鍾宇擊斃玉均於旅舍，滬官捕繫之，以詰朝鮮；朝人謂玉均叛黨、鍾宇其官也，請歸其獄自讞之；乃以鍾宇曁玉均屍歸於朝鮮。朝鮮戮玉均屍，以鹽漬其首；而擢鍾宇官。日人大譁，乃為玉均發喪，赴者數百人。李逸植亦刺泳孝於日本，未中；日人捕獲逸植斃之，朝鮮不敢問。朝、日之隙日深，而日人怨中國亦愈甚；圖朝鮮之謀，乃益亟矣。

洎朝鮮東學黨變起。東學者，起於崔福成；刺取儒家佛老論說，轉相衍授。當同治四年，朝鮮禁天主教，捕治教徒，並捕東學黨喬某戮之，其黨卒不衰。至光緒十九年，黨人詣王宮訟喬冤，乞昭雪，不許，請益亟，乃捕治其魁數人，憤益思逞。民久怨政府，思暴發，黨人乘機煽之。光緒二十年春，乃倡亂於全羅道之古阜縣。朝主以洪啟勳為招討使，假中國「平遠」兵艦、「蒼龍」運船自仁川渡兵至長山浦，擊亂黨於全州。初戰甚利，亂黨逃入白山。朝兵躡之，中伏大敗，幾覆師；亂黨由全羅犯忠清兩道，兵皆潰，城陷，揚言直搗王京。朝鮮大震，來乞援師。鴻章派直隸提督葉志超、太原鎮總兵聶士成率蘆、楡防兵東援，屯牙山縣；按光緒十一年條約，電諭駐日公使汪鳳藻告日本外部：以朝鮮請兵，中國顧念藩服，遣兵代平其亂。

日本外務卿陸奧宗光覆藻書謂：「貴國雖指朝鮮為藩服，而朝鮮從未自承為屬於貴國」；鳳藻以聞。日本既聞中國出師援朝，亦以兵北渡。其駐朝公使大鳥圭介適歸國，因命其以兵八百先入王京；大隊繼至，前後八千餘人；命其駐京公使小村壽太郎以出師平朝鮮亂，照約告於中國。總署覆書謂：「我朝撫綏藩服，因其請兵，故命將平其內亂，貴國不必特派重兵；且朝鮮並未向貴國請兵，貴國之兵，亦不必入其內地」。日使覆書謂：「接本國覆電，本國尚未認朝鮮為中國藩屬。今照日、朝兩國《濟物浦條約》及中、日兩國《天津條約》派兵至朝鮮；兵入朝鮮內地，亦無定限」。朝鮮亂黨聞中國兵至，棄全州遁。朝兵收會城，亂平；而日兵至不已。中國約日本退兵，日人要改朝鮮內政，約兩國各簡大臣至朝代其更革。駐日使臣汪鳳藻覆書謂：「整頓內治，任朝鮮自為之，我中國不顧干預；貴國既認朝鮮為自主之國，尤不應預其內政。至彼此撤兵，請稽和約專條行之」。中國屢以「朝鮮自主」之文彰諸公牘，而又屢稱朝鮮為藩服，背馳已極；而總署以及外交官不悟其大謬，至啟大爭，以迄喪敗，國中尚鮮明此義者。日本堅不肯撤兵，覆書謂：「中日兩國同心預其內治，則朝鮮足以安全；萬不料中國概置不講，而但要我國之退兵！英政府善意調停，而中國膠執殊甚；若因此而啟兵端，實惟貴國執其咎」。蓋其意已決用兵矣。

日本以朝鮮請兵中國，皆閔族所為；惡其執政閔泳駿，遂惡王妃。以執政親中國，疑朝鮮拒日皆中國駐朝總辦袁世凱所為，殊怨袁公；欲藉兵力改革其內政，去泳駿等，收其國權，以遏中國，故堅不肯撤兵。日兵皆據王京要隘，而中國屯牙山兵甚單。袁公屢約志超，電請北洋發戰艦至仁川，並增陸軍駐馬坡以備日本。鴻章始終欲據條約要日本退兵，恐增兵益為日本藉口，終不許；並戒志超勿以兵近王城，妨啟釁。各國使臣居間調停，皆無成議。日使大鳥圭介逼朝鮮完全自主，謝絕中國，朝鮮不敢從。鴻章屢議與日和，而日本索賠款三百萬。朝士大譁，以日本蕞爾，敢抗大邦，宜大張撻伐。樞臣翁同龢握大政，修撰張謇其門生最親者也；力主戰，並力言北洋軍之可恃，乃決備戰，而鴻章意仍不欲失和。朝野益詆鴻章，謂鴻章貳心於日本；其子經方久旅日本，曾納日婦，時論謂經方為日本駙馬、鴻章與日本姻婭，乃始終言和；及喪敗賠款，猶謂鴻章有意賣國也。當海軍衙門建立時，醇親王奕譞為總理；孝欽后建頤和園，撥海軍經費三千餘萬供建築費，奕譞向將順后，故后尤信任之，海軍費絀，設備多不完，惟鴻章知之深，朝野皆不習外事，謂日本國小不足平，故全國主戰。獨鴻章深知其強盛，逆料中國陸海軍皆不足恃，故寧忍詬言和；朝臣爭劾鴻章誤國，樞臣日責鴻章，乃不得已而備戰，時日軍已久踞朝鮮矣。

日兵既據朝鮮王京，遍佈水雷漢江口，以兵塞王京諸門；凡華人出入必搜索，華僑乃爭內渡。袁公赴仁川還國，駐朝華員均逃歸。六月二十一日，大鳥圭介率兵入王宮，殺衛兵，擄朝鮮王李熙，以大院君主國事。大院君於光緒十一年釋歸，方閒居也。矯王令，流閔泳駿等於惡島，凡朝臣不親日本者皆逐之；事無鉅細，皆決於日人。袁公歸，力言於鴻章以不能不用兵之故；乃以大同鎮總兵衛汝貴率盛軍十三營於天津、盛京副都統豐伸阿統盛京軍發於奉天、提督馬玉崑統毅軍發於旅順、高州鎮總兵左寶貴統奉軍發於奉天。四大軍奉朝命出師，慮海道梗，乃議盡由陸路自遼東行，渡鴨綠江入朝鮮；蓋迂遠甚矣。牙山兵孤懸，援師久不至，鴻章租英商輪「高陞」載北塘防軍輔以

「操江」運船，載械赴援。日人預賄中國電報生洩行師期，以兵艦預邀之；截「操江」船，「操江」懸白旗任掠去，日艦「吉野」、「浪速」以魚雷擊「高陞」，沉之。

初，光緒十年立海軍衙門於京師，建旅順、大連灣、威海衛砲臺。十四年，定海軍經制，以丁汝昌為海軍提督；海軍大半閩人，汝昌淮人陸將，孤寄其上，大為閩黨所制，威令不行。左、右翼總兵以下爭挈眷陸居，軍士去船以嬉；每北洋封凍，海軍歲例巡南洋，率淫賭於香港、上海。蓋海軍之廢弛久矣。朝鮮變起，鴻章令「濟遠」兵艦率「揚威」、「平遠」往護朝鮮。及日本兵大集，「濟遠」管帶閩人方柏謙以「濟遠」逃歸。鴻章方冀和，召諸艦悉歸。洎日本擄朝王，絕海道；乃命「濟遠」、「威遠」、「廣乙」先後赴牙山。遇日艦先擊，「廣乙」受殊傷，逃焉。「濟遠」繼逃，日艦「吉野」、「浪速」追之急，方柏謙豎白旗、繼樹日本旗，仍追不已，有水手發砲中日艦。柏謙生還，以捷聞。塞威海東西兩口，而朝鮮海上遂無中國艦隊，日艦縱橫海上；中國但為防海計，不復能爭海上之權矣。

湖南巡撫吳大澂自請赴前敵，至威海相砲臺。汝昌率全軍抵旅順，陸軍四大軍俱集平壤，海軍大發，集於大東溝、鴨綠江口。汝昌自坐「定遠」為督船，與日艦相見。戰既酣，「定遠」擊沉其「西京丸」一艘，而中艦「超勇」沉焉。「致遠」最奮戰，與「吉野」、「浪速」相當；「吉野」，日艦之中堅也。「致遠」藥彈盡，督帶粵人鄧世昌素忠勇，閩人素忌之；「致遠」戰酣，閩人相視不救；世昌憤痛，決死敵，乃鼓快車撞「吉野」，思與同盡；「吉野」駛避，「致遠」中其魚雷，鍋裂，遂沉焉；世昌死之，全船皆殉無逃者。而「濟遠」方柏謙不戰而逃，轉舵誤撞「揚威」；壞其舵，行愈滯，日艦至，擊沉之。「濟遠」既逃，「廣甲」從之，「靖遠」、「經遠」、「來遠」不能支。「經遠」管帶陣亡，日人擄焉。

諸艦既爭逃，惟「鎮遠」、「定遠」猛戰，日五艦繞攻之，「定遠」轟其「松島」艦，幾沉之；日海軍中將伊東祐亨坐船也。「定遠」亦受重傷，砲械俱盡。日既暮，日艦解圍去。「定遠」等脫歸旅順，「濟遠」已先歸。「廣甲」已抵大連灣，誤觸礁不得出；越日，日艦至，砲碎之。是役，凡失五艦：「致遠」、「經遠」、「超勇」、「揚威」、「廣丙」是也；其存者，惟「定遠」、「鎮遠」、「來遠」、「靖遠」、「濟遠」、「平遠」、「廣甲」七艘，已不能軍矣。汝昌立「定遠」敵樓督戰中彈，傷腇仆地；管帶總兵閩人劉步蟾聞戰震悚失次，洋員漢納根代其指揮，始能畢戰。汝昌歸於威海，鴻章命斬方柏謙於旅順；以鄧世昌死事上聞，得旨謚「壯節」。

葉志超軍駐牙山，聞「高陞」被擊沉，聶士成言於志超曰：「海道既梗，牙山絕地不可守；公州背山面江，勢便利，戰而勝可據守以待後援，不勝猶可繞道出也」。志超從之。日兵已逼成歡，士成率五營駐成歡。日前鋒至，迎擊獲勝；日兵大至，以無援敗。趨公州就志超，而志超已先棄公州行。士成追及之；以兵單恐與日軍遇，乃繞道渡大同江，至平壤，與大軍合；兩月始達。志超以成歡之戰殺敵相當，鋪張電鴻章；乃據以入告，獲嘉獎，奏保員弁數百人、賞軍士二萬兩，遂拜總統諸軍之命。

是時，中國軍隊並屯平壤；高麗之舊京也。朝民素親中國，聞大軍至，爭獻酒漿饟軍；而軍士殘暴，奪財物、役丁壯、淫婦女，衛汝貴軍尤甚，朝民大失望。志超抵平壤，統諸軍。志超素庸懦，不足服諸將，汝貴尤貪縱；左寶貴、聶士成皆忠勇善戰，而志超漫無布置。大軍聚平壤，諸將日置酒高會，築壘環砲為固守計。日兵偵探隊至大同江，華軍聚而殲之；繼至者，均逐去。志超以屢獲大捷聞。盛軍夜出哨與毅軍遇，互疑為敵；相轟擊，死傷甚眾。志超聚全軍為嬰城計，日本分道來攻。馬玉崑守大同江東岸，血戰久；汝貴援之，日兵敗去。而左寶貴扼元武門嶺，日兵大隊至。志超將冒圍北歸，寶貴不從；以兵守志超，防其遁去。日軍猛撲寶貴軍，酣戰久，卒不敵。寶貴矢必死，登城指揮。連中砲，墮地猶能言；及城下，始殞；部將死數人。日軍佔元武門，開城以納大軍；志超遍懸白旗，乞緩兵。馬玉崑聞元武門失守，奉志超令速撤軍，乃歸平壤。志超既樹白旗，日人來議受降；志超乞率兵歸，日人拒焉。志超乃率諸將棄平壤北走，日兵邀之於山隘；兵潰，迴旋不得出。槍砲齊擊，人馬枕藉，死二千餘人、被擄數百；而將領皆得生逃，軍儲器械、公牘密電盡委之以去。朝鮮境內，華兵絕跡矣。

當大軍屯平壤，朝命諸軍繼發為後援。四川提督宋慶以毅軍發旅順、提督劉盛休以銘軍發大連灣、將軍依克唐阿以鎮邊等軍發黑龍江，皆會於東邊九連城。軍未集，而平壤軍已退，志超率殘軍萬餘人過安州、定州，皆棄不守。聶士成時在安州，以安州山川險峻，宜固守以遏日兵；志超不聽，奔五百餘里，渡鴨綠江入邊止焉。九連城與朝鮮之義州隔水相對，界鴨綠江；大軍既先後入九連城，朝旨奪志超職、衛汝貴逮問，以宋慶接統諸軍。汝貴治淮軍久，以貪　至提督；援朝時，年六十矣。其妻貽書曰：「君起家戎行，致位統帥；家既饒於財，宜自頤養。且春秋高，望善自為計，勿當前敵」！汝貴守婦誡，益避敵軍。敗逃後，日人獲其書，後引諸教科書以戒國人。宋慶忠勇敢戰，然無調度，非大將才；諸將行輩相若，驟稟節度，多不悅。故諸軍七十餘營散漫無紀，又坐守江北一月以待敵。

日軍全據朝鮮，軍實即厚，乃渡江來攻。逮九連城不守，長驅之勢成矣。宋慶駐中路九連城，以聶士成守虎山；九連城要隘也。日軍集於義州，作欲渡狀；中路嚴備之。而日軍乃潛襲上下游，其枝隊出東路渡安平河；依克唐阿棄防走東北，奔寬甸。其義州軍乘夜造浮橋達北岸，銘軍竟不覺；侵曉，日軍於南岸列砲隊護其軍渡橋者數千人。銘軍潰，諸軍從之。獨聶士成尚保虎山，日軍環攻之；士成力不支，退而西。宋慶遣援軍來，而虎山已失；退渡靉河，擠而死者相藉也。宋慶棄九連城，北趨鳳皇城。日軍分隊東下，豐伸阿、聶桂林棄安東，奔岫巖州。於是東起安平河口至安東沿鴨綠江境，皆為日據。宋慶以鳳皇城不可守，退握大高嶺，以守遼陽州，日軍遂佔鳳皇城。時旅順圍急，乃詔宋慶回援旅順；而大高嶺之防，專屬於聶士成。日軍趨寬甸，依克唐阿遁，寬甸及蒲石河諸軍望風潰。日軍分兵三路撲岫巖州，豐伸阿等棄城奔析木城。是時日第二軍已陷金州大連灣，進逼旅順；據東邊之第一軍分兵出遼陽之西，與第二軍會，以斷大高嶺後路。宋慶回援旅順之師屯蓋平，屢搗金州不得進。而豐伸阿、聶桂林駐析木城，日軍駐牽馬河以綴宋慶兵，而分兵撲析木城；豐伸阿、聶桂林奔海城。日軍並逼之，復遁去；關外戒嚴。

其東路聶士成駐大高嶺之軍，直鳳皇城西北；依克唐阿之軍，直鳳皇城東北；呂本元、孫顯寅率盛軍守連山關。日軍至，本元等遁，遂逼大高嶺；士成守備嚴，乃移向草河口，依軍擊敗之。日軍乃棄連山關，聚兵草河口，橫斷聶、依兩軍。聶士成屯分水嶺，以拊日軍之背；依軍夾攻之，陣斬一中尉。鳳皇城日軍以大隊來援，依軍連戰勝之；日軍退守鳳皇城。依克唐阿遣軍會士成趨鳳皇城，大戰於通遠堡，死傷相當。依軍逼靉河日軍，日軍夜襲之，多傷亡；翌日大戰於一面山，右翼兵擊死日軍甚眾。左翼兵先潰，右翼兵不支，遂退；中途遇伏，馬隊統領永山死焉。安東之日軍已西陷海城，遼西危急；詔依克唐阿移軍援遼陽。吉林將軍長順會宋慶軍與日軍相持，互相勝敗。聶士成請自率精銳出敵後往來游擊，截其饟道，令彼首尾兼顧，敵乃可克也；諸帥不許。士成自率兵過通遠堡，逼雪里站而陣；日軍至，伏兵起擊，走之。鳳皇城日軍大隊至，士成預伏兵、張疑軍以待之，復敗日軍。是時遼東、金、復、海、蓋盡為日本有，山東之威海衛亦熸焉。依克唐阿、長順、宋慶、吳大澂諸軍屢敗於海城，畿疆危迫；詔士成入關衛畿輔，以江蘇臬司陳湜率湘軍二十營代士成守大高嶺。鳳皇城日軍以兵單，故不復出兵四犯，而鳳皇城以北遂鮮戰事矣。

鴨綠江之戰，海軍敗後不復能軍。日軍以兵艦至金州東之貔子窩登岸，以襲旅順。

旅順形勢之險為海疆最，自光緒六年經營軍港、建砲臺，凡十六年，置重兵守焉。東事起，旅順守將宋慶、大連灣守將劉盛休並率所部赴防九連城，鴻章別命提督姜桂題、程允和募新兵守旅順，總兵徐邦道以馬砲隊協守；銘軍分統趙懷益募新兵守大連灣。日軍襲據花園港，餌土人導致貔子窩運馬砲；閱十二日，海陸軍無阻者。徐邦道謂「金州失，則旅順不可守，請分兵逆之」。諸將各不相統，莫之應；邦道自率所部行。懷益部將請往備戰，懷益不許；曰：「吾奉命守臺，不聞赴後路備敵也」。邦道至，固請兵；乃分步隊隨邦道行。日軍大隊至，兵單將不守，電懷益告急；懷益方督所部運輜重渡海作逃計，弗之應也。日軍遂佔金州，進逼大連灣，懷益奔旅順。大連險隘蔽旅順後路，軍儲最厚，懷益預括鑲逃；大砲百二十尊、彈砲槍械無算，盡資敵矣。

日軍駐大連灣十日，始向旅順。旅順諸將皆倉皇備逃計，懲大連軍儲之資敵，乃先輦糧鑲還煙臺，不復作守備矣。營務處道員龔照璵聞金州陷、陸路絕，大懼；渡煙臺至天津。鴻章斥之，乃還旅順。自照璵之逃，軍民皇擾；船塢工匠奪庫款大掠而行，軍中弗問也。旅順六統領不相轄，乃共推姜桂題主之。桂題闇於調度，相顧無措。徐邦道率殘卒歸旅順，憤痛思自效。請增兵，不許；請械，許之。乃率所部拒戰於土城子，大挫日軍。及大隊繼至，邦道軍饑疲無援，乃退兵。照璵先一日乘魚雷艇遁於煙臺，黃仕林、趙懷益、衛汝成先後遁；其部卒肆掠，奪民船而渡。日軍未至，而旅順墟矣。徐邦道孤軍拒戰，傷殘幾盡。

日艦已縱橫海面，其陸軍分踞砲臺，守兵皆逃，徐邦道、張光前、姜桂題、程允和四將雜亂軍中而奔。旅順遂陷焉。

宋慶與日軍相持於海城，日軍攻缸瓦寨，破之；宋軍退守田莊臺。旅順陷後，諸軍均奔復州依宋慶。宋慶命章高元、徐邦道、張光前守蓋州，自率軍北援。日軍撲蓋平，與章高元相持蓋平河上；高元鏖戰甚烈，日軍乃繞攻鳳皇山。張光前聞敵至，先潰；日軍遂佔蓋平，分軍夾攻高元。徐邦道方自牛莊移師還，合高元拒戰；不敵，敗退。姜桂題率銘軍來援，邦道請夜擣蓋平，謀克復，桂題辭焉；諸軍皆退營口，宋慶自率徐邦道、馬玉崑兵萬二千人屯太平山。日軍猛攻之，邦道、玉崑皆力戰，卻之；日大軍並集，邦道等敗退，日軍據太平山。依克唐阿、長順以兵三萬人圖收復海城，屢戰不利；李光久以湘軍至，會邦道攻海城，皆不克。日軍踞海城僅六千人，而宋慶所部四萬人，益以提督唐仁兼駐奉天兵萬六千人，凡五攻海城不能拔。日軍堅守海城綴中國大軍，以便海道擾山東也。

自平壤敗後，朝廷慮淮軍不可恃，乃思用湘軍；故湘將魏光燾、陳湜、李光久等皆令募軍北援。召兩江總督劉坤一至，授欽差大臣，督辦東征軍務，駐山海關；湖南巡撫吳大澂及宋慶副之；大澂已先駐山海關也。大澂率軍圖海城，環海城而軍者六萬餘人。日軍逼遼陽，依克唐阿託詞援遼東，移軍遁，長順隨之。魏光燾敗於牛莊，李光久棄軍逃，死二千餘人、擄八百餘人、軍械甚富。吳大澂棄田莊臺，夜奔入關，將士從風而靡。宋慶方以三萬人屯營口，而軍資皆在田莊臺；及大澂逃，宋慶回軍援之；留蔣希夷守營口，希夷遽棄營口遁去。宋慶扼遼河北岸，日隊盡以所獲砲列遼河南岸猛攻，守岸兵不支；日軍踏冰渡河，宋軍潰而西。於是，遼河以東盡為日有矣。

旅順陷後，海軍提督丁汝昌褫職，仍統海軍駐威海；兵艦既弱，坐守而已。朝廷逮問汝昌，鴻章請以戴罪立功。日艦集大連灣將襲威海，先攻登州，陷榮城；日艦二十五艘環威海口外。海軍方新敗，並匿不出；道員戴宗騫統綏鞏軍駐守北幫砲臺，以分統劉朝佩駐南幫砲臺。日軍奪楓嶺攻南幫後路，朝佩敗奔北臺。汝昌恐砲臺不能守，命卸巨砲機件以歸，免資敵；宗騫持不可。無何，南臺陷；宗騫奔劉公島。日軍踞砲臺，以臺之巨砲俯擊澳內兵艦，別以魚雷艇入口襲擊，中「定遠」，傷甚，駛泊劉公島沉焉。復以魚雷襲「來遠」、「威遠」，沉之。時「來遠」管帶邱寶仁、「威遠」管帶林潁啟，方登陸冶遊未歸也。魚雷管帶王登瀛率魚雷十二艘欲逃出口，日艦追之，並擄焉。海軍水手並登岸譟出，鳴槍過市，聲言向提督乞生路；劉公島中大擾。諸洋員請姑許乞降，以安眾心；汝昌不可。諸洋員與兵輸管帶等已密有成議，欲以眾挾汝昌降。「靖遠」已為砲擊沉，汝昌駐「鎮遠」。軍士擁護軍統領張文宣至汝昌所，噪圍之；營務處道員牛昶炳及各管帶至，相向泣。乃集洋員計事，皆主降。德員瑞乃爾入艙密告汝昌曰：「兵心已變，勢不可為；不如沉船、毀砲臺，徒手降敵，計較得」。汝昌從之，乃令諸將候令同時沉船，諸將不應；汝昌複議命諸艦突圍出，亦不奉命。軍士露刃挾汝昌，汝昌入艙仰藥死。牛昶炳乃集諸將推英員浩威作降書，仍託汝昌語鈐印；命「廣丙」管帶程璧光乘「鎮邊」艇縣白旗詣日軍乞降。日軍既受降，乃以「康濟」艦載汝昌櫬送於煙臺，海軍掃地盡矣。

方東事初起，李鴻章已主和議；及諸城邑相繼陷，朝意亦思言和。十月，侍郎張蔭桓至津，就鴻章議，未決。鴻章命稅務司英員德璀琳東渡，齎鴻章致日相伊藤博文書；抵神戶，日官電達內閣，內閣謂私函非國書、德璀琳非中國大員，非欽派不能與議。璀琳歸，日人謂議和須割地並償兵費四萬萬元，由美國公使居間；乃命侍郎張蔭桓、巡撫邵友濂為全權大臣，赴日本會議，瑞良、顧肇新、伍廷芳、梁誠等從。至廣島，日本命內閣總理大臣伊藤博文、外務大臣陸奧宗光為全權大臣，互校敕書於廣島縣廳；日人謂中國全權之敕書非全權通例，以書告絕。蔭桓等力爭不得，遂歸國。

日人致書美使，謂「中國如誠意求和，當派位望素隆之大員，畀以全權，仍可隨時開議」；蓋陰指鴻章也。正月十九日，命鴻章為頭等全權大臣，赴日議和；以王文韶代為直督。美使函告鴻章，言日本來電云：「除先償兵費並朝鮮自主外，若無相讓地土及畫押全權，則使臣可無庸前往」。鴻章請諸朝，許之，鴻章乃行；挈其子經方及美員福世德、參贊羅豐祿、馬建忠、伍廷芳等從。抵馬關，日本全權伊藤博文、陸奧宗光等集馬關，以春帆樓為會議所，互勘敕書。伊藤博文要以大沽、天津、山海關為質，始允停戰；鴻章不可，伊藤執愈堅。鴻章謂若不允停戰，請勿攻大沽、天津、山海關三處，先議和約；伊藤不可。乃先議約。二十八日，鴻章自會議所歸，遇刺客小山豐太郎狙擊，彈傷顴，創甚；日皇深致歉意，遣醫慰治。歐亞輿論頗沸，乃允停戰，不索質地；訂停戰約，惟奉天、直隸、山東暫停戰，以二十五日為限。伊藤以和約十款相要，限四日議覆。

鴻章告總署，言日款最要者：一、朝鮮自主；二、奉天南邊各地、臺灣澎湖各島，均割棄；三、賠償兵費三百兆兩。所索過奢，請密告英、俄、法三國公使調停。鴻章先覆伊藤：一、朝鮮自主，須改日本所擬約文；二、奉天南境難割棄；三、賠款三萬萬，非力所及。伊藤覆書拒焉，仍促速議；鴻章乃允割奉天之安東、寬甸、鳳皇城、岫巖州四地及澎湖諸島，賠款一萬萬兩。鴻章創已癒，復會議於春帆樓。伊藤再交約稿，於割地款入內減去寬甸，賠款減至二萬萬兩，分六期、七年償清；謂此次約稿，中國但「允」、「不允」兩言而決，勿糜時日。鴻章辯久，伊藤持愈堅，且限四日覆。鴻章電奏，得旨允「可」；乃互簽約，展停戰期二十一日，約互換於煙臺。約文大略：一、朝鮮完全自主。二、奉天南界從鴨綠江溯江抵安平河口至鳳皇城、海城、營口，臺灣、澎湖及所屬島嶼，均割讓日本。三、割讓界務，限一年畢事。四、賠款二萬萬兩，分八次交清。五、人民遷徙，限二年以內；逾期不遷，永為日民。六、開沙市、重慶、蘇州、杭州四口通商。七、換約後三月內撤兵。八、暫佔守威海衛，候賠款清償後撤兵。九、俘虜不得虐待。十、本約批准互換，罷兵。十一、定期在煙臺互換。既簽約，鴻章還天津，稱病不入都，而遣伍廷芳齎和約至。

當鴻章未發時，朝命諸臣議和戰；及割地議起，朝野大憤，臺灣臣民爭尤力。及鴻章成約歸，中外諸臣章奏凡百十上，康有為等數千人上書尤激昂；朝意頗為動，命鴻章改議。鴻章以全權簽約，無更改理，慮騰笑萬國，堅不從。樞臣孫毓汶、徐用儀主速換約；主事何藻翔、羅鳳華上書請戮毓汶等以謝天下，不報。

和局之成，美國為介紹；英人頗陰袒日，而俄、法、德三國滋不平。日據遼東，俄引為大害；三國駐日公使力阻其議，而俄兵艦已紛集日本之長崎及遼海，勢張甚。日、俄本不敵，又新戰中國，斷無餘勇以戰俄，乃隱忍還遼東。三國公使告總署：「遼東地不悉歸，毋批准換約」。時朝廷意猶豫，乃命王文韶、劉坤一議決和戰；文韶等言「瀋陽、京師兩地所關重大，務策萬全。以直隸言，如提督聶士成、總兵吳宏洛、章高元、陳鳳樓等軍均堪一戰；其榆關以迄遼、瀋諸軍，未敢臆斷。今勢成孤注，與未議約前不同；乞飭下諸臣熟議」！朝意乃決簽約。命道員伍廷芳、聯芳為換約使，赴煙換約。日本換約使伊東美久治至煙，謂「更易割遼條約未奉國令，馬關約不可改」。俄艦泊煙臺十艘，將備戰；伊東恐，電請國命，乃從歸遼議。夜半，換約。時王之春以赴俄弔賀專使歸，道出法京，說法干預和約，以臺灣質法，議將成；駐法使龔照瑗密以電鴻章，鴻章慮破和約，乃電促伊藤博文，遂遽換約。

四月二十五日，命李經方為割臺灣使，日本以樺山資紀為臺灣總督，於日艦中交割。時日兵尚據遼東，俄、法、德三國嚴詰退兵；日乃索贖遼東費一萬萬兩，徐減至五千萬兩。八月，三國公斷為三千萬兩，日人要贖款清償後三月始撤兵。仍命鴻章與日使林董議還遼約，林董要約四條：一、償款三千萬兩；二、俄、法、德永不得佔東三省，中國亦不得割讓；三、大連灣通商；四、大東溝、大孤山開商埠。議未定，而三國嚴責日本速撤遼東兵；乃僅償款三千萬定約。互換於京師。和議既大定，乃先輸贖遼費三千萬兩。十月，日本撤遼東兵，交還奉天南邊諸城；兵事乃告終焉。

當中國盛時，日本不敢與抗。咸豐庚申中、英之戰敗釁，開五口通商，英、法、俄、美並為有約之國；日本不得與。及伊藤博文來議約，謁李鴻章於天津。李鴻章卑視日本，其貴倨之態，伊藤不能堪，不敢與較；至馬關議約時，伊藤為廷芳言，猶有餘憤。海軍之力倍於日本，以將校驕淫，結黨以脅其帥；丁汝昌非習海軍，不足統馭。平時訓練不力，士卒嬉遊成性；臨戰不能調度，方柏謙輩遇敵先逃，一戰而海軍燼焉。旅順、威海皆天險，經營十餘年，敵至皆委之以去。其後日、俄之戰，殞士卒十餘萬，攻四閱月，僅乃克之；而是役失旅順僅數日，威海相繼陷，軍心先變，汝昌僅以一死免生降之辱。及海軍部立，乃鳩集當時生降逃竄之士，以謀海軍；率先請追卹汝昌，復其官。葉志超以便滑致統帥，屯師平壤，望風先逃；諸軍雲集遼東，散漫無紀，以成敵軍長驅之勢。鴻章始終主和，而樞臣翁同龢與鴻章不睦，軍事既一以責鴻章，而樞臣又陰持其後，鴻章既倉猝備戰，而將帥又皆非才，是役敗後，乃一蹶不復振矣。日人懾於俄、法、德三國之威，忍辱以還遼東，全國引為大恥；資中國賠款以興百政，培力既厚，遂有報俄之役。俄、法、德以仗義歸遼，責報殊奢，而中國復乖於應付。於是俄據旅順、大連灣，英據威海衛，德據膠州灣，法據廣州灣，以互為鈐制；均權之說昌，中國乃不國矣。

割臺記

臺灣舊隸福建，稱臺灣府，後設臺灣道。光緒乙酉，建行省，升淡水廳為臺北府，設巡撫駐焉。閩浙總督實兼領臺灣。劉銘傳為巡撫，振興百務，鐵路、商輪、屯墾、開礦，新政備舉。今日人所經營盡美者，皆本銘傳之舊以為擴張者也。邵友濂繼為巡撫，而中日方失和，海疆戒嚴，乃命福建水師提督楊岐珍、廣東南澳鎮總兵劉永福，率所部防臺。永福增募兵，仍稱黑旗。中法之戰，永福起於越南，以黑旗兵屢挫法軍，唐景崧獨身走越南招之。中法和議成，粵督張之洞薦授總兵駐欽州。唐景崧以法越罷戰後，由吏部主事授臺灣道，旋擢藩司。朝廷方倚景崧知兵，而提督李本清與之交惡，遂求去。以提督綦高會代守滬尾，旋復以提督廖得勝代高會。兩月之間，滬尾三易將矣。援朝鮮之師既敗，遼東城邑相繼陷，友濂書生不知兵，密求樞府內調。朝廷亦以景崧才，付以兵事，乃以景崧署巡撫，而調友濂撫湘。

景崧與永福共事於越南，後積不相能。景崧既署撫，乃移永福軍臺南，景崧自任守臺北。日兵艦攻澎湖媽祖宮，守將擊之，傷其兩艘。日人將攻文良港，而先攻媽祖宮，以牽綴華軍，使不為備，乃潛登文良港。澎湖至臺北電線中斷，日軍遂占澎湖。海道中梗，軍械之購自外洋者，盡為日奪，臺灣乃孤懸矣。時更有李文奎之變。文奎故直隸遊匪，從淮軍渡臺，充撫轅親兵。副將方某為武巡捕，以文奎犯令革退，轉事中軍黃翼德，充什長。翼德募兵於粵，方某署中軍，復以事革文奎，文奎乃大恨。其黨徒遍城中，及署內外，思伺隙報之。景崧婿余某內渡，文奎率黨劫其裝於道，護勇逃歸署，文奎追之，方副將自撫署出，文奎徑斫其顱，反奔入門踣而斃。中軍護勇內應，爭發槍，景崧遣差官出視，及儀門中刃返。叛徒將入殺景崧，景崧出，叛兵猝見巡撫懾焉，斂刃立，並告無事，景崧慰之。以文奎徒黨眾，因令文奎充營官以安之。楊岐珍率所部入援，與叛軍對擊，傷居民十餘人，景崧命止之。以文奎募緝捕一營屯基隆，而張示別緝殺方副將之賊，為掩飾計，將領多離心，兵浸驕不可制矣。

及割臺議起，臺灣舉人以會試在都，上書力爭，不報。割臺信益急，主事丘逢甲建議自主，臺民爭贊之。乃議建民主國，開議院，製藍地黃虎國旗，議戴景崧為總統。四月和議成，卒割臺灣。朝命景崧率軍民內渡，臺民乃決自主，上臺灣民主國總統印綬於景崧。鼓吹前導，紳民數千人詣撫署。景崧朝服出，望闕九叩首謝罪，旋北面受任，大哭而入，即撫署為總統府。電告自主，有「遙奉正朔，永作屏藩」語。命陳季同介法人求各國承認自主，皆不答。設內部、外部、軍部以下各大臣。省官不願留者，聽其內渡。提督楊岐珍等歸於福州。

日本兵艦大集，先攻基隆。吳國華守三貂嶺，遇日偵探隊擊之，斃日兵官一。營官包幹臣奉命來助戰，奪日兵官首級以歸，遽報大捷，吏民皆賀。國華方逐日軍，遽回兵追幹臣，日軍遂占三貂嶺。分統李文忠等，方會師援基隆，而日軍已大集，文忠等戰皆敗。景崧命黃義德屯八堵，為胡友勝後援。義德遽馳歸，詭言獅球嶺已失，八堵不能駐軍；日人懸金六十萬購總統頭，故馳歸防內亂，景崧不敢詰也。是夜義德所部軍索餉，大譁。翌晨，日軍占獅球嶺，城中驚擾。幕客熊瑞圖請退守新竹，巡捕吳覬庭以槍擬瑞圖，禁之言。傍晚，潰兵爭入城，客勇土勇互鬥，屍遍地。總統府火發，景崧微服挈一子，妾易男服，雜逃民中，竄出城，附英輪至於廈門。

遊兵大掠三日，日軍尚未至。德商畢狄蘭以書告日軍，乃以兵來收城。景崧歸老於鄉。庚子勤王軍謀起事漢口，約景崧舉事於桂林。漢口事敗，亦無發景崧者。光緒壬寅（按：當為癸卯年），客死廣州。劉永福守臺南。臺北既陷，鎮道以下官吏，相繼內渡，臺民上民主總統印綬於永福，永福不受。仍稱幫辦，設防守，部署稍定，而日兵艦至，窺安平口。永福自擊日艦，幾沉之。日軍攻新竹，相拒月餘，大小二十餘戰，互有傷亡。日人購奸民導僻徑，抄臺軍後路，分統楊紫雲戰歿。吳彭年赴援不及，乃守大甲溪。義民長徐驤之軍，為日軍追入深箐中。徐驤繞出其後擊之，日軍炮無所施，大敗，獲日兵數十。

時庫帑既匱，僅恃鈔票為挹注，軍餉益不支。永福先遣員渡廈門求款，並電乞沿海督撫助餉，絕無應者。餉絕械罄，永福憂惶無策。臺南土匪為內間，引日軍深入，匪集益眾，日軍用為前鋒。吳彭年伏兵大甲溪，候日軍至，猛擊之，日軍敗，渡河，徐驤伏兵乘其半渡，奮擊之，日兵大敗。七月，日大隊攻大甲溪，相持未下，忽譁傳大營陷，軍皆驚退。蓋新楚軍統領李惟義，奉命為後援，日軍以金啖土匪，冒稱日軍襲之。惟義驚遁，營遂潰，前敵乃大挫，袁錫清力戰死之。

日軍據大甲溪。永福令諸軍嚴守彰化。徐驤屢以伏兵撓日軍，義民亦迭起抗之，日軍屢窘，多傷亡。日軍仍利用土匪，導攻八卦山。吳彭年死守，力竭殉之。日軍奪八卦山，俯瞰彰化城，彰化降。日軍連陷雲林、苗栗二縣，進逼嘉義，誤入山谷，民團林義成等塞谷口盡殲之。臺南山谷險阻，深箐叢雜，民團潛伏，遇敵猝起，日軍不習地勢，屢戰輒敗衄。臺北、臺中各城邑，聞臺南義聲，皆思奮起，圖恢復，日大軍乃嚴備之。臺南援絕餉竭，相持數月，軍皆饑困，日軍以全力攻臺南，徐驤等尚力戰。驤每戰必居前敵，卒中炮死。

嘉義守將王德標，以地雷達日營，夜半地雷發，日軍死七百餘人，日軍驚退。以死將士多，大憤，聚巨炮猛轟嘉義，破之。僅餘臺南孤城，永福猶死守，日本臺灣總督樺山資紀，貽書永福，謂：「公以孤軍持絕地，數月不下，公已無負於臺民。今困守孤城，尺地以外，皆敵軍，徒傷民命何益？倘率所部去臺，當以禮送公去。」永福拒之，詞甚峻。日軍乃大攻城，永福自發炮殪日軍數十人。相持數日，城中軍饑甚，譁潰。土匪蜂起，奪城，迎日軍。永福逃登德國商輪，日兵大索四次，不獲。蓋德人深佩永福，秘藏之也。永福內渡至廈門，旋歸於廣東之欽州。永福守臺南數月，以餉糈並絕而敗，世猶諒之。

太平天國戰紀

洪氏以匹夫起兵，播蕩天下之大半，垂二十年，其間可紀者多矣，而事蹟闕然。徵之記載，類皆耀清室之武功，蓋採諸官書。且大難削平，亦頌德之常例也。忠王李秀成供詞數萬言，曲折備具，然多經當時改竄，去其觸犯，及短官軍者，捨此更無足重焉。夫果摧枯拉朽，不足抗天討，則何為相拒十數年，竭天下之力，僅乃平之？然獻不足徵，則來者何述？王闓運《湘軍志》，於曾氏多貶詞，尚有毀其書者，況於洪氏者之記述乎？今已易代，無復忌諱，宜若有信史出焉。特無成本據依，則搜採費時，且難徵信。永州楊時百宗稷，以韋以成所撰《天國志》相授。以成為北王韋昌輝嫡子，昌輝敗，以成逃之皖之宣城，迄金陵傾覆，忍痛覼述，秘之鐵函，比於心史。其志可哀，而其事可據。傳之其子師洛之手，今師洛出以示人。其述太平天國事，皆直筆，至詳備，庶乎足以備史材矣。然詞繁猥而不文，慮不足以行遠，辜作者傳信之盛心。若僅取一臠，則全鼎可惜。乃奮發自撰述，盡取其事蹟，而行以吾之文詞，削其事之繁碎，存者猶十之八九焉。文減數千言，而事則既詳賅矣，易名曰《太平天國戰紀》。蓋「太平天國」為一名詞，曰「戰紀」者，始終皆述戰事，蓋紀實也。或疑載筆者為昌輝之嫡子，何於昌輝顯暴其惡，不留餘地？吾亦以是致疑，或者椎心於國亡，乃不忍於曲筆，羽淵抱痛，遵海無方，遂忍而出此耶？吾但求洪氏之信史足矣。特與前人諸記，據其為謗書、為信史，非所敢斷，並存焉，尚足以資考證，亦大雅所樂聞也。文成匆遽，未暇取舊記互校之，時地人名，慮不無舛誤。或期諸達者，或俟之異時，更理正之。

癸丑十一月，順德羅惇曧並志。

洪秀全起兵粵西，先與中表馮雲山共說楊秀清，秀清約其妹夫蕭朝貴同說鄉紳韋昌輝。昌輝偕行，說富人石達開。六人共誓生死，立會召眾，勢甚盛。時水寇羅大綱，有眾千餘人，掠永安州，敗遏胡以光，秀全在焉。以光勸歸秀全，官捕秀全急，乃起兵於桂平之金田村，時道光二十九年某月也（按：當為道光三十年十二月初十日）。張嘉祥方為盜魁，造秀全，語不合，去掠潯州據焉。廣西提督向榮，都統烏蘭泰、賽尚阿，方擊嘉祥，未暇及秀全，秀全眾益盛。嘉祥敗，降向榮，改名國樑，移師擊秀全，屢敗，永安陷焉。

秀全稱天王，而楊秀清、蕭朝貴、馮雲山、韋昌輝稱東、西、南、北四王，石達開稱翼王。烏蘭泰等軍圍之數重，羅大綱突圍出，烏蘭泰逐之，敗歿。大綱假烏軍旗賺桂林守軍，語誤不得入，攻月餘退，陷興安縣，屠全州。道州舉人胡孝先，謁秀全，永安疑為諜，繫之。孝先於獄草檄數千言，暴清廷惡甚至，秀全方求文士，得孝先檄大喜，釋之，與論大計。孝先曰：「關中天府之國，周秦之所以興，欲爭天下，必先取咸陽，然後出山右，定燕薊，天下可傳檄定也。」秀全置諸左右，寵甚至。秀清忌之，值退兵永安，殺諸道，以陷敵聞。秀全甚悼焉。

秀全移全州軍攻長沙，未至，南王馮雲山陣歿。秀全哭之慟曰：「天不欲吾定天下耶？何奪吾良輔之速也！」雲山能謀善斷，多所規劃，秀全深倚之。雲山歿，移攻道州，陷江華、永明，五王皆壁郴州、茶陵。蕭朝貴率李開芳、林鳳祥攻長沙，江督陸建瀛師潰，朝貴軍壓城而陣，黃袍立城下，中彈歿。秀全哀慟，自率全師逼長沙，三月不下。向榮、賽尚阿自外圍之急，食幾盡，夜造浮橋渡江逸去。陷益陽，獲民船千餘艘，渡洞庭湖，陷岳州，拔漢陽、武昌，中原大震。

初，秀全議取常德，趨漢中，襲咸陽，出山右以規燕薊，從胡孝先之遺策。比陷武漢，乃命石達開將羅大綱、李開芳、林鳳祥取蘄黃，順流陷九江、安慶，皆唾手下。秀全欲棄安慶、九江，出襄樊，逼潼關，以取長安。括財賦入武漢，又慮載重行緩，為清軍逼，潼關堅不易拔。乃仍順流圖金陵，陸建瀛棄師遁，城攻七日而下，時咸豐二年二月也。

建瀛吞金死，秀全欲趨江北，圖汴，定都洛陽，渡黃河以困燕都。或進言明祖亦席金陵以有天下，宜先建國，畀天下知趨向，秀全納之。群下上尊號，改金陵為天京，改元太平天國，柴燎上帝，大赦。妻賴氏為皇后，子真福為太子。設六官，立學校，進秀清為左輔、正軍師、東王、錄尚書事；昌輝為副軍師、北王；石達開為前軍主持、翼王；胡以光為春官正丞相，兼平東將軍；羅大綱為冬官正丞相，兼平西將軍；賴漢英為夏官正丞相，兼蕩寇將軍；李開芳為地官正丞相，兼平北將軍；林鳳祥為天官正丞相，兼平南將軍；餘文武封賞有差。

開科取士，試者二萬餘人，狀元王韜。軍制：每軍一軍師，統五師帥；一師帥，統五旅帥；一旅帥，統五百長；一百長，統十司馬；萬二千五百人為一軍。李玉成、李世賢、林紹璋、林啟容、白輝懷各統一軍。軍帥上有監軍總制，將軍、指揮、檢點、丞相。丞相為一品，下至旅帥，皆武職。縣為令，州為牧，府為太守。行省文武將帥各一，文方伯，武主將，佐將副之。

韋志俊陷大冶，陳玉成方為糧官，清軍逐志俊急，玉成率糧卒助戰，因勝焉。志俊嘉其能，分兵授之，屢捷，遂為大將。羅大綱將本部掠京口、揚州、天長、六合，進攻廬州。胡以光以本部出和州、含山、巢邑，與大綱會，遂拔廬州。合師攻英、霍、黃梅，皆下之。大綱渡江，攻克潯陽，林啟容留守，上掠彭澤，以達武昌。以光攻克黃州，下漢陽，韋志俊留守。林紹璋溯流取巴陵，渡洞庭，攻湘潭，敗焉，削職居武昌。

大綱、以光屯鄂。石達開出無為、廬江、舒城，據六安，下桐城，遂破安慶。賴漢英取句容、溧水、太平、蕪湖、繁昌、南陵、池州。楊宜清、輔清，出溧陽，破廣德徽州，黃文金留守。古隆賢、賴文鴻破宣城、甯國、銅陵。咸豐四年甲寅二月，達開使漢英攻豫章，所過湖口、吳城皆下。達開掠撫州、饒州、廣信、建昌、寧都，並下十三州，惟吉贛未破。合攻豫章，久不下。曾國藩來援，漢英退，國藩逐之，收吳城、湖口。國藩逼潯江，秀清征漢英，漢英畏罪棄室遁。三月，宜清、輔清圖閩浙。

先癸丑秋，召羅大綱入議，圖河北。大綱曰：「欲圖北，必北定汴。車駕駐汴，軍乃渡河。否則先定南九省，無後顧憂。然後三路出師湘楚，一出漢中，疾趨咸陽，以至皖豫，而達金陵；一出徐、揚，席捲山左，咸陽既定，乃出山右，會獵燕都，雖諸葛不能禦也。若懸軍深入，犯險無後援，臣不敢奉詔。且既都金陵，宜多備戰艦，精練水軍，然後可戰可守，若待粵之拖罟已臨長江，則運道梗矣。今宜先備木筏，堵江以待戰艦之成，猶可及也。」秀清方專權，不納，以大綱老怯，乃命李開芳、林鳳祥率兵五萬北犯。秀全詔之曰：「師行間道，疾趨燕都，無貪攻城，糜時日。」大綱語人曰：「天下未定，乃欲安居此都，其能久乎？吾屬為虜矣。」

開芳攻潁川，旬日未下，去之。攻汴梁，亦旬日未下，遂渡黃河，皆行間道。時隆冬，南兵不習寒，耳鼻凍裂，師止即熾火，潰爛者十六七。抵天津，甚憊。僧格林沁迎擊，大敗之，退屯商州。鳳祥出募兵，僧王決黃河水灌之，城不沒者三版，一軍皆哭。開芳衣黃袍張傘乘筏而出，僧王擒殺之，盡坑其卒。鳳祥聞敗，截鬚匿地穴中，亦搜殺之。

秋，羅大綱、胡以光援潯江，夜以舟實蘆葦燃之，鳴鑼數百，犯國藩軍。國藩驚醒，燭江盡赤，棄舟遁，焚其船百餘艘，潯江圍解，遂援廬州。多隆阿、都興阿拒戰敗走，廬州圍解。以光進爵豫王，兼大丞相；大綱進爵沛王，兼大丞相。

秀清權威日盛，國中惟知東王，不知有天王也。百官皆趨秀清府，天王深居，以時朝而已。章奏必先達秀清乃上，軍政概不以聞。秀清教令，稱金諭，每諭至，大吏、將帥於十里外列案跪迎，焚香誦，否則千重譴，閫外皆置監。喜石達開而惡韋昌輝，昌輝曲事之。秀清益驕。昌輝導以宮室聲伎之奉，窮極奢麗，妃妾數百，晝夜淫佚，執役皆好女。造龍車置樓上，使侍妾裸曳之。久乃不能入，昌輝榜四方，為求醫，能癒者爵高官。秀清向昌輝道所苦，昌輝則泣下，秀清益德之。出入儀衛擬於乘輿。輿置一榻，四寶座，二豎入侍，輿夫三十二，皆衣繡極麗，青白二龍前驅，稱九千歲，日夜必演劇為娛。

咸豐五年乙卯，官文、胡林翼之軍圍鄂急，秀清命胡以光將兵五萬赴援，未至而武昌陷，秀清罪以光，削其王號。秦日昌封燕王，秀清摘其短，亦削其爵。以光憤鬱病發，與林翼戰於江夏，林翼敗，以光卒於軍。韋國宗代將，復與林翼戰，敗之，復據武昌。軍中有「韋國宗三打湖北」之稱，以功加右軍主將。

咸豐六年丙辰，向榮、張國樑破句容，遂圍金陵，壓朝陽門六十餘壘。秀清征沛王羅大綱，將四丞相李秀成、陳玉成、陳仕章、涂鎮興拒戰，敗之。大綱搏向榮壘，飛彈傷足，養疾金陵城中。秀成等屢戰，互有勝敗。向軍既久困金陵，秀清急欲行篡，忌大綱，乃使醫置毒殺之。大綱多謀善戰，識大體，與秀成為刎頸交，自金田起兵至金陵，屢克大郡，不屠城，不殺降，愛士卒如子弟，用其謀無不中，功最高，為秀清害，人爭惜之。

京口守將吳海孝、李世賢，為張國樑、和春所迫，秀清命李秀成等四丞相援之。秀成欲令一人由江而潛入京口，出兵夾擊，諸將無敢應者。陳玉成曰：「事急矣，吾當自行，公任其外，吾任其內。」乃夜乘小舟，潛越敵水寨，無覺者。既入，縱兵擊國樑軍，秀成憑高見城中兵出，遣鎮興、仕章當敵，而自率奇兵繞國樑軍後，痛擊之。國樑大敗走。京口圍解。和春軍丹徒，秀成合京口兵擊之，和春敗走。乘勝渡瓜洲，攻揚州之樸樹灣，一戰而揚州陷。秀成令汝孝將揚州軍實置京口。周勝坤守湯頭舊營，為清軍吉某所破。後路既阻，乃欲由六合通江浦、浦口以還金陵，國樑軍阻之。秀成回師疾渡南徐，猝擊湯頭，破之，吉某自殺，連破十餘營。國樑回救，已無及矣。秀成以揚州孤懸江北，留鎮不便，遂棄去。

秋八月，抵金陵，秀清檄擊向榮軍，秀成與玉成入謁，言向軍久屯壘堅，不易猝拔，不如奇兵出溧水至句容，斷其糧道，不擊自潰，秀清不許。秀成出，乃激勵將士，進兵擊丹徒，張國樑以兵三萬馳救，秀成大破之。翌日，攻向榮軍後路，而達開之兵適至，夾攻之，肉搏薄壘，向軍大潰，退屯丹陽，盡奪向壘。論功加秀成合天侯，玉成成天侯，其餘封賞有差。達開加大將軍，仍率兵入閩，為宜清援。秀清忌達開，不欲逼已也。秀成、玉成追擊向榮、張國樑，乘勝奪蘇州。

秀清屢圖篡，欲迫秀全禪位，秀全微聞之。秀清偽疾亟，諷天王臨視，盛陳兵衛。秀全至，臨臥內，秀清仰臥。旁侍四女子，設小榻一以待天王。秀全言東王病苦可念，秀清作囈語曰：「人言天無二日，秦時二日相鬥，何也？」秀全即敕從官九叩首，三呼東王萬歲，秀清愕然。初，秀清欲誘秀全正二日之誤，即迫其遜位，不則弒之。秀全猝令從官呼萬歲，秀清反不能復言，暝而息。秀全稱更衣，乘間逸去。秀清張目曰：「天王何在？」左右以告，秀清太息而止。秀全深自危，齧血書詔，召北王韋昌輝入衛。昌輝與秦日昌領精卒五百，馳至，夜深扣水西門，衛士不納，曰：「無東王令箭，城不得啟。」昌輝怒曰：「吾奉東王密書，星馳來，汝輩敢阻，吾寧不能殺汝耶？」衛士懼，乃納之。至秀清府，守者拒焉。昌輝奪門，衛士殊死戰，昌輝大呼奉詔討賊，順者釋勿罪，漸散去。昌輝迫秀清臥內，秀清獸伏水閣下，縶之以獻，族其家。秀全聞變閉宮，昌輝扣宮門，稱獲賊，取中旨。秀全以昌輝族秀清家，慮專橫難制，欲赦秀清。昌輝怒，命左右殺秀清。詔勿多殺，亦不褒昌輝功。昌輝益怒，慮秀清官屬為己患，矯詔秀清黨自投者皆宥之，否則殺無赦。至者三千餘人，昌輝勒兵盡誅之，閉城大索，旬日未止。

達開在鄂，聞變馳入，諫昌輝曰：「秀清為逆，誅之足矣，餘黨治過嚴，人人自危，亂將未已，徒快敵意。」昌輝以達開厚秀清，且負人望，復謀殺達開。機洩，達開脫走，縋城遁。昌輝以兵入達開家，老幼悉戮之。達開走安慶，召兵靖難，大軍抵甯國。甯國方被困，乃先解甯國圍。昌輝聞達開將至，更日恣戮，秀全侍衛，日戮數人。皆哀訴昌輝之暴，謂臣等身不自保，豈復能翼陛下。秀全曰：「俟機至，恣爾等之便。」侍衛數十，約五鼓持械，會昌輝宿東朝房，衛卒皆倦，侍衛蜂擁入，捽昌輝拉殺之。秀全命傳首甯國，止靖難兵。達開留軍甯國。從百人入見。或奏達開兵眾功多，欲難饜，請留之京師，解其兵柄，否則又一楊秀清也。

秀全為之動，乃詔達開勞苦功高，宜留輔弼，兵柄以付李秀成。政事一倚仁達、仁發，秀全之兄也。達開既閒居金陵，志不得申，其黨張遂謀諷之曰：「王得軍心，何鬱鬱受人制？中原不易圖，曷入川，作劉玄德，成鼎足之業？」達開從之，疏求去，又榜城市，告眾行，以煽眾心，從之者十萬餘人。至安慶，約陳玉成、李秀成以所部偕行。玉成軍已發，往告秀成，秀成曰：「吾儕棄鄉井，捐生命，以圖功業，中道易心，後世其謂我何？吾決不行，君自裁之可也。」玉成曰：「非君言，吾幾為所誤。」兵止不行。

達開初謂二人必樂從，及皆謝絕，益失意，不能復還金陵，乃去皖，隨行兵數十萬。秀全聞而悔之。初，向榮既敗於丹陽，江南大營盡沒，乃吞金死。國樑憤敗，力與秀成戰，秀成敗，引去，攻金壇未下，而金陵楊、韋之難作，秀成退句容。七年春，桐城為秦定三圍急乞救，秀成奉命，將李昭壽援桐城，而陳玉成奉命援甯國，皆不利。昌輝方欲誅達開，檄諸將縛以獻，秀成不奉命，昌輝將籍秀成家，陳仕章諫曰：「秀成能軍，又新招張樂行，兵號五十萬，實三十萬，若籍其家，秀成必反，何可當也？不如厚遇之。」乃免。秀成在軍，傳言父母已為昌輝殺，悲傷不已。昭壽曰：「大丈夫不為父母雪仇，作兒女子態何益也？今宜率張樂行之眾，鼓行而西，席捲咸陽，南據巴蜀，西定秦隴，東拒潼川，則霸業可成，何為俯首受人宰割耶？」

秀成曰：「吾徐議之。」數日，得家報，父母無恙，乃止。昭壽，河南固始人。咸豐初，霍邱之洪家集，有大盜陳玉，聚眾數萬人。清軍攻玉甚急，昭壽有眾百餘來附玉，玉征昭壽兵，限辰至，過午提首來見，昭壽怒，毀陳字旗，自稱壽王。數日得眾萬餘。清軍擊敗陳玉，移師攻昭壽，為所敗，主將陣亡，遂圍商邑，為團練所敗。以餘眾降清軍於英山，使當前敵。又敗遁歸里，聚眾數千，復圍商邑，再敗，復投清軍。主將致書淮帥袁甲三，論昭壽罪，為昭壽所得，昭壽遂殺驛夫，降於九江將檢點林啟容。啟容要以殺清主將為信，乃去，降於黃梅將黃某。

黃某以兵千餘應之，使詐殺清主將，諸團練截擊之，昭壽敗走，六年以所部歸李秀成。秀成特優禮之，論中原豪傑，昭壽言有張樂行者，今屯三河，馬步兵數十萬；亳州有孫奎星，亦有眾數十萬。秀成喜，令昭壽持節招樂行。秀成方屯桐城，聞樂行將至，自率眾迎之，取霍邱、六安，為樂行置家屬。秀成得樂行兵，勢益盛。

桐城為清將秦定三圍急，而無為、巢縣、廬江亦為多隆阿、都興阿所破。秀成以桐城失，安慶不保，檄陳玉成解甯國之圍，以救桐城。玉成將萬人赴援，秀成繪進兵圖式授玉成，指陳方略，先攻無為，抄巢縣以兜擊廬江。玉成晝夜馳二百餘里，兵突至，多隆阿猝不及備，敗走。玉成趨運漕，連破二十營，趨昭關，會迓天侯陳仕章，令屯巢縣，以障和含兩浦。仕章分兵千餘，隨玉成夾擊東關敵營，破十餘壘，進軍巢縣，又破都興阿營二十餘壘，收巢縣、廬江，疾趨桐城。秀成知援至，出兵夾擊定三，遂大破之，死傷數千，定三僅以身免。玉成還攻甯國，未入境，清將棄城走。論功加玉成成天豫，秀成合天燕，時咸豐八年戊午二月也。清帥胡林翼、曾國藩圍九江年餘，屢告急，陳玉成赴援未至，而九江陷，林啟容死焉。啟容善撫士卒，城破日，無一降者，國藩深佩焉。

玉成救九江不及，屯黃梅。時南徐為和春、張國樑久困糧絕，秀全命長兄仁發將御林軍萬餘人援之，敗績。更命秀成將兵二萬赴援，秀成命李世賢為前部，李昭壽副之，戒世賢等勿輕戰，以俟大軍。仁發促之戰，大敗，十營潰其九，城中絕食已三日矣。秀成至，乃令守將吳汝孝退出城，秀成自為殿，全師而退，南徐永為清有，清將馮子材守焉。仁發譖秀成，專擅失地，陰請加世賢主將，與秀成並，以分其勢。南徐失後，敵軍愈盛。句容為張國樑攻陷，人心動搖，秀全命秀成掌朝政，人心始定。自楊、韋難作，達開遠徙，秀全日益削弱，賴秀成支拄。秀成得張樂行一軍以障江北。南陵、銅陵並陷，秀成命李世賢進屯灣池，以政事付蒙得恩、林紹璋、李春發，自督師收二陵，命楊輔清守之。鎮江、句容既失，張國樑、和春乘勝破溧水，再逼金陵，秀全迭詔勤王。

時清軍相拒四方，不暇相救。陳玉成堵黃梅、黃州，與胡林翼、曾國藩日有戰事；黃文金守祁門，與鮑超相持；韋志俊堵池州，與楊載福、彭玉麟迭戰，含山、合州為勝保所破，皆無暇援金陵。秀成以金陵糧富不足憂，乃親將譚紹光、陸順德、吳定彩、陳坤書兵三萬人，渡江北復合和，次大柳村，為勝保伏軍所敗。退屯全椒，整兵援浦口、江浦。張國樑合圍急，僅浦口得通，秀成自當之，能守不能戰。金陵困年餘，糧將盡，城中洶懼。自楊、韋之難後，秀全以王位逼，已靳不以封，雖秀成、玉成百戰功高，不得王。至是金陵困急，勤王兵皆不至。

秀成以玉成兵最強，乃請加玉成王號，寄閫外，乃封玉成英王，賜八方黃金印，便宜行事。玉成雖專閫寄，而威信遠不如秀成，無遵調者。時李昭壽已降勝保，領兵在滁州，致書秀成曰：「君何事不如陳玉成？智謀勇功，何者弗及？今玉成為王，君尚為主將，天王之暗可知矣。吾始投大清，優禮有加，以君雄才，何為鬱鬱居人下？盍從我遊乎？」兵部尚書莫仕葵，以察軍在秀成營，書至，仕葵啟閱之，以示秀成，秀成大驚。仕葵曰：「公意如何？」秀成曰：「臣不事二主，猶女不更二夫，昭壽自為不義，乃欲陷人乎？」仕葵曰：「吾知公忠義，當代奏天王。」乃持書去。戒秀成曰：「儻有敵將書，宜原封上進，以弭讒謗。」流言達於秀全，秀全命封江阻秀成兵，並繫其父母。仕葵聞詔曰：「若此則大事去矣。」乃偕蒙得恩、林紹璋、李春發，入宮切諫曰：「秀成前待昭壽有恩，今聞玉成封王，故為敵行間，陛下奈何中其奸，自壞長城？京師一線之路，賴秀成障之，捨秀成無足當者。玉成總軍數月，不能調一軍，其效可睹矣。今宜優詔褒勉，以安秀成之心。臣等願以百口保秀成之忠義也。」秀全悟，撤封江之詔，召秀成入，慰之曰：「朕故知卿忠義，偶信謠傳，朕之過也。卿宜釋懷，戮力王室。」秀成頓首謝曰：「臣才庸力薄，不能早靖大難，以紓聖懷，臣罪大矣。以外無專閫，遂薦玉成總師幹，期早釋圍以安宗社。不意駸尋數月，勤王兵無應者，固玉成失人之故，微臣實屍其罪。聖明不責，反加溫慰，碎身不足以酬。」

秀全即進封秀成忠王，都督中外諸軍，錄尚書事，賜上方劍，八方金印，便宜行事。自主將以下，先斬後奏，撤玉成金印。秀成還浦口，連日賚賜稠疊。時冬十二月，秀成羽檄諸鎮，期明春大會於安徽之樅陽。第一鎮，左軍主將李世賢；第二鎮，前軍主將陳玉成；第三鎮，中軍大佐將黃文金；第四鎮，王宗提督軍務楊輔清；第五鎮，右軍主將劉官芳，暨隆天福賴文鴻，受天福古隆賢，勷天福李遠繼，敬天福胡鼎文，謝天福張朝爵，奉天福黃呈忠，顧天福吳汝孝等。上將百餘，以九年二月，皆集樅陽。秀成馳至，告眾曰：「秀成荷聖恩，專軍政，實賴群公戮力以匡王室。吾儕棄丘壟，冒鋒鏑，無非欲成大業，共安樂耳。今京師累卵，不保旦夕。諸公皆綰兵符，不並力釋圍，以固根本，將坐待為虜乎？」皆哄應曰：「願聽驅策。」秀成曰：「吾欲先取杭州，以斷張國樑糧道，使其分兵來救，我則返旆出不意擊之，蔑不勝矣，諸君整軍候調可也。」

陳玉成為多隆阿、鮑超敗於德安，聞樅陽之會，馳至，並繳八方金印。浦口代任軍務陳坤書，疊報國樑攻陷三營，告急。乃與玉成馳解浦口圍，夾擊國樑，大敗之，國樑退屯江浦，秀成、玉成乘勝取六合、揚州。玉成攻六合久不下。秀成既破揚州，以糧實庫藏送金陵，回軍攻六合，下之。玉成軍拒昭壽，秀成軍拒國樑。玉成攻滁州，月餘未下，而黃梅、宿松、太湖先後為多、鮑二軍所破，合肥、廬州為李續賓所陷。玉成捨滁州，與秀成合師，與李續賓大戰於三河，大敗之，續賓自殺，復合肥、廬州。乘勝擊多、鮑，又勝之，復黃梅、宿松、太湖，追至二郎河。玉成前驅，為鮑超伏軍所敗。秀成被困，達晚突出，不折一兵。玉成回黃梅，而秀成回巢縣。甫至，聞江浦薛元芝降於清軍，追之不及，秀成仍堵浦口。

十月，六合為勝保所圍，仍逼浦口，與國樑合，秀成腹背受敵，兵單不任戰，飛檄玉成來援。玉成先援六合，一戰即揚言去取邗江，朱某分兵守邗江，玉成遽返戈擊六合，國樑以兵二萬渡江來援，背水而陣。玉成曰：「見國樑藐我甚矣，誓擒之。」分兵綴朱軍，自以精銳突出國樑，國樑大敗走，六合圍不戰而解。乘勝逼浦口，秀成出兵夾擊，勝保幾為虜。黃、宿、太湖，又為多、鮑攻急，玉成馳救，而秀成欲親攻杭州。秀全以秀成去無人拒國樑，止之，秀成入陳曰：「臣前與諸鎮約，攻浙江，斷國樑糧道，俟其往救，反旆擊之，此奇策也，否則徒自困。」諸臣交贊，乃許之。秀成以軍務付陳贊朋、黃子隆，自率精兵三千行。去三日而浦口陷，秀成由鳩江越清弋江，出甯國之後。甯國方被圍，秀成馳至解之，疾趨廣德，一鼓下之。

十年庚申春，秀成至泗安，有浙兵十五營防守，連破之。命李世賢攻湖州，而自將譚紹光等偽浙軍旗幟趨錢塘，逼武林門，會百姓逃亡入城，城門閉，乃由清波門崩地道，三日破之。滿城未下，滿兵殊死戰，國樑使張玉良率兵八千來援，秀成遍插新幟以疑玉良，玉良不敢逼，駐離城四十里之塘西。秀成使瞽者傳柝，三日城中寂然，乘夜全師退。走天目山，至孝豐，一日夜三百里，抵廣德。以所獲府藏數十萬沿途棄之，玉良兵利所獲，止不追，遂達建平。

秀成大集諸鎮兵五十萬，議解金陵之圍，乃命楊輔清進溧水、雨花臺；李世賢進溧陽，攻句容；劉官芳進秣陵，逼七甕橋；黃文金進高橋門。命所部譚、陳、吳、陸四將進赤沙山，攻淳化鎮。國樑營二十壘，世賢既得句容，疾趨淳化，夾擊國樑，大破之，國樑退入大營。秀成命古隆賢、賴文鴻攻東門，命世賢包北門之後，自屯鐘山之尾，以遏退兵。陳玉成兵馳至，大隊攻兩浦，自將精兵渡西梁，進江寧鎮，攻鐵線橋，城中亦自十三門出兵夾擊之，刁斗之聲連數百里，旌旗若長虹之亙天。

是日微雨，諸軍斬關入，勢若崩潮，國樑不能禦，大敗退。俄頃三百餘營，夷為平地，金陵無清軍之跡焉。逐北攻鎮江，欲奪其城，以通蘇州餉道，雨甚乃止。黃文金再攻不克，諸將朝賀，大犒三日，賜秀成稱三千歲，黃金百斤，彩緞千匹，秀成悉以賚軍。賜玉成四千歲，黃金五十斤，彩緞五百匹，諸鎮封賞有差。次日賜秀成第宅一區，賞賚有加焉。

秀成既解金陵之圍，息兵五日。奏命出師蘇州，而潛山、太湖、宿松，又為曾國藩所陷，玉成率本部赴援，以顧安慶。秀成命李世賢將本部取金壇。秀成次丹陽，張國樑自金陵退屯丹陽，出兵拒秀成，秀成勢盛，國樑新敗，不能拒，力戰敗退，躍馬渡河，馬蹶，死亂流中。清軍死傷萬餘，河水為之不流。諸軍攀堞入，遂據丹陽。秀成以國樑忠勇名將，令其所部親兵，尋得國樑屍，禮葬之，國樑阨於和春，不能行其志，死之日，天下惜之。秀成逐北奔牛鎮，破營二十餘座，據常州。

張玉良回救金陵大營不及，迎戰常州，大敗之，追至無錫。玉良新得朱某軍，再戰未決勝敗。秀成自將銳卒三千，登玉泉山，出玉良陣後，玉良軍不戰而潰。亂軍逃入蘇州，沿途大掠，蘇民深恨北軍，而迎秀成，遂入無錫，進兵蘇州。道員李文炳、阿海等，開城迎降，玉良走杭州，其餘郡縣皆傳檄定。自出金陵，不一月，遂北七百餘里，克城六十餘。師止嘉興，以分軍守郡縣，兵單不任進也。亂民日掠，旬日不止，左右請剿之。秀成曰：「民苦鋒鏑，不安家室，不得已為暴，吾寧忍以兵誅之？」乃親率數十人，巡鄉鎮，亂民千百，執戈環之，秀成曰：「我忠王也，奉命取姑蘇，爾民無罪，各甯爾居，以安生業。吾斷不戮爾。」皆釋戈羅拜，匝日而亂定。召官吏千餘人至，慰之曰：「若曹願留者留，願去者聽，無川資者給之。農失業者給牛種，窮民失業者助其資。」散庫錢十餘萬緡，糧萬餘石，蘇民安輯。

五月，張玉良自杭州攻嘉興，陳坤書、陳文炳告急，清巡撫薛煥自上海攻清浦急。秀成自將兵二萬先據清浦，大敗薛軍，乘勝克松江。上海英人合土兵為內應，謀獻城。距城十八里，清軍十營，秀成部將蔡元隆、譚紹光擊敗之，進兵入城。英兵二百來迎，未及預告，前驅疑為敵，槍擊之。英兵怒，乃返鬥，江上英兵艦，亦炮擊焉，紹光等退。薛煥賂英兵代守城，而殺陰通者，守益固，秀成回軍救嘉興。玉良餉屯示門，秀成以奇兵抄擊，燒其積聚，玉良軍大亂，縱兵大敗之，破四十餘營。

八月，師還蘇州。九月，湖北、江西郡縣所在魁率，爭上書請以兵應，秀成諾之。會奉掃北之命，秀成奏已允楚豫義民之請，當收合南方忠義後乃北圖。十月，曾國藩圍安慶，為久困計。陳玉成屢攻未下，請益兵。秀成自將兵五萬至蕪湖，繪進兵圖援玉成，聞玉成新得孫奎星之眾二十餘萬，秀成曰：「英王必驟驕，必止我兵，則皖危矣。奎星新降之將，兵皆烏合，焉可恃也？」師次鳩江，以待復書。果得玉成書，言兵已足用，勿勞馳救；糧不繼，請以兵進豫楚，斷敵糧道，則皖圍不戰自解。秀成引軍行，次黟縣，遇鮑超，大戰敗之。次日，復戰，不利，繞道徽州，出常山、玉山，度歲。

十一年春，秀成攻廣信，下之。傅忠信、譚體元將兵六七萬至自廣西，先蓋隨石達開入蜀，中途棄歸者也。秀成命隨征武漢，二將忽乘夜拔隊，欲私至金陵。秀成追獲，欲戮之，左右代哀免，乃收其眾，分將攻撫州。汪洋海挾眾十餘萬至，亦棄達開而歸者也，秀成亦命隨征，擊臨安，下之。童容海亦棄達開而歸，眾五六萬，秀成驟增二十餘萬眾，軍勢大振。江西除建昌、贛州、吉安三府外，其餘十郡，皆拔之。又得新兵三十萬，破李金賜軍於樟樹，獲之，意不欲降，縱之，至贛為清巡撫所殺。

前軍達武昌，隔江望黃州，見玉成旗幟，無船不得渡。聞玉成以攻國藩久不下，分攻皖、浙、蘄、黃、廣濟，欲國藩赴救以分其兵。秀成歎曰：「英王誤矣，正使國藩得全力以攻皖，彼豈暇救此間城哉？彼有長江之利，而我無戰艦之能，安能絕其糧道？不能以我攻浙救京師為例也。」既而得世賢報景德鎮與左宗棠戰，至樂平，為所敗，覆軍萬餘。不退必為所扼，乃悉移江西之師，還取杭州。秀成出師時，兵才五萬，及還師，兵百萬。至於金陵，遇世賢，令其將所部取浙江屬郡，剪其羽翼，嚴、衢、溫、臺、寧波、金華皆下之。秀成直趨杭州，命部將陸順德取紹興，徇其旁州縣，皆納降。攻杭州城兩月，張玉良軍為童容海擊敗，城中糧絕，爨骸而食。巡撫王有齡得民心，眾與死守。城垂破，有齡欲致書秀成，請勿殘百姓。

幕僚曰：「秀成尚義，必不屠城。若與通書，假朝廷聞之，疑為通敵，如公忠節何？」有齡頓足曰：「城破矣，吾當俟秀成至，為百姓請命，然後死之。」幕僚曰：「彼方收天下人心，肯容公死耶？」有齡默然，乃入後苑柏樹下，投環死。秀成崩地道破城牆入，即欲救有齡，縱馬至後苑，見其屍，歎曰：「真忠臣也。」還其冠服，禮殯之，遣其親兵護櫬歸於上海。藩司林福祥被獲，勸之降，福祥曰：「吾義當死，今為俘，不忠也；生降則先壟不保，宗族罹禍，不孝也。不忠不孝，公留之何益？」秀成曰：「子歸未必生，盍降乎？」福祥曰：「若苟生還，當永守先人之丘壟，朝廷或知吾不降，丘壟庶幾可保。」秀成曰：「吾成子志。」訪其眷，悉還之，厚資之行。

滿城未下，秀成數遣人勸瑞將軍勿死，瑞不聽，屢槍擊秀成軍，斃多人，乃縱兵破城，瑞死之。秀成命其部下奉遺櫬北還，滿兵釋勿殺，欲行者資而遣之，安民一如蘇州。十二月杪，還師蘇州，留陳炳文鎮杭。於途得蘇民控陳坤書暴虐，以百計，坤書走常州，拒秀成。坤書本無大功，以秀成部將鎮蘇城，遂重賄金陵，圖干爵，無敢請者。玉成缺糧，使陳德才諷其助餉二十萬，遂為請王號。玉成奏坤書屢立功，且助巨餉濟皖軍，而秀成權太重，不如封坤書以分其勢。秀全本靳王號，以玉成兵最強，不得不如所請，乃封坤書護王。其後表求王號者紛起，胡海隆求封學王，黃文安求封望王，其他大藩列薦，不允則慮生變，王爵遂濫，皆玉成啟之。

秀成駐蘇州，恤鰥寡，興義學，豁租稅，問民疾苦，蘇民感之，曰蒐軍實，期明春援皖。皖困二年，糧盡仍死守，國藩深溝高壘，玉成久攻不下。秀全詔堵王黃文金、輔王楊輔清、顧王吳汝孝、天將龔長春，各率本部兵援皖。又詔龔德樹、孫奎清繼至，環清壘而軍者十餘萬人。玉成不善馭將，故久無功。韋志俊憤玉成殺其愛將鐘廷生，因降於清軍，堵練潭，絕玉成餉道。玉成攻國藩急，國藩將退兵，用志俊策，復留。玉成命劉創林堵七星關，自回金陵奏事。創林為鮑超所擊大敗，諸軍並潰，國藩並力攻城，遂破安慶，鎮將葉芸來死之，張朝爵駕小舟遁，秀成部將吳定彩死焉，玉成全家自焚。玉成至，軍已潰，餘兵將為變，不復成列，玉成不敢約束，隨之行，至廬州。

秀全慮潰兵為害，封江阻玉成軍，玉成溫語撫諸軍，始入居合肥。玉成上表自劾，秀全奪其俸，令堵廬州以自贖。多隆阿、鮑超迫之，秀成所部隔絕，陳得才、賴文光由潛山、太湖上溯蘄黃，入漢中而去。玉成所領僅二萬人，多、鮑合圍廬州，糧絕啖樹皮，病者未絕，已割啖之。玉成欲至江南依秀成，而巢邑亦被困，合肥不守，則巢難獨存。乃致書吳汝孝，令力堵一二日，待其至同渡江。汝孝聞玉成危急，遽引兵去，玉成不得已，走依苗沛霖，謂沛霖曾降己，保封王爵，屢助餉，必不見害，乃至壽春，殘兵僅二三千人，餓已三日矣。既入城，沛霖縶之，獻於清帥勝保。玉成入，勝保高坐愕眙曰：「成天豫何不跪也？」玉成曰：「吾英王，非成天豫，奚跪為？爾本吾敗將，何向吾作態？」勝保曰：「然則曷為我擒？」玉成曰：「吾自投網羅，豈爾之力？吾今日死，苗賊明日亡耳。爾猶記合肥官亭，爾騎兵二萬，與吾戰後有一存否？」勝保默然，予酒食，勸之降。玉成曰：「丈夫死則死耳，何饒舌也。」乃殺之，死年二十六。玉成眼下雙疤，軍中號四眼狗，驍勇富謀略，十九當大敵，二十四封王。初為檢點，善戰多能，湖北有「三十檢點回馬槍」之號。軍強冠諸鎮，與國藩相持數年，國藩深畏之。秀成聞玉成死，歎曰：「吾無助矣。」

同治元年春（按：當為咸豐十年），李鴻章攻清浦、嘉定，自上海至松江二百餘里，連營二百餘，勢張甚。秀成率兵五萬禦之，鴻章藉洋兵，戰屢勝。秀成至，大敗之，破四十餘營，復清浦、嘉定，逼松江。連破七十餘營，因松江兩月，垂陷。而蕪湖、太平為曾國荃所破，逼雨花臺，金陵圍急，秀全一日三詔，促秀成入援。秀成乃退軍蘇州，命其弟揚王世賢將二萬人先入衛。世賢夜襲國荃營，不利，數圍國荃營，國荃閉營不出。世賢入見秀全，秀全勞之，曰：「卿兄弟屢赴國難，以紓朕憂，國家安危，惟卿兄弟是賴，宜速謀解都城之圍。」又曰：「卿宜致書若兄，毋聽吏人言，章奏太激，致人難堪。」蓋秀成以秀全兩兄鄙倍握大權，屢切劾之，故秀全以為言。世賢頓首謝曰：「臣兄遭際殊遇，思糜軀以答高厚，睹疆宇日削，民心乖離，焦心廢寢，求所挽救，言過激切，以傷聖心，愚忠可憫，惟陛下哀而鑒之。」秀全嘉焉。進世賢首相，正掌率，執朝政。二王憚之，驕恣為之稍斂。世賢盡心輔弼，朝綱一振，人心乃安。

秀成在蘇州，大集兵議解金陵之圍，疏曰：「曾國荃兵力厚集，為久困都城之計，我勢日蹙，利速戰。彼有長江濟餉，而我無戰艦之利，敵壘堅，猝不易拔，不如先圖甯國、太平，斷其後路。我兵勢既振，敵乃可平也。」秀全以久困慮糧不繼，仍促其入援。秀成不得已，乃率兵十萬赴援，由東壩進攻鐵線橋，截其糧道，屢破復失，斬鎮將范起昭以徇。國荃從大勝關鑿斷湖堤，以通餉道，秀成圍之數重，國荃堅壘不出，攻十月不下。秀成召侍王軍來助戰，過金寶圩，圩眾截擊之，死傷甚眾，侍王怒，誓屠圩。寧波為左宗棠圍急，求救不赴，臺州又告急，皆不應。攻圩破，乃蕩其居，卒不赴援，秀成無策，方與國荃相持，而太倉為李鴻章攻之急，命上將蔡元隆將兵五萬馳救。元隆詐乞降，鴻章不疑，元隆請退兵五里，約以午出降，從之。及時不出，使騎促之，元隆見鴻章兵懈，整隊出，先令一人馳報來降，鴻章不為備。元隆高揭白旗書降字前導，槍炮隱後，近鴻章軍，突擊之，鴻章倉猝拒戰，大敗走，兵多沒於水。元隆留鎮太倉數月，鴻章不敢逼焉。

秀成攻國荃，師久無功，鑿地道轟之，見缺口。國荃立馬親堵缺口，軍殊死戰，炮如雨擊，秀成軍死傷甚眾，乃罷攻。秀成糧將乏，世賢曰：「江北方空虛，彼必不料我遽敢渡江，不如權捨國荃，馳攻揚州六合，括其糧至軍，夾江擊之。又分兵攻國藩於安慶，彼必分兵馳救，我令屯秣陵之輔王，屯溧水之護王乘虛擊之，則必勝矣。」秀成納之。十二月，命天將洪春元、次子李榮發，將兵五萬渡江，五鼓薄浦口，擊李昭壽營，破之。秀全詔張樂行之兵速解圍，春元等遂攻和州、含山、巢縣，皆下之。

二年春，世賢將兵二萬攻橋陵李昭壽營，破之。獲其甥尤傑卿，殺之。秀成渡江攻江浦。昭壽義子李顯爵，棄城遁。進攻國藩軍於石澗阜，未下，去攻廬江，兩日未下，去之六安。秀成非欲為久攻計，特欲進與樂行合。迨抵六安，聞樂行兵敗，為其姻李某誘獻之清軍，死焉。秀成欲召漢中陳得才、張宗禹兵回援，慮道遠難達，乃仍用世賢策，渡淮欲襲清江，倒擊維揚、六合，然後襲通泰，而連蘇杭，則京口不擊自退。京口既得，通餉道燕子磯，乃屯大兵接高橋、儀鳳，軍厚糧足，國荃不足患矣。詎所過荒墟，軍無所得食，不得已，越滁州，道天長，以襲揚州。而鮑超軍破巢縣、含山，和州、江浦相繼告警，國荃據雨花臺。秀全急詔還救，乃東還濟師。江朝盛漲，堤路淹沒，兵行艱阻，士有饑色，船少兵眾，半渡為楊載福、彭玉麟水師邀擊之，大敗。後軍不得渡，乃退降於昭壽軍，十萬之師，覆其大半，金陵愈危。

侍王禦左宗棠於浙，八府失其五，侍王不能救。侍王既敗於宗棠，紹興失，左宗棠、蔣益澧逼杭州。聽王陳炳文、天將汪洋海力守，不得下。慕王譚紹光守蘇州，兵薄糧缺，郜永寬、張大洲、汪安均、汪花班、范起發等，不遵調遣，鴻章攻太倉、崑山、清浦，永寬等皆不赴救。秀成回金陵，糧薄不足贍多軍，乃散之蘇常。國荃連營進七甕橋。初，秀成命楊輔清、王坤書、扼河築長牆，濬深濠，以堵國荃，因通蘇州餉道，輔清違命，國荃乃得肆志。秀成屢徵蘇浙之軍，不至，乃請於秀全曰：「京師危困，坐斃非策，不如親征鄂贛，握上游以號令天下，襟帶蘇浙，以利餉源。即使金陵有失，猶擁兵五六十萬，尚足並驅中原。若戀此危城，徵調不至，必亡之道也。」秀全不從，四方告急，爭乞秀成赴援。秀全慮秀成行，金陵不得守，不許。秀成曰：「臣不往，則蘇杭不守，京師益危；臣往則諸將用命，安定吳越，收諸軍以解都城之圍，尚有濟也。」秀全慮餉乏，秀成乃竭家財，括家人首飾不足，更假之侍王金萬兩合十萬，輸助金陵守軍，然後行。

馳至蘇，與李鴻章大戰於蔞門，勝敗相等。時六月十六日，鴻章軍逼城而呼，言：「熊同檢約今日獻城降，何反覆也？」秀成執同檢訊之，知歷日各異，致誤會，將誅之。聽王陳炳文為緩頰，言：「敵人反間，何反中計而誅宿將？」時城中諸將，多炳文盟黨，而炳文為之魁，不聽，慮生變，乃宥同檢，奪職而已。秀成屢攻鴻章營不下，乃分兵馬塘橋，欲擊鴻章之後，為所堵，不得前。互攻月餘，郜永寬等殺譚紹光，獻城於鴻章。秀成退屯無錫、常州，連營丹陽，以遏鴻章軍。蘇州失後，軍心大亂，江浙兩廣之軍，互相屠殺，統將不敢約束，慮生變。格王陳時永，方屯丹陽，秀成召與密議曰：「大局決裂至此，丹常繼難堵禦，乘敵未合圍，尚可完師突出，以圖楚贛；若待圍合，必不免矣，盍同入請遷都？」時永然之。將行而侍王書至，約秀成至彼，整亂兵，可得十萬，同出豫章，攻其無備。得豫章以連錢塘，則軍威復振。期明春三月，還解京圍。

秀成既無策，不從則慮其劫持，從之則緩不濟急，乃報之曰：「君謀甚善，惟京師圍急糧盡，方得樞臣林紹璋、李春發書，言糧彈並缺，慮不足支殘年，豈能待明春三月之救？焦思實無良計，惟遷都一策，中興尚非絕望。僕即日回京，力懇天王。倘納吾奏，則僕為前鋒，諸王殿後。乘太平門尚可出入，速來迎駕。僕居中調度，合浙省諸路之兵，尚可得數十萬，事尚可為也。」乃與時永馳入，力請秀全曰：「今蘇州已失，杭州危困，陳炳文、汪洋海屢戰無功，處處糧缺，京都斷難久持，臣已智窮力盡，無以為謀。惟有力請親征，冀可挽回大局，陛下在外，猶能騰騫天際。若守危城，譬處籠中，以待食絕，萬不可也。」秀全不聽。秀成曰：「陛下若堅不行，則請太子與二殿下監軍，臣奉太子以徇諸軍，尚可收拾人心，以圖進取。萬一京師不幸，臣奉幼主以圖恢復，唐肅宗靈武之事，尚可效也。」秀全不省。秀成退朝，諜報燕子磯、高橋門、九洑洲、江東門皆失。至家，聞杭州、無錫、溫州、臺州、衢州、海寧相繼陷。侍王羽書促秀成驅救，秀全愈不許。城中士民男婦老少，日數千人，哀秀成之門，丐無他行。秀成知大事已去，又父母在城中，惟死守以待同盡，乃止不行，人心始安。時二年甲子正月也。

格王陳時永還丹陽，而常州已失，守將王坤書死之，潰兵集於丹陽。時永欲退溧陽，依侍王，未出城，為左右所殺。亂兵奔金壇，隨榮發走依侍王。二月，嘉興為程學啟攻陷，榮王李某自焚。初，郜永寬獻蘇州，學啟許以不死，指天為誓，若食言，他日死於炮。學啟竟殺永寬，後卒中炮死。

陳炳文在錢塘，左宗棠、蔣益澧圍之急，待秀成救兵不至，聞秀成決不出，乃走江西。侍王以常州、丹陽、金壇敗兵，皆聚溧陽，索餉無所出，議棄杭州。鴻章兵至，侍王出戰，熊同檢託病不行。侍王戰敗還，城上揭白旗，皆白布裹首，發炮擊之。侍王曰：「爾等降，吾不怪，望還吾母。」同檢不顧，益擊之，侍王慟哭去。炳文中途遇鮑超軍，為所敗，遂降。汪洋海收炳文殘卒數萬，與侍王入於江西。

世賢攻撫州，洋海攻廣信，皆不下。世賢欲約洋海入粵，洋海不聽，自率軍入閩，陷汀州。世賢攻南雄，半月，敗還，入閩與洋海合。各募新軍數萬，合二十萬，分將之。世賢陷漳州，一郡四縣，洋海陷邵武，一郡二縣，時甲子十二月也。

堵王黃文金拒湖州、廣德之軍，宗棠、益澧不能進。鴻章既收蘇州，乃進師金陵，城中糧絕，食草根樹皮，軍殊死守，秀成日夜登陴，溫語慰之，人相食，無怨言。秀成曰：「吾不德，致爾民於難，吾何忍焉？今國荃設局招撫難民，爾曹盍往求生？」眾曰：「王捐軀以衛社稷，吾儕何敢逃？當從王死耳。」秀成為之泣下。民日自殺，恒數百人，秀成傷之，請於秀全放之出城，秀全不可，秀成卒放之。宮中日出金珠首飾以勞軍，無所得食，兵皆持之泣。

秀全憂憤疾篤，足暴腫，悔不從秀成遷都之言。病革，遺命進秀成輔國君師，兼通天大主帥，托孤於秀成，遂卒，年六十有五（按：年五十），時同治二年（按：同治三年）甲子四月也。太子真福即位，年十有六。

秀成日綜政務，夜則巡軍，寢食並廢，憔悴骨立。國荃開地道十餘，已壞其五，一自南門穿河底而過，歷三年始抵城邊。秀成令銳卒縋城，橫鑿深濠以截之。國荃納藥萬斤，猝轟之，五月朔，夜分，藥暴發，山搖地動。幸鑿濠洩之，城崩無幾，國荃兵不敢撲。時扶王陳得才方自漢中挾師百萬來，解都城之圍，已抵英霍。國荃知城中藥盡，炮不得燃，乃於太平門外，積蒿秣成覆道，直達城下，明挖地道，七日而成。秀成令士卒於內穿道截擊之，皆餓不能起。秀成知翌晨地道必崩，乃選死士三千人，五鼓縋城突擊之，守道兵引去。既奪地道，即散覓食，藥引未拔去。國荃於鍾山下瞰，計必成功。有秀全寵臣沈桂、松王陳得風、吏部尚書朱兆英、陰通於國荃。及午，地道崩，城陷焉，時甲子六月十六日也。

章王林紹璋投河死，顧王吳汝孝投繯死。秀成領數十騎馳突堵禦，不得，則馳入宮。見宮門大開，宮女紛逃出，妃嬪投御河以百十計，軍民男婦爭投河死，屍填溢如橋。王后賴氏，手攜幼主，負一劍以出，遇秀成，揮涕曰：「天王創業一生，今竟覆亡，豈天絕我乎？此子幼弱，今以付卿，他日能復仇，吾死瞑矣。」秀成跪曰：「臣竭智力以報先王，不濟則以死繼之。」賴氏反身投御河死。秀成倉猝挾幼主出，扶上馬，至家別母，大慟，母麾去之。母方投繯，世賢見之，斷繯下，大呼曰：「兄護幼主，吾護老母，以聽天命。」相將出，秀成欲突西門，世賢曰：「西門水險不可渡。」至西門，敵兵眾不得出，折至南門，敵兵已緣垣而入，陴堞皆滿。轉走西門，遇兵部尚書劉慶漢曰：「王速登清涼山，殘聚卒數千，乃可出也。」世賢曰：「突缺口，出彼不意，可出也。」遂衝缺口至白下山，望敵兵甚眾，又衝大北門，敵兵皆滿，退至鼓樓。時已薄暮，世賢曰：「昏夜彼不知我兵多少，不如仍衝缺口。」秀成然之。

乃解黃帶，令慶漢縛竿上為號，擁幼主居中，秀成當先，遇敵兵一人，掠畢，肩負而至。秀成執之，問其口號，殺之，遂賺出缺口。城上兵逐之，奮戰而卻，沿城邊走孝陵衛，過鍾山之腰，不遇一兵。天曙入街，飽食而行，無追者。將至下壩，日已暮。有楚將吉慶元曰：「除幼主外，吾曹皆薙髮，方可行。」眾贊焉。世賢聞之曰：「休矣，如此則人人自逃，焉置幼主？誰獻此謀者，當斬之。」乃不敢言。初慶元前驅，望大東壩而行。世賢知慶元奸，乃改後隊為前隊，轉下壩。有敵營屯橋上，世賢曰：「敵雖寡，我敗殘之卒，慮不敵，不如偽降，出不意突擊之乃可過也。」乃使一人前行報降，列隊近敵營百步，突掩擊之，敵不及備而敗，乃馳去。行三百餘里，皆荒蕪，無所得食。遇堵王黃文金敗軍，與之合，僅餘數百人，突遇敵擊散，餘九騎。秀成奔方山，晝不敢行，乃伏於山廟中。

秀成解帶納涼，帶嵌寶珠十餘，直十餘萬，至暮下山，忘攜焉。山下水道縱橫，若蟻旋磨，折旋至曉，始得路。河旁有舟，僅容三騎，六騎既渡，舟人覺有異，偽言呼伴，去入村中，鳴鑼召眾，村民坌集，殺已渡六騎，秀成棄馬伏深草中，搜獲之。一人手劍欲斫村民，秀成止之曰：「此天絕我，毋傷良民。」乃出之。一民曾於秀成出師供擔役，識秀成，跪而自罪曰：「此忠王也，愛百姓厚，吾儕當護之。湖州、廣德之間，王尚留大兵，盍送王至軍乎？」皆曰：「諾。」秀成曰：「爾曹善意，吾當厚酬，他日與共富貴也。」既思帶遺山廟中，乃遣村民取而酬之。比至，已為其他村民所得，互爭於秀成前，乃挾秀成送國荃軍。

國荃盛陳儀衛，訊焉。秀成背立言曰：「何必爾？速以紙筆來，吾當書焉。吾史館實錄，爾曹焚掠盡，吾不述，奚以傳後？」乃囚之木屋，為置几榻，令二豎侍之，日給甘饌，授紙筆，秀成日書七千餘言，自六月十七日至二十七日，凡十日而畢。清將好事者，就詢遺事，秀成口對手錄，意氣安閒。松王陳得風已降國荃，見秀成在虜，向之拜。國荃叱之，得風曰：「吾為母而降，事洩當死，蒙王不殺，今無以為報，故拜耳。」秀成被殺，年四十。秀成廣西滕縣人，與陳玉成同鄉，篤厚忠勇，尚信義，富謀略，善用奇兵，所向奏奇績。恩撫士卒，皆樂為之死。起小卒，隨羅大綱、胡以光軍，多所謀畫，恒奇中。胡以光於楊秀清前舉為將，統四軍，遂以功致王位。自五王死後，內亂迭作，疆宇危削，賴秀成支柱，縱橫蕩決於長江數省，亙六七年，秀全倚為柱石者，秀成一人而已。廷爭直諫，有大臣風。去蘇州日，男女老幼無不流涕。金陵破日，饑軍十餘萬人，無一降者。死之日，人爭痛惜之。

世賢奉幼主真福至廣德。降將蔡元隆，請於蔣益澧，統二十營攻湖州陷之。堵王黃文金兵圍湖州，元隆不敢戰，守二十日，食盡殺馬啖之。降將鄧光明，以兵五千來救，文金敗之。世賢自廣德詣文金，遇軍師洪仁玕。前奉命出召師，隔絕於外，聞真福至，來朝。世賢約同詣文金，商大計，仁玕從之。世賢曰：「今京都雖失，幼主尚存。江南侍、堵二王，合汪洋海兵，尚三十餘萬；江北扶、尊二王，合張宗禹兵，尚六七十萬，挾百萬之眾，猶足以横行天下。今宜勸堵王速與侍王、洋海合，以厚其勢，奉幼主為號召，直搗湖湘，取長沙。連漢中陳得才及張宗禹之兵，百萬之眾，不難集也。大兵既集，乃疾趨關中，取咸陽，圖中興之業。徒久困湖州，糜時日，敵軍雲集，事不可為矣。」仁玕然之。偕勸文金，文金不從曰：「敵已絕食，旦夕必破，必滅此以洩吾憤。」月餘城破，元隆為虜，守卒私釋之。

文金自湖州退師，敵軍大至，文金中炮死，軍多降者。餘軍至圍屏河，遇左宗棠，擊敗之。真福至徽州，席寶田兵至，擊秀成次子榮發，覆其軍，榮發孑身逃，為宗棠炮舟所得。隊官某為秀成舊部，曰：「恩主也。」匿之杭州。宗棠軍多秀成降卒，日饋資米酒食不絕。宗棠知之，以年少故，不之問。後聞其英鷙得人心，慮為患，乃殺之。榮發穎悟驍勇，饒膽略。年十五，侍父軍中，殺敵當先，屢立功，秀成嘉之，使為護軍。十六統兵萬人，戰輒勝，軍中稱奇童。行軍常自斷後，六合之戰，李昭壽圍之數重，榮發將數騎馳突，所向披靡。昭壽在高阜望之曰：「此二殿下也，當生致之。」榮發卒突陣去，無敢近者。昭壽歎曰：「虎父無犬子，惜哉，吾不得而將之也！」死年十九。

真福既過深渡，至福建延平府白水寨，兵僅二三千。寶田追至，距三十餘里即汪洋海大軍，寶田慮倘達彼，即難奏功，夜半突擊之。真福倉猝遁，與世賢等相失，匿於山中。世賢與秀成子榮椿，六十餘騎，奔洋海軍，乞洋海發兵迎真福。洋海方與鮑超相持，無暇分兵。比敗，過白水寨，時真福已匿山中三日夜，無所得食，足無履，強達山下，兩足泡起，坐地啜泣，洋海軍過焉，真福不及赴。次日，難民數千迤邐過，真福逐之行，流轉經月，誤投敵營。遇一人曾為其叔仁政牧牛者，識之，引見營官蘇元春，元春欲釋之。寶田聞知，使人持令取焉，元春拒之。寶田自馳至，元春不得已，獻之。或告寶田曰：「公勿以為功，恐禍不遠矣。曾國藩奏洪氏無遺類，今忽獲真福，能相容乎？不如釋之。」寶田默然，卒送贛撫沈葆楨軍，葆楨殺之。世賢匿民間，剃髮，奉秀成母隱跡以終。

洋海竄粵之嘉應州，為鮑超、左宗棠軍掃蕩之。初，洋海隨石達開，以有功拔為偏將，達開自安慶西行，歷廣西、雲貴，山路艱阻，軍多怨言。以張遂謀主西行，皆大憤，夜噪呼殺遂謀，遂謀潛遁。達開素得士心，今所欲殺者遂謀，遂謀既遁，軍士必不相背，乃立赤白二幟營前曰：「三軍隨吾跋涉良苦，至蜀則樂矣。如願入蜀者，立紅旗下，欲出江者，立白旗下。」皆哄然立白旗下。洋海拔白旗大呼曰：「欲歸者隨吾行。」從之者十餘萬人，至江西，隸於秀成。時官不過檢點，後至康天義。金陵陷後，洋海軍尚十萬人，而李遠繼、黃朋厚、賴世就、蕭三發等，皆擁王號，軍微不足立，並聽命於洋海。世賢乃與諸人謀曰：「洋海軍最盛，自擊敗左宗棠後，威名四播，今當錫之王號，使圖恢復。」乃請加封康王。乙丑十二月，陳殁於嘉應。侍王既陷漳州，有異志，更易官制。乙丑夏為宗棠擊敗，竄入粵，霪雨盛漲，無舟可渡，康國器截擊之，兵不戰而降。侍王隻身遁，洋海方駐鎮平，往投之，圖再舉，洋海忌焉，遂殺之。

南方既大定，江北有陳得才、賴文光，為陳玉成舊部，及張樂行侄宗禹，三將之軍，皆在漢中，號稱百萬。甲子夏，回軍救金陵，前驅抵英霍，後軍尚在麻城。曾軍拒英霍，陣前大呼：「爾南京已陷，天王已死，不降何待？」皆愕然。獲村民詢之，益信，降者過半，時軍尚五六萬，得才欲回軍漢中，軍皆大噪，得才慮為變兵所害，乃自殺。文光、宗禹聞變乃入汴，兵尚四五十萬，時僧格林沁統兵十萬在汴。宗禹之弟小黑，年十九，素驍勇，與任柱猛擊之。僧王軍炮若雨下，小黑不顧，與任柱令馬隊脫銜猛衝之，僧王軍大敗，至落王橋，馬失足而墜，為亂兵所殺。宗禹兄弟至，並刃碎其屍。共矯真福詔，封宗禹為沃王，任柱為魯王，李允為衛王，小黑為平北大主將。議仍入漢中，宗棠扼河築長牆拒之，乃仍入汴，過朱仙鎮，謁岳廟誓焉。翌日戰大勝，方慶神佑，再戰敗績，乃遷怒神像，落其頭。

文光等聚謀曰：「敵軍甚眾，江南我兵絕跡，不如渡黃河，直搗燕京。成則取其國都，不成死耳。」遂臨河。而李、左、英、劉、陳、宋、二郭之兵相繼至，河無舟。方皇遽間，冰忽合，乃履冰而過。諸軍逐之，一戰大敗，任柱、小黑皆死，餘眾悉降。劉銘傳追宗禹，獲其騎，宗禹不知所終。文光、李允逃揚州，文光被獲死，李允降於昭壽，昭壽責之，獻於英翰，戮之。起道光己酉（按：當為庚戌）訖同治戊辰，共二十年，南北悉平。

石達開於咸豐七年背秀全而行，眾百萬，比至川界，散殆盡，僅二三萬。至苗境隘口，苗人索萬金，始放行。達開以路險不敢戰，卒與之。既度關，苗人伐木塞其歸路，大山壁立，崎嶇修阻，苗人間道告川督駱秉章，截擊之，敗退無路。復前突擊，兵已餓二日，不任戰。達開曰：「吾一人自赴敵軍，爾等可免死。」乃張黃蓋，服黃袍，從數人，乘白馬而出。清軍將擊之，達開曰：「吾求見爾制軍，速為我報。」秉章納之，達開入，長揖不拜。秉章曰：「爾欲降乎？」達開曰：「吾來乞死，兼為士卒請命，九原當拜公賜。」秉章曰：「吾成汝志。」乃殺達開，而資遣其士卒，不戮一人。

陳金剛聚兵十萬，擾粵西之梧州、潯州、柳州、平南、太平五郡，州縣五六十，稱平東王，眾數十萬，為藩司蔣益澧、提督方耀敗焉，先太平天國二年亡，起乙卯，終壬戌，凡八年。

血歷史118　PC0749

新銳文創
INDEPENDENT & UNIQUE

羅癭公晚清史料選

原　　著	羅惇曧
主　　編	蔡登山
責任編輯	劉亦宸
圖文排版	楊家齊
封面設計	葉力安

出版策劃	新鋭文創
發 行 人	宋政坤
法律顧問	毛國樑　律師
製作發行	秀威資訊科技股份有限公司 114 台北市內湖區瑞光路76巷65號1樓 電話：+886-2-2796-3638　傳真：+886-2-2796-1377 服務信箱：service@showwe.com.tw http://www.showwe.com.tw
郵政劃撥	19563868　戶名：秀威資訊科技股份有限公司
展售門市	國家書店【松江門市】 104 台北市中山區松江路209號1樓 電話：+886-2-2518-0207　傳真：+886-2-2518-0778
網路訂購	秀威網路書店：https://store.showwe.tw 國家網路書店：https://www.govbooks.com.tw

出版日期	2018年4月　BOD一版
定　　價	330元

Printed in Taiwan

國家圖書館出版品預行編目

羅癭公晚清史料選 / 羅惇曧原著 ; 蔡登山主編.
-- 一版. -- 臺北市 : 新銳文創, 2018.04
面 ;　公分. -- (血歷史 ; 118)
BOD版
ISBN 978-957-8924-10-9(平裝)

1. 晚清史 2. 筆記 3. 史料

627.6　　107004100

讀者回函卡

感謝您購買本書，為提升服務品質，請填妥以下資料，將讀者回函卡直接寄回或傳真本公司，收到您的寶貴意見後，我們會收藏記錄及檢討，謝謝！如您需要了解本公司最新出版書目、購書優惠或企劃活動，歡迎您上網查詢或下載相關資料：http:// www.showwe.com.tw

您購買的書名：________________________________

出生日期：________年________月________日

學歷：□高中（含）以下　□大專　□研究所（含）以上

職業：□製造業　□金融業　□資訊業　□軍警　□傳播業　□自由業

□服務業　□公務員　□教職　□學生　□家管　□其它____

購書地點：□網路書店　□實體書店　□書展　□郵購　□贈閱　□其他

您從何得知本書的消息？

□網路書店　□實體書店　□網路搜尋　□電子報　□書訊　□雜誌

□傳播媒體　□親友推薦　□網站推薦　□部落格　□其他________

您對本書的評價：（請填代號　1.非常滿意　2.滿意　3.尚可　4.再改進）

封面設計____　版面編排____　內容____　文／譯筆____　價格____

讀完書後您覺得：

□很有收穫　□有收穫　□收穫不多　□沒收穫

對我們的建議：________________________________

____

____

____

請貼
郵票

11466
台北市内湖區瑞光路 76 巷 65 號 1 樓
秀威資訊科技股份有限公司 收
BOD 數位出版事業部

....

（請沿線對折寄回，謝謝！）

姓　　名：________________　年齡：________　性別：□女　□男

郵遞區號：□□□□□

地　　址：____

聯絡電話：(日) ________________ (夜) ________________

E-mail：____